CHRONIQUES

DE

J. FROISSART

PUBLIÉES POUR LA SOCIÉTÉ DE L'HISTOIRE DE FRANCE

PAR SIMÉON LUCE

TOME PREMIER

1307-1340

(DEPUIS L'AVÈNEMENT D'ÉDOUARD II JUSQU'AU SIÈGE DE TOURNAY)

Ire PARTIE

Reproduction par le procédé anastatique exécutée en 1888

A PARIS

CHEZ Mme Ve JULES RENOUARD

LIBRAIRE DE LA SOCIÉTÉ DE L'HISTOIRE DE FRANCE

RUE DE TOURNON, N° 6

M DCCC LXIX

N° 148

CHRONIQUES

DE

J. FROISSART

CHRONIQUES

DE

J. FROISSART

PUBLIÉES POUR LA SOCIÉTÉ DE L'HISTOIRE DE FRANCE

PAR SIMEON LUCE

TOME PREMIER

1307-1340.

(DEPUIS L'AVÉNEMENT D'ÉDOUARD II JUSQU'AU SIÈGE DE TOURNAY)

A PARIS

CHEZ MME V^E JULES RENOUARD

LIBRAIRE DE LA SOCIÉTÉ DE L'HISTOIRE DE FRANCE

RUE DE TOURNON, N° 6

M DCCC LXIX

CHRONIQUES

DE

J. FROISSART

CHRONIQUES

DE

J. FROISSART

PUBLIÉES POUR LA SOCIÉTÉ DE L'HISTOIRE DE FRANCE

PAR SIMÉON LUCE

TOME PREMIER

1307-1340.

(DEPUIS L'AVÉNEMENT D'ÉDOUARD II JUSQU'AU SIÉGE DE TOURNAY)

Iʳᵉ PARTIE

A PARIS

CHEZ Mᵐᵉ Vᵉ JULES RENOUARD
LIBRAIRE DE LA SOCIÉTÉ DE L'HISTOIRE DE FRANCE
RUE DE TOURNON, Nᵒ 6

M DCCC LXIX

INTRODUCTION

AU PREMIER LIVRE

DES CHRONIQUES

DE

J. FROISSART.

DE L'IMPORTANCE DES CHRONIQUES DE FROISSART,

ET DU PLAN QUI A PRÉSIDÉ EN GÉNÉRAL A CETTE ÉDITION.

Froissart est un monde. Au triple point de vue historique, littéraire, philologique, on pourrait même ajouter romanesque et poétique, le chroniqueur de Valenciennes représente à peu près seul pour le commun des lecteurs un siècle presque entier, et ce siècle est le quatorzième, époque de transition et de crise, de décomposition et d'enfantement où finit le moyen âge, où commencent véritablement les temps modernes. Froissart n'a pas borné ses récits au pays qui l'a vu naître et dont la langue est la sienne : il a raconté l'Angleterre aussi bien que la France, la France de la Seine, de la Loire et de la Garonne aussi bien que celle de l'Escaut et de la Meuse, l'Espagne et le Portugal aussi bien que l'Italie ; son œuvre intéresse à la fois, quoiqu'à des degrés divers, toutes les nations qui jouaient au temps où il a vécu un rôle plus ou moins marqué dans la civilisation occidentale.

Au quatorzième siècle, les anciennes institutions tombaient en ruines, et les institutions nouvelles n'avaient pas encore eu le temps de s'asseoir : il ne restait debout que des individus isolés par la féodalité, exaltés par l'idéal chevaleresque. Froissart a cédé à l'influence de son temps, sans doute aussi à celle de son propre génie, et il a fait aux individus une part énorme dans ses récits. De là vient l'importance exceptionnelle, incomparable de son œuvre au point de vue de la géographie et de la biographie : dans l'histoire de l'Europe, telle qu'il l'a comprise et tracée, des milliers de familles anciennes retrouvent leur propre histoire. Un pareil trésor est d'autant plus précieux que la plupart de ces familles appartiennent à la France et à l'Angleterre, c'est-à-dire aux deux plus grandes nations dont s'honore l'humanité depuis la race grecque, aux deux nations qui ont fondé la liberté et l'égalité sur le travail. Très-indifférent, il faut bien l'avouer, aux recherches nobiliaires proprement dites, nous pensons que l'amour des ancêtres, l'esprit de famille, le sentiment d'étroite solidarité des générations qui se succèdent est la source vive de toute vertu, la condition indispensable de tout progrès durable: Aussi les Chroniques de Froissart, considérées à ce point de vue, nous semblent-elles avoir un caractère particulièrement vénérable; nous y voyons ce que les Romains auraient appelé un temple international, un panthéon des dieux lares : il sied d'autant plus à la France nouvelle d'honorer ces dieux qu'elle leur rend désor·mais un culte exempt de toute exclusion de caste non moins que d'idolâtrie.

Autant l'œuvre de Froissart est importante, autant il est difficile d'en donner une bonne édition. Les Chroniques se divisent, comme on sait, en quatre livres, qui forment autant d'ouvrages distincts, dont chacun dépasse en étendue le plus grand nombre des compositions historiques de l'antiquité et du moyen âge. Ces livres sont tellement distincts que, dans le cas où le même manuscrit en contient plusieurs, un éditeur des Chroniques a parfois besoin, à notre avis du moins, d'étudier chacun d'eux à part, en faisant abstraction de ceux qui le précèdent ou le suivent. Personne n'ignore que le classement préalable des manuscrits par familles est le fondement indispensable de toute édition qui veut revêtir un caractère scientifique, qui aspire à être quelque peu solide et durable. Or, il peut arriver, il arrive que dans le même manuscrit tel livre appartient à une famille, tel autre livre à une autre famille. Il convient alors de suivre la méthode de Jussieu; et, sans tenir compte d'une juxtaposition purement matérielle, il faut tâcher de démêler dans chaque livre, sous des apparences souvent trompeuses, les caractères génériques, essentiels, afin de le classer dans la famille à laquelle ces caractères le rattachent. Tel est le travail que nous avons entrepris pour les manuscrits du premier livre des Chroniques et dont

on trouvera le résultat consigné dans cette introduction.

Il ne faut donc pas chercher ici des vues sur l'ensemble de l'œuvre de Froissart; ce n'est pas le lieu
d'exposer ces vues, et d'ailleurs un volume y suffi-
rait à peine. Il n'y faut pas chercher davantage,
pour les motifs qu'on vient d'indiquer, un classement des manuscrits des quatre livres. A chaque
jour suffit sa peine. La prudence autant que la logique conseillait de suivre le précepte de notre Des-
cartes et de diviser les difficultés pour les mieux résoudre.

Ce qui pourra sembler étrange, c'est qu'aucun des
éditeurs précédents, fort nombreux pourtant, n'avait
frayé la voie où nous avons dû le premier nous engager; et le classement que nous allons soumettre au
public se recommandera, à défaut d'autre mérite,
par son entière originalité et par sa nouveauté. C'est
à l'illustre Dacier que les érudits sont redevables du
travail le plus important qui ait été fait jusqu'à ce
jour sur Froissart, au point de vue des sources; mais
ce travail est une simple description, non un classement de la plupart des manuscrits de notre Bibliothèque impériale et d'un certain nombre de manuscrits étrangers[1]. Nous espérons compléter un jour
le tableau de Dacier et donner la description détaillée, minutieuse et pour ainsi dire technique de
tous les manuscrits de Froissart, sans exception, ainsi
que la bibliographie des éditions des Chroniques qui
ont paru soit en France, soit dans les autres pays;

---

1. Buchon l'a publié d'après les notes de Dacier, *Chroniques*, éd. du
Panthéon, t. III, p. 376 à 394.

comme nous avons à cœur de rendre ce travail aussi complet que possible, il a semblé sage de le réserver avec le glossaire et les tables pour la fin de notre édition.

La tâche que nous nous proposons est autre et plus restreinte : si l'on excepte quelques observations sur l'accentuation et la ponctuation qui ont un caractère plus général, nous n'entretiendrons pour le moment le lecteur que du premier livre. Distinguer et caractériser les diverses rédactions de ce premier livre, fixer, s'il est possible, sinon leur date précise, du moins l'ordre chronologique dans lequel elles se sont succédé, distribuer et grouper par familles naturelles les manuscrits qui appartiennent à chacune de ces rédactions : tel est le but principal de l'introduction qui va suivre.

Cette introduction se compose de trois parties dont la première est consacrée au classement des différentes rédactions et des divers manuscrits du premier livre, la seconde à l'exposé du plan de l'édition, la troisième enfin à quelques aperçus sur la valeur tant historique que littéraire du premier livre et sur le génie de Froissart.

PREMIÈRE PARTIE

DU CLASSEMENT DES DIFFÉRENTES RÉDACTIONS ET DES DIVERS MANUSCRITS DU PREMIER LIVRE.

On compte trois rédactions du premier livre des Chroniques profondément distinctes les unes des autres.

L'une de ces rédactions est celle que donnent tous les manuscrits autres que ceux d'Amiens, de Valenciennes et de Rome; elle est représentée par environ cinquante exemplaires : c'est pourquoi, en attendant que nous ayons essayé de prouver qu'elle est la première en date, nous l'appellerons provisoirement la rédaction *ordinaire*.

Une autre rédaction que nous considérons comme la seconde, s'est conservée seulement dans les deux manuscrits d'Amiens et de Valenciennes : nous la désignerons jusqu'à nouvel ordre par le principal manuscrit qui la représente et nous la nommerons rédaction d'*Amiens*.

Enfin, une dernière rédaction, que tout le monde s'accorde à regarder comme la troisième, ne subsiste que dans le célèbre manuscrit de Rome.

Nous allons examiner successivement dans les trois chapitres suivants chacune de ces rédactions.

CHAPITRE I.

DE LA PREMIÈRE RÉDACTION.

§ 1. *Quelle est la première rédaction?*

Froissart n'a pas pris soin de nous dire à quelle époque il a composé soit la rédaction ordinaire, soit celle d'Amiens : cela étant, la comparaison attentive du contenu de ces deux rédactions peut seule nous éclairer sur leur date respective. Si l'on examine à ce point de vue toute la partie de la rédaction ordinaire antérieure à l'année 1373, on voit qu'il n'y est fait mention d'aucun fait postérieur à cette date. La mention la plus récente que l'on y puisse découvrir se rapporte à la mort de Philippe de Hainaut[1], la célèbre reine d'Angleterre, qui eut lieu le 15 août 1369. Il est vrai que l'on rencontre cette mention dès les premiers chapitres ; d'où il faut conclure que la rédaction ordinaire, pour toute cette partie du premier livre qui s'étend de 1325 à 1373, a été composée après 1369. Les règles de la critique ne permettent pas, d'ailleurs, d'attribuer ce passage à une interpolation, car on le retrouve dans tous les manuscrits de la rédaction ordinaire *proprement dite* qui offrent un texte complet[2]. Si ce passage fait

---

1. Voyez p. 233 de ce volume. Quand on ne trouvera dans les notes que l'indication de la page, cette indication se rapporte toujours au tome I de la présente édition.

2. Ce passage manque dans le célèbre manuscrit de Breslau et dans les manuscrits de la même famille désignés A 23 à 29 dans nos variantes, parce que le texte du premier livre a été abrégé dans ces manuscrits.

défaut dans les manuscrits de la rédaction ordinaire
revisée, c'est que, comme nous le verrons plus loin,
ces derniers manuscrits présentent pour le commencement du premier livre une narration qui leur est
propre[1].

La rédaction d'Amiens, au contraire, ne peut avoir
été composée qu'après 1376, puisqu'il est question,
presque dès les premiers folios[2] des deux manuscrits
qui nous l'ont conservée, de la mort du prince de
Galles[3], le fameux Prince Noir, qui arriva le 8 juillet
de cette année. La supposition d'interpolation, outre
qu'elle est gratuite, ne serait pas plus admissible ici
que dans le cas précédent par la raison que le manuscrit d'Amiens, comme nous le montrerons dans
le chapitre II consacré à la seconde rédaction,
semble à certains indices avoir été copié servilement
sur un exemplaire d'écriture cursive assez illisible
et, sinon autographe, au moins original.

Il faut aussi prendre garde que Froissart, mentionné pour la première fois comme curé des Estinnes-au-Mont[4] dans un compte du receveur de Binche
du 19 septembre 1373[5], *ne prend la qualité de prêtre
dans le prologue d'aucun des manuscrits de la rédaction ordinaire*[6], tandis qu'il a grand soin de faire

1. Les manuscrits de la révision ne deviennent semblables aux autres
manuscrits de la rédaction ordinaire qu'à partir du § 11, depuis ces
mots : *Si singlèrent par mer*. Voyez p. 26.

2. Cette mention se trouve au f° 20 du ms. d'Amiens qui se compose de 208 folios et au f° 42 du ms. de Valenciennes qui compte
123 folios.

3. P. 349.

4. Belgique, prov. Hainaut, arr. Thuin, cant. Binche, à 13 kil. de
Mons.

5. *La cour de Jeanne et de Wenceslas*, par M. Pinchart, p. 68.

6. P. 7 et 209 à 211.

suivre son nom de ce titre dans les deux manuscrits d'Amiens[1] et de Valenciennes : cette circonstance donne lieu de croire que la rédaction ordinaire a été composée avant 1373 et par conséquent entre 1369 et 1373.

Ces déductions, déjà légitimes par elles-mêmes, n'acquerraient-elles pas un degré d'évidence irrésistible si l'état matériel des manuscrits de la rédaction ordinaire venait les confirmer, en d'autres termes si le texte des exemplaires les plus anciens, les plus authentiques, les meilleurs de cette rédaction s'arrêtait précisément entre 1369 et 1373? Or, cette supposition est la réalité même. Le premier livre se termine entre ces deux dates, comme le § suivant l'exposera plus en détail, dans les manuscrits de notre Bibliothèque impériale cotés 20356, 2655, 2641, 2642, ainsi que dans le manuscrit n° 131 de sir Thomas Phillipps, qui représentent incontestablement les cinq plus anciens exemplaires de la rédaction ordinaire que l'on connaisse.

On est fondé à conclure de cet ensemble de faits que la rédaction ordinaire a précédé celle d'Amiens : aussi, désormais, appellerons-nous l'une première rédaction et l'autre seconde rédaction.

§ 2. *De la formation successive des diverses parties de la première rédaction.*

Un des caractères distinctifs de la première rédaction, c'est qu'elle n'a pas été pour ainsi dire coulée d'un seul jet ; on y distingue aisément des soudures

1. P. 209.

qui marquent comme des temps d'arrêt dans le travail de l'auteur. La composition de cette rédaction paraît avoir traversé trois phases distinctes que nous allons indiquer successivement.

Première phase. Le point de départ de toute recherche sérieuse sur la formation successive des diverses parties de la première rédaction devra toujours être le passage suivant de Froissart :

« Si ay tousjours à mon povoir justement enquis et demandé du fait des guerres et des aventures qui en sont avenues, et par especial depuis la grosse bataille de Poitiers où le noble roy Jehan de France fut prins, car devant j'estoie encores jeune de sens et d'aage. Et ce non obstant si emprins je assez hardiement, moy yssu de l'escolle, à dittier et à rimer les guerres dessus dites et porter en Angleterre le livre tout compilé, si comme je le fis. Et le presentay adonc à très haulte et très noble dame, dame Phelippe de Haynault, royne d'Angleterre, qui doulcement et lieement le receut de moy et me fist grant proffit[1]. »

Froissart dit quelque part qu'il était déjà en Angleterre en 1361[2]. Le livre que le jeune chroniqueur présenta à la reine d'Angleterre devait donc contenir le récit des événements arrivés depuis la bataille de Poitiers, c'est-à-dire depuis 1356 jusqu'en 1359 ou 1360. Ce livre n'a pas été retrouvé jusqu'à présent, mais ce n'est pas une raison pour révoquer en doute le témoignage si formel de Froissart. On remarque

---

1. Voyez p. 210 et cf. la note qui se rapporte à ce passage dans le sommaire du prologue de la première rédaction.

2. *Chroniques de Froissart* publiées par Buchon, éd. du Panthéon, t. III, p. 333, col. 2.

d'ailleurs, à partir de 1350, une solution de continuité tout à fait frappante, une véritable lacune dans la trame du premier livre : n'est-il pas remarquable que cette solution de continuité finit juste en 1356 ? Une telle lacune, comblée dans les manuscrits de la première rédaction proprement dite à l'aide d'un insipide fragment, n'indique-t-elle pas que la partie du premier livre qui s'arrête à 1350 et celle qui commence à 1356 étaient, malgré le raccord d'emprunt qui les relie aujourd'hui, primitivement distinctes ?

Le livre que Froissart présenta à la reine d'Angleterre était-il écrit en vers ou en prose ? M. Kervyn de Lettenhove[1] a soutenu la première opinion, M. Paulin Paris[2] a adopté la seconde. La réponse à cette question dépend surtout de la place respective des deux mots *rimer* et *dicter* dans une phrase de Froissart citée plus haut : « .... Si empris je assés hardiement, moy issu de l'escole, à *rimer et ditter*[3] lez guerres dessus dictes.... » Comme la leçon : *rimer et dicter* est fournie par 19 manuscrits qui appartiennent à 7 familles différentes, tandis que la leçon : *dittier et rimer* ne se trouve que dans 13 exemplaires répartis entre 3 familles seulement, il semble, en bonne critique, que l'opinion de M. Paulin Paris est plus probable que celle de M. Kervyn de Lettenhove.

Le livre offert à Philippe de Hainaut en 1361, tel est le point de départ, le germe qui nous représente-

---

1. Froissart, *Étude littéraire sur le quatorzième siècle*, par M. Kervyn de Lettenhove, tome Ier, p. 52 et 53. Bruxelles, 1857, 2 vol. in-12.

2. *Nouvelles recherches sur la vie de Froissart et sur les dates de la composition de ses Chroniques*, par M. P. Paris, p. 14. Paris, 1860.

3. Le texte de cette dernière leçon est emprunté au ms. de notre Bibliothèque impériale coté 2655, f° 1 v°.

rait, si nous le possédions, la phase initiale de la composition du premier livre, et, par conséquent, de l'œuvre entière de Froissart; c'est l'humble source qui, se grossissant sans cesse d'une foule d'affluents, est devenue cet immense fleuve des chroniques.

Seconde phase. On a dit plus haut que le texte du premier livre s'arrête entre 1369 et 1373 dans un certain nombre d'exemplaires de la première rédaction : c'est ce qui constitue la seconde phase de la composition de cette rédaction. Les manuscrits dont il s'agit sont au nombre de cinq : quatre sont conservés à notre Bibliothèque impériale sous les n⁰ˢ 20356, 2655, 2641 et 2642; le cinquième appartient à sir Thomas Phillipps, et il figure sous le n° 131 dans le catalogue de la riche collection de cet amateur. Ces manuscrits offrent un ensemble de caractères qui doit les faire considérer comme les exemplaires les plus anciens, les plus authentiques, les meilleurs de la première rédaction : les règles de l'ancienne langue y sont relativement mieux observées, les noms de personne et de lieu moins défigurés que dans les copies plus modernes. Le texte s'arrête à la prise de la Roche-sur-Yon, en 1369, dans le ms. 20356 et à la reddition de la Rochelle, en 1372, dans les mss. 2655, 2641, 2642, ainsi que dans le ms. 131 de sir Thomas Phillipps, à Cheltenham.

On pourrait ajouter à la liste qui précède le tome I d'un manuscrit de notre Bibliothèque impériale, dont il ne reste aujourd'hui que le tome II, coté 5006. Comme ce tome II est reproduit textuellement dans le tome II d'un autre exemplaire, coté 20357, il y a lieu de croire que le tome I, qui nous manque, se retrouve également dans le tome I de cet autre exemplaire, coté 20356. L'empreinte du dialecte wallon et la distinction du cas sujet et du cas régime, qui sont très-marquées dans le texte du ms. 5006, attestent l'antiquité et l'authenticité exceptionnelles de cette copie; et le tome I, si par malheur il n'était perdu, nous offrirait certainement le plus ancien exemplaire de la première rédaction.

Enfin, le premier livre, dans le manuscrit de notre Bibliothèque impériale coté 86, ainsi que dans le célèbre exemplaire de la ville de Breslau, semble aussi appartenir à la seconde phase de la deuxième rédaction; car il est encore plus court que dans le ms. 20356, et ne va pas au delà du siége de Bourdeilles en 1369. Il est vrai que les manuscrits 86 et de Breslau sont relativement modernes et n'ont été exécutés que pendant la seconde moitié du quinzième siècle; mais comme ils appartiennent à des familles différentes et ne dérivent l'un de l'autre en aucune façon, ils reproduisent sans doute un exemplaire beaucoup plus ancien qu'on devrait alors considérer comme le spécimen le moins étendu de la première rédaction.

Tous les manuscrits qu'on vient de mentionner sont d'ailleurs complets dans leur état actuel; et s'ils coupent le premier livre plus tôt que les autres exemplaires de la première rédaction, ils n'ont pourtant subi aucune mutilation.

Quoique la coupure du premier livre soit toujours placée entre les années 1369 et 1373, on aura remarqué qu'elle ne s'arrête pas au même endroit dans les divers manuscrits indiqués plus haut; elle est fixée, dans les mss. 86 et de Breslau, au siége de Bour-deilles; dans les mss. 5006 et 20356, à la prise de la

Roche-sur-Yon; enfin dans les mss. 2655, 2641, 2642 et 131 de sir Thomas Phillipps, à la reddition de la Rochelle. Pendant le laps de temps qui s'est écoulé de 1369 à 1373, il est probable que Froissart a fait exécuter plusieurs copies de son œuvre. Chacune de ces copies a dû naturellement s'enrichir de ce que l'auteur avait trouvé le moyen d'ajouter à son récit dans l'intervalle d'une copie à l'autre. Ne pourrait-on pas expliquer ainsi les diversités de coupure que nous venons de signaler, diversités qui, d'après cette hypothèse, correspondraient à autant de copies successives, et, par suite, à une rédaction de plus en plus complète, de plus en plus avancée? Les scribes qui ont exécuté ces copies avaient sans doute l'ordre de transcrire tout ce que Froissart pourrait rédiger tandis qu'ils accomplissaient leur besogne, et l'un d'eux a accompli sa tâche avec une ponctualité si machinale, que les mss. 2655, 2641, 2642 et 131 de sir Thomas Phillipps se terminent par une phrase inachevée[1]. Il est très-remarquable, comme Dacier en a fait l'observation[2], que les mss. 2641, 2642, 2655 et sans doute[3] aussi le ms. 131 de sir Thomas Phillipps, malgré leur ressemblance profonde, n'ont point été copiés cependant les uns sur les autres : cela n'indiquerait-il pas que, sinon ces manuscrits, dn moins

---

1. Les derniers mots sont dans le ms. 2655 et le ms. 131 de sir Thomas Phillipps : *esperons encore à nuit*, dans les mss. 2641 et 2642 : *esperons encore*. Cf. *Chroniques* dans Buchon, éd. du Panthéon, t. I, p. 645.

2. Voyez les notes de Dacier sur les mss. de Froissart conservés à la Bibliothèque du Roi, dans Buchon, t. III, p. 384.

3. Je dis sans doute, car j'ai fait exprès en 1868 le voyage de Cheltenham pour étudier le ms. 131, et le malheur a voulu que sir Thomas Phillipps n'ait pu le retrouver. C'est par M. Kervyn que j'ai appris quels sont les derniers mots du ms. 131, et je renouvelle ici publiquement au célèbre érudit belge mes remerciments.

leurs prototypes, ont été exécutés par différents scribes sur le texte original lui-même?

D'ailleurs, si la fin du premier livre a je ne sais quoi d'écourté et d'un peu hâtif dans les exemplaires dont il s'agit, il faut peut-être attribuer ce caractère moins encore à l'impatience des grands seigneurs pour lesquels les copies ont été faites qu'au besoin pressant que devait éprouver l'auteur de recevoir une rémunération légitime de son travail. N'oublions pas, en effet, que la seconde phase de la composition de la première rédaction correspond à une période de la vie de Froissart où ce chroniqueur semble n'avoir eu, à défaut de patrimoine, d'autres moyens d'existence que le produit de sa plume. Le jeune protégé de Philippe de Hainaut venait de perdre par suite de la mort de la bonne reine d'Angleterre arrivée le 15 août 1369 la position de clerc qu'il occupait auprès de cette princesse ; il avait dû revenir dans son pays, sans doute pour y chercher les ressources assurées qu'il ne trouvait plus désormais au delà du détroit. D'un autre côté, nous voyons par les comptes du duché de Brabant[1] qu'il n'était pas encore curé des Estinnes-au-Mont en 1370 ; et peut-être ne fut-il pourvu de cet important bénéfice que l'année même où il apparaît pour la première fois avec le titre de curé, c'est-à-dire en 1373. Qui sait si des nécessités plus ou moins impérieuses et le désir de se créer de nouveaux titres à une position qui lui tint lieu de celle dont il venait d'être privé par la mort de sa

---

1. M. Pinchart, qui a publié des extraits de ces comptes, est le savant qui aura le plus fait en ce siècle pour la biographie positive de Froissart. Voyez sa brochure intitulée : *La cour de Jeanne et de Wenceslas*, p. 68.

protectrice, qui sait, dis-je, si ces circonstances plus ou moins difficiles ne sont pas venues se joindre dans une certaine mesure à une vocation naturelle pour stimuler le génie de Froissart?

Dans cette seconde phase, l'auteur des Chroniques a dû plus ou moins remanier l'essai présenté jadis à Philippe de Hainaut, et il a ajouté à son œuvre primitive, d'une part, le récit des événements depuis 1325 jusqu'en 1356, de l'autre, la narration des faits survenus de 1359 ou 1360 à 1372. Il a puisé les matériaux de la partie antérieure à 1356 soit dans la chronique de Jean le Bel soit dans ses propres renseignements, tandis qu'il semble avoir composé la partie postérieure à 1359 à peu près exclusivement d'après ses informations personnelles.

Quand nous plaçons entre 1369 et 1373 la seconde phase de la composition de la première rédaction, est-ce à dire que l'auteur des Chroniques n'ait rien écrit au point de vue historique de 1359 ou 1360 à 1369? Telle n'est pas notre pensée. Froissart, qui a vécu pendant cet intervalle à la cour d'Angleterre en qualité de clerc de la reine Philippe, avait à un trop haut degré la passion de l'histoire pour ne pas tirer parti d'une situation aussi favorable : il a dû recueillir sans cesse des matériaux, prendre des notes, enregistrer des faits et des dates. Ce rôle d'historiographe était même inhérent aux fonctions du jeune clerc, comme le prouvent les paroles suivantes du maréchal d'Aquitaine venant annoncer à Froissart en 1367 la naissance de l'enfant qui fut plus tard Richard II : « Froissart, escripsez et mettez en memoire que madame la princesse est accouchée d'un beau fil qui est venu au monde au jour des Rois[1]. » Lors donc qu'on fixe de 1369 à 1373 la seconde phase de la première rédaction, il faut entendre seulement que la mise en œuvre définitive, la composition proprement dite en un mot n'eut lieu qu'à cette date.

On vient de dire que Froissart a puisé les matériaux de la première rédaction, pour la partie antérieure à 1356, dans la chronique de Jean le Bel. Le prologue de cette rédaction contient les lignes suivantes qu'on ne saurait trop méditer : « ..... Je me vueil *fonder et ordonner* sur les vraies croniques jadis, faites et rassemblées par venerable homme et discret monseigneur Jehan le Bel , chanoine de Saint Lambert du Liège, qui grant cure et toute bonne diligence mist en ceste matière et la continua tout son vivant au plus justement qu'il pot, et moult lui cousta à acquerre et à l'avoir. » Et plus loin : « ..... J'ay emprinse ceste histoire à *poursuir* sur l'ordonnance et fondation devant dite. » Un autre passage de ce même prologue nous apprend que Froissart avait raconté dans un premier essai historique les événements survenus depuis la bataille de Poitiers; cet essai devait s'arrêter à 1361, puisque nous savons que c'est l'année où il fut présenté à la reine Philippe; d'où il suit que le mot *poursuir* dans la dernière phrase citée s'applique évidemment à la continuation de cet essai jusqu'en 1369 ou 1372. Quant à la partie antérieure à 1356, il est impossible d'exprimer plus clairement que par ces mots : *Je me vueil fonder et ordonner*, toutes les obligations que

---

1. *Chroniques de Froissart* dans Buchon, édit. du Panthéon, t. III, p. 369.

notre chroniqueur reconnaît devoir à Jean le Bel pour cette première partie.

Des trois rédactions du premier livre la première est certainement celle où l'on trouve en général, de 1325 à 1356, le moins de développements originaux et où l'on constate les emprunts les plus nombreux, les plus serviles à la chronique du chanoine de Liége. Ces emprunts à Jean le Bel abondent tellement dans la première rédaction qu'on a plus vite fait d'y relever ce qui est original que ce qui provient d'une source étrangère.

Dans le présent volume, notamment, cette rédaction, si l'on ne tient pas compte d'une foule de modifications de détail, n'offre guère d'autres additions un peu importantes et entièrement propres à Froissart que les suivantes : entrevue du roi de France Charles le Bel avec sa sœur Isabelle d'Angleterre[1];—voyage d'Édouard III en France et prestation d'hommage de ce prince à Philippe de Valois[2]; — préparatifs d'une croisade projetée par le roi de France[3]; — combat de Cadsand[4]; — divers incidents de la chevauchée de Buironfosse : prise de Thun-l'Évêque par Gautier de Mauny[5]; sac de Relenghes[6] et d'Haspres[7] par les Français, d'Aubenton[8] par les Hainuyers. Si l'on excepte ces additions, tout ce qui reste de la première rédaction est puisé plus ou moins intégralement dans la chronique de Jean le Bel.

Parfois même Froissart a transcrit mot à mot le texte du chanoine de Liége. On peut citer comme

1. P. 15 et 17, 220 et 221. — 2. P. 90 à 100. — 3. P. 114 à 118. — 4. P. 132 à 138. — 5. P. 154 à 156. — 6. P. 190 et 191. — 7. P. 194 à 196. — 8. P. 199 à 204.

exemple l'admirable récit des derniers moments de
Robert Bruce, la plus belle page peut-être de ce
volume[1] : la foi qui a fait les croisades n'a rien inspiré de plus simple, de plus ému, de plus naïvement grand. Ni Villehardouin, ni Joinville n'ont
atteint cette hauteur d'éloquence où l'on sent passer
comme un souffle de la chanson de Roland. Malheureusement pour Froissart, tout l'honneur de
cette page incomparable revient à Jean le Bel dont
le chroniqueur de Valenciennes s'est contenté de
reproduire le récit sans y rien changer. On en peut
dire autant du célèbre passage où l'élévation de
Jacques d'Arteveld[2] est racontée avec tant de malveil-
lance et de parti pris. Quel récit passionné, curieux
même dans ses erreurs et ses injustices ! Comme il
respire bien l'étonnement, le dédain que dut éprouver la fière aristocratie des bords de la Meuse pour
l'insolente tentative du chef des vilains de Flandre !
C'est qu'en effet le véritable auteur du récit dont
nous parlons n'est pas Froissart, mais le noble chanoine de Liége qui, n'allant à la messe qu'avec une
escorte d'honneur de seize ou vingt personnes[3],

1. P. 77 à 79. Cf. Jean le Bel, *Chroniques*, éd. Polain, t. I, p. 79 à 81.
2. P. 126 à 129. Cf. Jean le Bel, t. I, p. 127 à 129.
3. Il faut lire dans J. de Hemricourt la description du train de vie
fastueux que menait le chanoine grand seigneur : «.... Ilh n'alloit on-
kes les commons jours delle semaine alle eglize qu'ilh n avint sauzo
ou vingt personnes quy le conduysoient, tant de ses proymes come de
ses maynyes et de cheaz quy estoyent à ses dras. Et quant c'estoit
az jours solempnes, chilz quy estoyent à ses dras le venoyent quère
en son hosteit et le mynoyent alle eglize. Sy avoit soventfois assy
grant rotte après ly com après l'evesque de Liège, car ilh avoit bin
chinquante ou de moins quarante parsiwans qui tos demoroieat al
dineir deleis ly.... » *Miroir des nobles de la Hasbaye*, par Jacques de
Hemricourt, éd. de Salbray, p. 158.

trouve bien impertinent cet Arteveld qui se fait ac-
compagner de soixante ou quatre-vingts valets! Deux
des récits les plus vantés de la première rédaction,
l'épisode des amours d'Édouard III et de la comtesse
de Salisbury, la narration du siége de Calais, sont
aussi à peu près littéralement empruntés au galant
et chevaleresque chanoine. On s'étonne moins de
ces emprunts quand on admet comme nous que la
rédaction où ils sont le plus fréquents et surtout le
plus serviles a précédé les autres.

Sous quelle influence a été composée la première
rédaction? Les dernières lignes du prologue fournissent la réponse à cette question : « .... à la prière
et requeste d'un *mien chier seigneur et maistre monseigneur Robert de Namur*, seigneur de Beaufort, à
qui je vueil devoir amour et obéissance, et Dieu me
laist faire chose qui lui puisse plaire![1] » Robert de
Namur figure dans deux autres passages de la première rédaction. Froissart nous apprend que « ce
gentil et vaillant chevalier, » neveu de Robert d'Artois dont il portait le nom, au retour d'une croisade
en Prusse et en Palestine, vint offrir ses services à
Édouard III pendant le siége de Calais en 1346[2].
Nous retrouvons Robert de Namur dans les rangs
des Anglais en 1369 à cette chevauchée de Tournehem où il joue un rôle si brillant et dont il a dû
fournir à notre chroniqueur les détails très-circon-
stanciés[3]. Robert, qui toucha jusqu'à la mort
d'Édouard III en 1377 une pension de trois cents

1. P. 211.
2. Ms. 2655, f° 154. Cf. Froissart de Buchon, éd. du Panthéon, t. I,
p. 259.
3. Ms. 2655, f°⁵ 312 et 313. Cf. Froissart de Buchon, t. I, p. 593 à 595.

livres sterling sur la cassette de ce prince, avait encore resserré les liens qui l'unissaient au parti anglais en se mariant par contrat du 2 février 1354 à Élisabeth de Hainaut, sœur de la reine d'Angleterre. Il n'est donc pas étonnant que le jeune clerc de Philippe, revenu dans son pays après la mort de sa bienfaitrice en 1369, ait trouvé des encouragements auprès d'un personnage aussi chevaleresque et aussi dévoué à la cause anglaise que Robert de Namur.

On a prétendu que Froissart n'est entré en relations avec Robert de Namur qu'après 1373, à l'occasion du mariage de Marie de Namur, nièce de Robert, avec Gui de Blois. La seule raison qu'on donne, c'est que l'auteur du *Joli buisson de Jonèce,* poëme composé le 30 novembre 1373[1], n'a pas nommé Robert parmi ses protecteurs[2]. Quoiqu'il ne faille pas demander à une œuvre de poésie légère une précision en quelque sorte statistique et que l'on puisse signaler d'autres lacunes dans la liste du *Joli buisson,* l'omission du nom de Robert de Namur a néanmoins, on doit en convenir, quelque chose de frappant et de caractéristique. Faut-il y voir un simple oubli analogue à celui qu'allait commettre Froissart lorsqu'il dit :

> Haro! que fai? Je me bescoce;
> J'ai oubliiet le roy d'Escoce
> Et le bon conte de Duglas[3].

L'auteur de la rédaction dédiée à Robert de Na-

---

1. Bibl. imp., ms. fr. coté 831, f° 161 v°.
2. *Étude sur Froissart,* par M. Kervyn de Lettenhove, t. I, p. 242 et 243, en note.
3. Bibl. imp., ms. fr. n° 831, f° 157 v°.

mur aurait-il été peu satisfait de la récompense qu'il reçut de son travail, ou y avait-il alors quelque brouille entre Robert et Gui, *le bon seigneur de Beaumont,* pour lequel le poëte du *Joli buisson,* dès lors curé des Estinnes, témoigne cette déférence particulière que l'on rend à son maître et seigneur ? Il serait téméraire de répondre à ces questions. Ce qui est certain, c'est que, quoique la première rédaction ait été composée à la requête de Robert de Namur, le nom de ce seigneur a été omis ou plutôt supprimé dans le prologue de tous les manuscrits revisés de cette rédaction, suppression bien plus surprenante que l'omission relevée dans le *Buisson de Jonèce.* Et pourtant on ne peut contester que les manuscrits où l'on trouve la révision ne soient postérieurs à ceux qui ne la contiennent pas et où l'on voit figurer le nom de Robert de Namur. A plus forte raison serait-on mal fondé à tirer de l'omission de ce nom dans un poëme une conclusion contre la date que nous avons assignée à la première rédaction.

D'après l'opinion que nous combattons, Froissart se serait attaché à Robert de Namur de 1390 à 1392, et il faudrait reporter entre ces deux dates la rédaction du premier livre, entreprise sous les auspices de ce seigneur. Mais cette hypothèse est entièrement gratuite, en opposition avec les faits les mieux établis et contraire à toute vraisemblance. Froissart dit en termes formels dans le prologue du troisième livre, composé précisément vers 1390, qu'il a pour maître et seigneur Gui, comte de Blois : « Et pour ce je sires Jehans Froissars, qui me sui ensoingnez et occupez de dicter et escripre ceste hystoire *à la requeste et contemplacion de hault prince et renommé messire*

Guy conte de Bloys, mon bon maistre et seigneur[1]....»
Depuis le jour où notre choniqueur, devenu dès 1373
curé des Estinnes, où Gui de Châtillon possédait un
fief dépendant de la seigneurie de Chimay, s'atta-
cha par un lien étroit à la fortune et même au service de la maison de Blois, rien, absolument rien ne
fait supposer que la protection dont cette illustre
maison ne cessa de l'entourer se soit démentie un
seul instant. Au contraire, dans le prologue du quatrième livre, Froissart apparaît pour la première fois
investi d'un canonicat dont il était certainement redevable à la faveur du comte de Blois, seigneur de
Chimay. L'auteur des Chroniques s'intitule dans ce
prologue « presbiterien et chapelain à mon très cher
seigneur dessus nommé (Gui de Blois) et pour le
temps de lors *tresorier et chanoine de Chimay* et de
Lille en Flandres. » Un des plus récents biographes
de Froissart n'en a pas moins intitulé l'un des chapitres de son livre : *Froissart chez Robert de Namur*[2].
Il est vrai que l'on se borne dans ce chapitre à raconter divers incidents des dernières années de la
vie de Robert mort le 18 août 1392, incidents qui
n'ont rien à démêler ni avec la personne ni avec la
vie du chroniqueur : on n'y trouve pas un mot d'où
l'on puisse inférer que le chapelain de Gui de Blois
ait vécu, comme on le prétend, de 1390 à 1392, auprès du pensionnaire, du partisan dévoué des Anglais.

Le caractère essentiel, le trait distinctif de cette
partie de la première rédaction qui s'arrête entre
1369 et 1373 et qui a été composée à la requête et

1. Ms. de Besançon, t. II, f° 201.
2. *Étude littéraire sur Froissart*, par M. Kervyn, t. I, ch. xii, p. 242
à 246.

sous les auspices de Robert de Namur, c'est que l'influence anglaise y est beaucoup plus marquée que dans les autres rédactions du premier livre et même que dans le reste des Chroniques. Sans doute, Froissart est trop animé de l'esprit chevaleresque pour ne pas rendre hommage à la générosité, à la bravoure, à la grandeur, partout où il les voit briller; il n'en est pas moins vrai qu'à la complaisance avec laquelle il s'étend sur les événements où l'Angleterre a joué le beau rôle, à l'insistance qu'il met à faire ressortir les prouesses des chevaliers du parti anglais, on reconnaît aisément la prédilection de l'auteur pour la patrie adoptive de Philippe de Hainaut. Au sujet des différends, des guerres, des batailles qui, de 1325 à 1372, mirent aux prises la France et l'Angleterre, la rédaction dédiée à Robert de Namur donne presque toujours la version anglaise. On peut citer comme exemple le récit des journées de Crécy et de Poitiers qui dans cette rédaction est fondé principalement, suivant le témoignage de Froissart lui-même, sur le témoignage des compagnons d'armes d'Édouard III et du Prince Noir. Prise dans son ensemble, la rédaction faite pour Robert de Namur doit être considérée avant tout comme un monument élevé par une âme enthousiaste, par une main amie et pieuse à la gloire anglaise. Et l'on voudrait attribuer une pareille œuvre au serviteur d'une maison aussi française que celle des comtes de Blois, au chapelain de ce Gui de Châtillon dont le père avait été tué à Crécy et qui, donné lui-même en otage aux Anglais, n'avait obtenu sa mise en liberté que moyennant une rançon ruineuse! Et l'on voudrait placer la composition de cette œuvre vers 1390, c'est-à-dire à

une époque où la gloire des premières années du règne d'Édouard III était depuis longtemps évanouie,
où les superbes vainqueurs de Crécy et de Poitiers,
après les revers réitérés de leurs armes en France,
en Espagne, en Écosse, étaient réduits à trembler
sous la menace d'une invasion française !

Combien il est plus naturel d'admettre la conclusion à laquelle nous ont conduit des preuves non
pas plus fortes, mais plus topiques et plus précises,
en faisant remonter la rédaction du premier livre inspirée par Robert de Namur à cette période comprise
entre 1369 et 1373 où quelques échecs partiels
avaient à peine entamé le prestige de la puissance
anglaise, où l'on était encore sous l'éblouissement
produit par des victoires merveilleuses, où surtout
l'ancien clerc de la reine Philippe, qui venait de
passer les huit plus belles années de sa vie à la cour
d'Édouard III, avait des raisons personnelles de res-
sentir avec une vivacité particulière l'admiration générale !

Outre la partialité pour l'Angleterre que nous venons de signaler, on remarque dans la première rédaction un caractère de jeunesse, d'entrain belliqueux
que n'offrent pas à un égal degré les rédactions postérieures. On dirait que le souffle guerrier qui anime
nos grands poëmes du douzième siècle a passé tout
entier dans cette rédaction. Notre chroniqueur, il est
vrai, a toujours aimé les descriptions de combats,
mais il y porte ici une verve, un éclat, une furie
de pinceau supérieure. Les récits des batailles de
Crécy et de Poitiers, pour ne rappeler que ceux-là,
sont des chefs-d'œuvre qu'on n'a pas surpassés. Froissart lui-même, lorsque plus tard il a voulu raconter de

nouveau ces mémorables journées, n'a plus retrouvé la largeur de dessin, la vivacité de coloris, l'heureuse fougue qui distinguent l'inspiration de la fleur de l'âge. Combien la seconde rédaction écrite par un chapelain parvenu à la maturité reste sous ce rapport, malgré des beautés d'un autre ordre, inférieure à la première! Dans celle-ci, qui remonte à une période où l'auteur n'avait guère plus de trente ans, on sent qu'une jeunesse ardente ajoute encore sa flamme aux instincts d'une nature chevaleresque.

Qui sait si Froissart n'a pas eu le premier conscience de cette supériorité de la première rédaction au point de vue qui devait le plus toucher les lecteurs de son temps et si la préférence littéraire de l'auteur n'est pas pour quelque chose dans la multiplicité des copies de cette rédaction, dont quelques-unes ont été exécutées de son vivant, tandis que la seconde rédaction, représentée par l'unique exemplaire d'Amiens, dont le manuscrit de Valenciennes n'est qu'un imparfait abrégé, demeurait isolée et inconnue dans les archives de ce château de Chimay dont les maîtres l'avaient inspirée?

En résumé, la partie de la première rédaction antérieure à 1373, composée par Froissart immédiatement après son retour d'Angleterre à la demande de Robert de Namur, l'un des partisans les plus dévoués de la cause anglaise, cette rédaction affecte un triple caractère : 1° Pour la partie qui s'arrête à 1356, elle contient généralement moins de développements originaux, elle fait des emprunts plus nombreux et surtout plus serviles au texte de Jean le Bel que les deux rédactions postérieures; 2° l'auteur y montre partout plus de sympathie, d'admiration et même de partialité pour les Anglais que dans les autres parties de ses Chroniques; 3° on y trouve, notamment dans les récits de batailles, l'expression la plus brillante peut-être du génie littéraire de Froissart.

Troisième phase. C'est après 1378 que se place la troisième phase de la composition de la première rédaction. Froissart a continué dans cette période le récit des événements de 1372 à 1378; il a fait cette continuation à deux reprises et sous deux formes fort différentes. L'une de ces continuations est plus sommaire, elle a un caractère en quelque sorte provisoire, et l'on dirait parfois qu'elle a été esquissée un peu au fur et à mesure des événements : c'est celle qui caractérise la première rédaction *proprement dite.* L'autre continuation qui semble avoir été écrite d'un seul jet, est une révision de la première dont elle corrige les erreurs ou dont elle enrichit le texte par des développements et même par des récits tout nouveaux : c'est celle qui distingue la première rédaction *revisée;* et elle forme, comme on le verra, une sorte de trait d'union entre la première rédaction et la seconde où elle se retrouve aussi.

L'exemplaire le plus ancien de la continuation, qui appartient en propre à la première rédaction proprement dite, pourrait bien être offert par le beau manuscrit de Besançon où le premier livre s'étend jusqu'à ces mots : « Adonc s'esmeut la guerre entre le roy de Portingal et le roy Jehan de Castille qui dura moult longuement, si comme vous orrés recorder avant en l'istore. » Le premier livre du manuscrit de Besançon empiète ainsi sur les quarante-deux premiers chapitres du second livre des autres manuscrits[1]. Plus tard sans doute, ces quarante-deux chapitres furent reportés en tête du second livre, et Froissart les remplaça en ajoutant à la fin du premier livre certains développements qui manquent dans le manuscrit de Besançon. Ces développements commencent après ces mots : « ..... Laquelle fille estoit convenancée au damoisel de Haynault, filz aisné du duc Aubert[2]; » ils se terminent ainsi : « ..... et par toutes les marches sur le clos de Costentin. » Les quatre ou cinq chapitres additionnels où sont contenus ces développements marquent la fin du premier livre dans les manuscrits de la première rédaction proprement dite.

Quant à la continuation qui distingue la première rédaction revisée, si l'on excepte les manuscrits 5006 et 20357 où, comme on l'a fait remarquer plus haut, cette continuation à partir de 1369 est comprise dans le second livre, elle s'arrête dans le manuscrit 6477-6479 à ces mots qui finissent le premier livre : « ..... je parlerai plus à plain quant j'en serai mieux informé[3]; » la coupure est rejetée quatre ou cinq chapitres plus loin dans le manuscrit de Mouchy-Noailles qui se termine au siége de Bergerac et dont voici la dernière ligne : « ..... près receu un grant damage[4]. »

1. Cf. dans Buchon, t. II, p. 49.

2. Ms. de Besançon, f° 371 v°. Le manuscrit de notre Bibliothèque impériale coté 2649, reproduction généralement fidèle de celui de Besançon, contient quelques lignes seulement de plus que la partie de ce dernier manuscrit qui correspond au premier livre des autres exemplaires de la première rédaction proprement dite. Le manuscrit 2649 se termine à ces mots : « .... ains passèrent oultre et prindrent. » Cf. Froissart dans Sauvage, édit. de 1559, t. I, p. 457, ligne 11.

3. Cf. dans Buchon, t. I, p. 717, col. 2, fin du chap. 394.

4. Cf. dans Buchon, t. II, p. 4, fin de la col. 1.

§ 3. *Des deux branches de la première rédaction :*
1° Première rédaction proprement dite ; 2° première
rédaction revisée ; — caractères distinctifs de ces
deux branches.

La division de la première rédaction en deux branches tire surtout, ainsi qu'on vient de le voir, sa raison d'être de la partie du premier livre postérieure à 1372. En effet, dans un certain nombre de manuscrits de la première rédaction, le récit des événements, depuis 1372 jusqu'en 1377, comme aussi depuis 1350 jusqu'en 1356[1], est tout autre et plus ample, plus développé que celui qu'on trouve dans la partie correspondante des autres exemplaires de la même rédaction.

Laquelle des deux branches dont il s'agit a précédé l'autre ? Évidemment, les manuscrits où la narration a le moins d'originalité et d'ampleur doivent être considérés comme les plus anciens ; les exemplaires de cette branche, qui sont de beaucoup les plus

---

1. Selon M. Kervyn, cette version plus originale, particulière aux manuscrits de la première rédaction revisée pour les années 1350 à 1356, serait postérieure à 1388, époque du voyage de Froissart en Béarn : « Elle est postérieure à 1388, dit-il, *puisque Froissart y raconte les démêlés du sire d'Albret avec les habitants de Capestang, d'après ce que ceux-ci lui dirent.* Je la crois écrite vers 1391. » Froissart, t. I, p. 243 en note. Voici le passage sur lequel s'appuie l'argumentation de M. Kervyn : « *Depuis me fu dit* qu'ils (il s'agit des habitants de Capestang) laissèrent prendre leurs ostages.... » Voyez Buchon, éd. du Panthéon, t. I, p. 317. Froissart ne dit nullement dans ce passage qu'il tient les détails qu'il va raconter de la bouche même des habitants de Capestang ; par conséquent il n'y a pas lieu d'en conclure avec M. Kervyn que la version des manuscrits revisés pour les années 1350 à 1356 est postérieure au voyage du chroniqueur en Béarn en 1388 et a été écrite vers 1391.

nombreux, constituent ce que nous avons appelé déjà dans le paragraphe précédent la première rédaction *proprement dite,* par opposition aux manuscrits où le récit a reçu plus de développement entre les dates indiquées ci-dessus, qui forment la première rédaction *revisée.*

Il importe aussi de faire remarquer que le commencement du premier livre diffère dans les deux branches de la première rédaction jusque vers le milieu du paragraphe 11 de ce volume[1]. Au contraire, le texte de ces dix premiers paragraphes est le même dans la seconde rédaction que dans la première rédaction proprement dite.

La première rédaction revisée et la seconde offrent deux traits communs d'une importance capitale : elles remplacent l'une et l'autre, entre 1350 et 1356, le fragment d'emprunt de la première rédaction proprement dite, par une version originale et plus développée qui, sans être identique dans les deux rédactions, présente du moins beaucoup d'analogie. En outre, le texte plus complet et meilleur que donne la première rédaction revisée pour la partie comprise entre 1372 et 1377, se retrouve intégralement dans la seconde rédaction. Des ressemblances aussi caractéristiques, aussi considérables entre celle des branches de la première rédaction qui a été écrite la dernière, et la seconde rédaction confirment d'une manière frappante la date plus récente que nous avons assignée à la composition de celle-ci. En effet, supposer, comme on l'a fait, que la première

---

1. Voyez p. 26, l. 21. Le texte devient semblable dans les manuscrits des deux branches après ces mots : *Si singlèrent par mer.*

rédaction proprement dite est postérieure à la seconde rédaction, c'est supposer que Froissart a substitué de gaieté de cœur, 1° de 1350 à 1356, un fragment emprunté et insipide à une version plus originale dont il était l'auteur; 2° de 1372 à 1377, un texte imparfait à un texte plus complet et meilleur, en un mot, à un texte revisé. Une telle hypothèse n'est-elle pas contraire à la vraisemblance?

§ 4. *De la première rédaction proprement dite; — classement des manuscrits de cette rédaction.*

Les manuscrits de la première rédaction sont extrêmement nombreux; on en compte environ cinquante, tandis que la seconde n'est représentée que par les deux exemplaires d'Amiens et de Valenciennes, et la troisième par le texte unique de Rome. Une disproportion aussi énorme peut être considérée comme un argument de plus en faveur de la priorité de la rédaction qui compte un si grand nombre de copies, car il tombe sous le sens que des trois rédactions, c'est la première en date qui a dû être le plus tôt et le plus souvent reproduite. L'expérience enseigne que, dans ce cas, l'avantage reste quelquefois au premier occupant; mais cela est surtout vrai lorsqu'il s'agit d'une transcription aussi longue et aussi coûteuse que celle du premier livre des Chroniques. Serait-il téméraire d'attribuer, en partie du moins, à l'apparition plus tardive des seconde et troisième rédactions la rareté vraiment singulière des exemplaires qui les représentent?

Des cinquante manuscrits de la première rédaction, plus de quarante appartiennent à la première rédaction proprement dite; il reste six mss. seulement de la première rédaction revisée. Encore faut-il comprendre parmi ces six un ms. où le premier livre presque tout entier est perdu, un simple fragment et un abrégé.

On a prévenu le lecteur qu'il ne devait pas chercher ici une description des manuscrits; diverses raisons ont fait renvoyer cette description à la fin de l'édition. Le tableau sommaire qu'on trouvera ci-dessous n'en a pas moins coûté à l'éditeur plus de six mois de travail; il a nécessité de lointains voyages et des recherches sans nombre. Il a présenté d'autant plus de difficultés qu'il est impossible de grouper les manuscrits par familles, en se fondant sur les caractères saillants, extérieurs et pour ainsi dire matériels de ces mss. L'éditeur avait, au début de son travail, nourri cette illusion; mais il a dû y renoncer après bien des tâtonnements et de vains efforts. Ainsi, il semble au premier abord que les manuscrits où le premier livre est coupé au même endroit et se termine beaucoup plus tôt que dans les autres, doivent être rattachés à la même famille; et pourtant il est tel cas où l'on s'égarerait infailliblement en suivant cette méthode. Le ms. de Besançon, par exemple, ne contient pas trois ou quatre chapitres qui terminent le premier livre dans les mss. 2649, 2663, 2674, etc., et néanmoins il appartient à la même famille que ces derniers exemplaires. Au contraire, le ms. de notre Bibliothèque impériale coté 86 et le ms. de Breslau finissent l'un et l'autre le premier livre au siége de Bourdeilles, en 1369; ce qui n'empêche pas ces copies de se rattacher à deux familles différentes.

Écartant donc ces apparences trompeuses et ces analogies purement superficielles, il a fallu pénétrer plus avant pour essayer de saisir les caractères vraiment génériques qui sont les *variantes du texte*. On comprend tout ce qu'une pareille tâche exige de comparaisons minutieuses et combien ces comparaisons sont difficiles lorsqu'elles doivent porter sur d'enormes manuscrits souvent fort éloignés les uns des autres! Heureusement, un fil conducteur nous a guidé dans ce dédale : ce fil, nous l'avons trouvé dans les titres des chapitres qui, provenant uniquement du fait des copistes, constituent un indice à peu près sûr de l'identité des variantes et par suite de la communauté d'origine des manuscrits où ces intitulés ajoutés au texte sont semblables. Conformément à cette méthode, on n'a rangé dans la même famille que les manuscrits dont le texte présente des modifications identiques qui leur sont exclusivement propres et que l'on ne retrouve point dans les autres. Toutefois, une exception a été admise en faveur de certains exemplaires qui, tout en offrant généralement les mêmes variantes que ceux auxquels on les a réunis, se distinguent cependant de ceux-ci par des différences plus ou moins notables, sans qu'on puisse d'ailleurs les rattacher à une autre famille. Ces manuscrits excentriques ont été joints à ceux dont ils se rapprochent le plus; seulement, on les a laissés en dehors de l'accolade pour bien marquer leur singularité.

MSS. DE LA PREMIÈRE RÉDACTION

PREMIÈRE CLASSE.

MSS. DONT LE TEXTE EST COMPLET.

Mss. A 1 = ms. de la bibl. de la ville de Besançon.

1re famille.
- A 2 = ms. 2649[1].
- A 3 = ms. 2663.
- A 4 = ms. 2674.
- A 5 = ms. 6471.
- A 6 = ms. de la bibl. royale de la Haye.

2e famille.
- A 7 = ms. 2655.
- A 8 = ms. 2641.
- A 9 = ms. 2642.
- A 10 = ms. 131 de sir Thomas Phillipps, à Cheltenham.

3e famille.
- A 11 = ms. 2640.
- A 12 = ms. 2675.
- A 13 = ms. 2657.
- A 14 = ms. de la bibl. de la ville d'Arras.

4e famille.
- A 15 = ms. 6474.
- A 16 — ms. de lord Ashburnham, à Ashburnham-Place.
- A 17 = ms. de la bibl. de l'Université de Leyde.

5e famille.
- A 18 = ms. 2662.
- A 19 = ms. n° 67 du fonds Arundel au British Museum.

1. Les manuscrits désignés simplement par un chiffre appartiennent à notre Bibliothèque impériale. Il faut ajouter à la liste ci-jointe, le bel exemplaire du premier livre conservé dans la bibliothèque du château de Branitz (Prusse). Malheureusement, il ne nous a pas été donné de voir, d'étudier nous-même ce manuscrit; et les renseignements transmis par Son A. le prince de Puckler-Muskau ne nous ont pas permis de le comprendre dans notre classement.

PROPREMENT DITE=MSS. A.

SECONDE CLASSE.

MSS. DONT LE TEXTE EST PLUS OU MOINS ABRÉGÉ.

1re famille.
- A 20=ms. 86.
- A 21=ms. de la bibl. de la ville de Berne.
- A 22=ms. du fonds de la bibl. royale au British Museum.

2e famille.
- A 23=ms. 2643.
- A 24=ms. 2665 à 2667.
- A 25=ms. 15486.
- A 26=ms. 144 de la bibl. de l'Arsenal, à Paris.
- A 27=ms. de la bibl. de la ville de Saint-Omer.
- A 28=ms. de la bibl. de la ville de Carpentras.
- A 29=ms. de la bibl. de la ville de Breslau.

3e famille.
- A 30=ms. 2651.
- A 31=ms. de la bibl. de la ville de Tours.
- A 32=ms. de la bibl. de la ville de Toulouse.
- A 33=ms. du musée Hunter, à Glasgow.

TROISIÈME CLASSE.

FRAGMENTS.

- A 34=ms. 2677.
- A 35=ms. 2647.
- A 36=ms. Laud misc. 745 de la bibl. Bodléienne, à Oxford.
- A 37=ms. de la bibl. de la ville de Rouen.

QUATRIÈME CLASSE.

ABRÉGÉS PROPREMENT DITS.

- A 38=ms. 5005.
- A 39=ms. HF 145 de la bibl. de l'Arsenal.
- A 40=ms. de la bibl. royale de Bruxelles.

Dans ce tableau comme dans tout le cours de notre édition, la première rédaction proprement dite est désignée par la lettre A suivie d'un chiffre qui varie pour chacun des manuscrits de cette rédaction.

La première classe comprend les manuscrits où le texte du premier livre est reproduit intégralement; non qu'il n'y manque çà et là des mots ou même des membres de phrase, mais ces lacunes résultent de l'inadvertance des copistes et n'ont pas le caractère de suppressions systématiques.

Dans la première famille de cette classe, le ms. de Besançon a[1] été mis à part, non-seulement à cause de son antiquité exceptionnelle, mais encore parce que le premier livre, s'il s'étend beaucoup plus loin dans cet exemplaire que dans les cinq congénères, manque en revanche des trois ou quatre chapitres qui le terminent dans ces derniers mss.

La seconde famille (mss. A 7 à 10[2]) comprend les copies à la fois les moins étendues et les plus anciennes du premier livre; ces manuscrits ont cela de très-particulier qu'ils ne semblent pas dériver les uns des autres et ne présentent pas toujours les mêmes variantes.

Les troisième, quatrième et cinquième familles de la première classe (mss. A 11 à 19) sont plus mo-

---

1. Mon ami, M. A. Castan, a publié une excellente étude sur le ms. de Saint-Vincent de Besançon. *Bibl. de l'École des Chartes*, t. XXVI, p. 114 à 148. Buchon croyait ce manuscrit égaré si non perdu; M. Castan ne l'a pas seulement retrouvé, il a éclairci toutes les questions qui s'y rattachent.

2. Sur la manière dont se terminent ces manuscrits, voyez ce qui a été dit plus haut, p. xiii et xiv, xxvii et xxviii.

dernes que les deux familles précédentes; et un certain nombre d'additions des mss. A 11 à 19, mais surtout des mss. A 11 à 14, ne doivent provenir que du fait des copistes.

La seconde classe embrasse les manuscrits où le texte est tantôt complet, tantôt plus ou moins abrégé. Dans les exemplaires de cette classe, les lacunes, les abréviations, au lieu d'être comme dans ceux de la premiere une exception due à la distraction d'un scribe, deviennent la règle; et ce système de suppressions s'étend à toutes les parties, on pourrait presque dire à tous les chapitres du texte.

La premiere famille de la seconde classe (mss. A 20 à 22) dérive de la première famille de la pre mière classe (mss. A 1 à 6).

Le texte est encore plus abrégé dans les mss. A 23 à 28 que dans les mss. A 20 à 22.

Si dans la deuxième famille de la seconde classe le ms. de Breslau a été mis en dehors de l'accolade, c'est qu'à partir de 1340 le texte y est plus développé et offre certains détails qu'on ne trouve pas dans les autres mss. de la même famille.

Les simples fragments du premier livre sont rangés dans la troisième classe. Les mss. 34 à 36, qui sont la reproduction les uns des autres, ne contiennent que le commencement du premier livre; le texte, d'ailleurs complet, de ces mss. s'arrête à la mort de Philippe de Valois en 1350. Quant au ms. de Rouen, découvert et signalé pour la première fois par M. Delisle, on n'y trouve que des chapitres détachés.

Les mss. A 38 à 40, qui composent la quatrième classe, renferment le même résumé des quatre livres des Chroniques abrégés chapitre par chapitre; le premier livre est divisé dans ce résumé en 167 chapitres.

§ 5. *De la première rédaction revisée ; — classement des manuscrits de cette rédaction.*

La première rédaction revisée, comparée à la première rédaction proprement dite, présente trois différences caractéristiques : 1° le texte des onze premiers paragraphes du premier livre est différent dans les deux rédactions; 2° de 1350 à 1356, la première rédaction revisée substitue un récit plus ample au fragment fort sec que la première rédaction proprement dite offre pour la même période; 3° de 1372 à 1378, le texte de la première rédaction proprement dite est revisé et développé dans la première rédaction appelée pour cette raison *revisée.*

Ces deux dernières différences sont tout à l'avantage de la première rédaction revisée et prouvent surabondamment, comme nous l'avons dit plus haut, qu'elle a été composée après la première rédaction proprement dite sur laquelle elle constitue un progrès notable. Il n'en est pas ainsi de la première différence : on trouve dans les manuscrits de la branche plus ancienne un meilleur texte que dans ceux de la branche plus moderne. Serait-ce pour cette raison qu'il a été reproduit dans la seconde rédaction de préférence à celui de la première rédaction revisée?

Suivant une remarque déjà faite, les manuscrits de Froissart sont d'autant plus nombreux que la rédaction qu'ils représentent est plus ancienne. Le nombre des exemplaires de la première rédaction revisée confirme cette observation. Cette rédaction ne compte aujourd'hui que trois manuscrits complets; mais notre Bibliothèque impériale en possède un quatrième exemplaire dont malheureusement le tome I, qui contenait la plus grande partie du premier livre, ne se retrouve plus. L'Anglais Johnes, qui vivait au commencement de ce siècle et dont il paraît que la riche collection a péri dans un incendie, devait aussi avoir en sa possession au moins un manuscrit de la rédaction dont il s'agit, puisqu'il a signalé et publié le premier certaines variantes propres à cette rédaction[1]; et la bonne leçon de 1350 à 1356, renvoyée en appendice à la fin du ms. du fonds Arundel 67 au British Museum, avait peut-être été extraite au quinzième siècle des manuscrits qui plus tard ont appartenu au châtelain de Hafod. On arrive ainsi pour la première rédaction revisée à un total de cinq manuscrits au moins contre quarante de la première rédaction proprement dite, deux de la seconde, un seulement de la troisième.

---

1. Voyez l'édition imprimée par Johnes en son château d Hafod en 1803, formats in-4° et in-8°. Johnes est également l'auteur d'une traduction anglaise des *Mémoires de la Curne de Sainte-Palaye sur Froissart*, qui parut à Londres en 1801. Notre chroniqueur a su toujours inspirer de belles passions à nos voisins; espérons que Johnes aura des successeurs.

Mss. DE LA PREMIÈRE RÉDACTION REVISÉE = Mss. B.

B 1 = ms. 6477 à 6479 [1].
(B 2 = (t. I manque) ; t. II coté 5006 (du f° 1 au f° 104).
(B 3 = ms. 20356 et 20357 [2] (du f° 1 au f° 81 v°).
B 4 = ms. de Mouchy-Noailles, à Mouchy-le-Châtel.

———————

B 5 = ms. du fonds Arundel 67 au British Museum (du f° 358
     au f° 373).

———————

B 6 = ms. 10144 (du f° 422 au f° 532 et du f° 809 au f° 886).

Dans le tableau qui précède et dans le cours de
cette édition, de même que la lettre A désigne la
première rédaction proprement dite, la lettre B correspond à la première rédaction revisée dont les divers manuscrits sont indiqués par les chiffres qui
suivent B.

A défaut du tome I aujourd'hui perdu du manuscrit B2, le manuscrit B1, le plus ancien de beaucoup et le meilleur de la branche dont il fait partie,
a été adopté comme texte du premier livre; et l'on
exposera plus loin les raisons qui ont dicté ce
choix [3].

Les mss. B2 et B3 offrent le même texte, plus ancien dans le ms. B2, plus moderne dans le ms. B3

1. Dans ce tableau, comme dans le précédent, les manuscrits désignés par un simple chiffre appartiennent à notre Bibliothèque impériale.

2. Ce manuscrit, qui provient du fonds de Gaignières, est toujours
appelé dans les variantes du texte de ce volume : *Ms. de Gaignières.*
Dans les volumes suivants, il sera désigné sous la rubrique B3, le
ms. 6477 à 6479 sous la rubrique B1, le ms. de Mouchy-Noailles sous
la rubrique B4.

3. Voyez le chapitre I de la seconde partie de cette introduction.

qui n'est qu'une copie du premier; voilà pourquoi
ces deux mss. ont été réunis par une accolade. Une
main postérieure a pris à tâche de faire disparaître
du ms. B2, en grattant ou en ajoutant des lettres à
certains mots, une empreinte wallonne très-caracté-
risée ainsi que les signes usités dans notre ancienne
langue pour marquer la distinction du cas sujet et
du cas régime qui est encore généralement observée
dans ce précieux ms. Il est fâcheux que nous ne
connaissions pas la date précise de l'exécution du
ms. B3 : nous saurions ainsi à quelle époque la fameuse règle de l's est devenue, non-seulement une
lettre close, mais encore un objet de scandale pour
ceux qui faisaient copier ou copiaient les manuscrits.
Ce qui prouve, malgré la différence de l'orthographe, que le ms. B3 a été copié sur le ms. B2,
c'est que la plupart des notes marginales du t. II
coté 5006 se trouvent reproduites sur les marges du
t. II de l'exemplaire provenant du fonds de Gaignières coté 20357.

Les mss. B1, B2-3 et B4 ont cela de particulier
qu'aucun des trois n'a été copié sur l'un des deux
autres[1]; en d'autres termes, chacun d'eux a sa valeur
propre et indépendante. La rareté relative des exemplaires de la première rédaction revisée rend cette
circonstance doublement précieuse.

Comme le ms. du British Museum fonds Arundel
n° 67 appartient à la première rédaction proprement
dite, il ne donne pour la partie du premier livre
comprise entre 1350 et 1356 que le sec fragment

---

1. Sur la manière dont se termine le premier livre dans les divers
manuscrits de la première rédaction revisée, voyez plus haut la fin du
§ 2, p. xiii et xiv, xxvii et xxviii.

qui caractérise les exemplaires de cette branche. Mais une note placée en marge du ms., au feuillet 173, renvoie à la leçon plus ample propre à la première rédaction revisée que le copiste du ms. Arundel avait sans doute connue trop tard pour l'insérer dans le corps du texte. Cette note est conçue en ces termes : « Après ceste presente rubriche de rouge coumensant : *Coument le roy Phelippe de France trespassa*, fault seize feiles lesquelx vous trouverez au dernier du livre. Et coumence la rubriche de rouge : *Du chapelet de perles que le roy Edouart d'Angleterre donna....* » Le fragment du ms. Arundel figure sous la rubrique B5 dans le tableau des mss. de la première rédaction revisée et sera désigné ainsi dans notre édition.

On conserve à notre Bibliothèque impériale sous le numéro 10144 un abrégé du premier livre tellement original qu'on pourrait le considérer presque comme une quatrième rédaction. Cet abrégé se termine par l'*explicit* suivant : « Che sont les croniques de Froissart. Cest croniques escript Bertoulet Lebrun, archiés de corps de Phelippe duc de Bourgoigne, que Dieu absol! et le commencha au Noel mil CCCLXXVII[1]; et furent fait quinze jours devant le Saint Jehan Baptiste en sievant. Et priés à Dieu pour luy, et il pri[er]a à Dieu pour vout (sic) et pour tous vos amis. Et avoit le dit Bertoulet soissante trois ans quant il furent parfait. » Le caractère paléographique du ms. 10144 s'accorde bien avec la date de 1477 que le copiste a voulu

---

1. Le copiste doit avoir oublié un C. Ces mots : *que Dieu absol* ne peuvent se rapporter qu'à Philippe le Bon, duc de Bourgogne, mort à Bruges le 14 juin 1467.

écrire, et l'orthographe de ce ms. sent, comme on vient de le voir, son archer d'une lieue. D'ailleurs, rien dans le contenu de cet abrégé n'autorise à mettre en doute l'authenticité de l'exemplaire unique qui nous l'a conservé. Il porte comme tous les bons manuscrits des Chroniques une forte empreinte de dialecte wallon; et il rectifie ou complète parfois heureusement les autres rédactions du premier livre[1].

Le ms. 10144 contient, du feuillet 423 au feuillet 532, pour les années 1350 à 1356, le même texte, mais plus abrégé, que les mss. de la première rédaction revisée. Il renferme aussi, à partir du feuillet 809, pour les années 1372 à 1375, un sommaire de la version particulière à ces mêmes manuscrits. Ces deux circonstances nous ont déterminé à le classer sous la rubrique B6 parmi les exemplaires de la première rédaction revisée.

CHAPITRE II.

DE LA SECONDE RÉDACTION; — MANUSCRITS D'AMIENS ET DE VALENCIENNES; — CARACTÈRES DISTINCTIFS DE CETTE RÉDACTION.

La seconde rédaction ne nous est parvenue que dans les deux manuscrits d'Amiens et de Valenciennes.

Le manuscrit d'Amiens[2] est le seul qui représente la seconde rédaction d'une manière complète; il

1. Notre édition est la seule où l'on ait utilisé ce précieux abrégé.
2. Grand in-fol. vélin de 208 feuillets. Le texte est disposé sur deux colonnes dont chacune a soixante lignes. Écriture de la première moitié du quinzième siècle.

contient le premier livre tout entier de 1325 à 1377 et se termine par la même phrase que le ms. de notre Bibliothèque impériale 6477 à 6479, le plus ancien texte aujourd'hui conservé de la première rédaction revisée : « En ce temps se faisoit une grant assamblée de gens d'armes en le marce de Bourdiaux au mandement dou ducq d'Anjou et du conestable, car il avoient une journée arestée contre les Gascons englès de laquelle je parlerai plus plainement quant j'en seray mieux enfourmez. »

Le manuscrit de Valenciennes[1] renferme seulement la partie du premier livre qui embrasse le récit des événements de 1325 à 1340. Sauf l'addition d'un chapitre où Froissart décrit la cérémonie d'investiture d'Édouard III comme vicaire de l'Empire[2], le manuscrit de Valenciennes n'est, malgré de nombreuses variantes de détail, qu'un abrégé de la partie correspondante de la seconde rédaction ; et si cet abrégé n'a pas été rédigé d'après le manuscrit d'Amiens lui-même, comme la reproduction de certaines fautes qui ne peuvent provenir que de la distraction du copiste de ce dernier manuscrit le fait supposer[3], du moins il a été certainement exécuté d'après un modèle commun.

Les armes de la maison de Croy, écartelées de Craon et de Luxembourg, qui sont inscrites en tête du premier feuillet du ms. d'Amiens, donnent lieu de croire que ce ms. a été exécuté pour Jean de Croy, comte de Chimay, conseiller et chambellan de Phi-

---

1. In-4° papier de 123 feuillets. Le texte est disposé sur une seule colonne. Écriture de la fin du quinzième siècle.

2. P. 425 à 427 de ce volume.

3 Voyez la note de la p. 329.

lippe le Bon, duc de Bourgogne, mort à Valenciennes en 1472. On lit également entre les jambages de la première lettrine du ms. de Valenciennes la signature autographe d'un Croy; il y a lieu de supposer par conséquent que l'exemplaire avait appartenu à ce seigneur avant de faire partie de la bibliothèque de la ville où est né Froissart. On voit que les deux manuscrits d'Amiens et de Valenciennes ont la même origine. D'un autre côté, la seconde rédaction, certainement postérieure à 1376, a dû être composée, comme nous le verrons tout à l'heure, à l'instigation et sous les auspices de Gui de Châtillon, II du nom, comte de Blois, *seigneur de Chimay et de Beaumont, ses deux résidences de prédilection.* Or, les châteaux de Chimay et de Beaumont passèrent plus tard aux Croy : il n'est donc pas étonnant que les deux exemplaires, qui nous restent de la seconde rédaction, portent le nom et les armes de cette illustre famille. N'y a-t-il pas entre tous ces faits une liaison et une harmonie frappantes ?

Au point de vue de la langue, on remarque d'ailleurs une ressemblance notable entre les deux exemplaires qui nous restent de la seconde rédaction. La notation wallonne de l'article féminin : *le* pour *la* est commune aux manuscrits d'Amiens et de Valenciennes; elle est toutefois plus usitée dans le premier que dans le second. Un autre trait caractéristique de l'orthographe wallonne, qui consiste à remplacer par un double *w*, le *b*, le *v* ou l'*u* étymologique de certains mots, par exemple dans *ewist*, *dewist*, *pewist*[1] et même à ajouter parfois entre deux

1. P. 244, dernière ligne, 264, 277, 281, 297, 308, 383, etc. Le

voyelles un double *w* parasite, ce trait apparaît seulement dans le manuscrit d'Amiens. En revanche, tous les exemples de *leur* employé adverbialement pour *là où*, relevés jusqu'à ce jour par l'éditeur, appartiennent à l'abrégé de Valenciennes[1].

Malgré de nombreuses exceptions dues à l'influence, à la prépondérance croissantes du dialecte français, l'emploi du *ch* à la place du *ç* doux français et du *c* dur au lieu du *ch* français, commun à l'origine aux dialectes picard, wallon et même normand, est encore assez général dans les manuscrits d'Amiens et de Valenciennes avec cette différence que le changement du *ç* doux en *ch* est beaucoup plus fréquent dans le premier de ces manuscrits, et l'usage du *c* dur plus marqué et plus étendu dans le second. Ainsi, on lit d'ordinaire : *chité*[2], pourvean*che*[3] dans le ms. d'Amiens et : *cité*[4], pourveance[5] dans le ms. de Valenciennes; en retour, le ms. de Valenciennes écrit : wi*q*uet[6] et clo*q*ue[7] là où l'on trouve dans le ms. d'Amiens : gui*ch*et[8], clo*c*e[9] ou clo*che*[10]. Le ms. d'Amiens substitue même parfois un *ch* au *c* dur picard comme dans : pour*ch*achier[11] ou au *c* dur français, par exemple, dans : *ch*ouchièrent[12]; mais ce sont là des excep-

---

manuscrit 6477-6479, auquel nous avons emprunté le texte du premier livre et où l'empreinte wallonne est aussi très marquée, offre parfois la même particularité. Voyez p. 19, l. 17.

1. « .... si qu'ilz ne seurent dedens deux jours *leur* il estoient. » f° 9 v°. — « .... liiez sur une esquielle *leur* tout le peuple le veoient. » f° 12 v°.

2. P. 253. — 3. p. 277. — 4. Ms. de Valenciennes, f° 12 v°. — 5. *Ibid.*, f° 18 v°. — 6. P. 446. — 7. p. 485 et 490. — 8. p. 445. — 9. p. 490. — 10. p. 485.

11. P. 221 : « .... acquerre et pourchachier amis et confortans.... » *Pourchachier* est une forme wallonne du français actuel *pourchasser*.

12. P. 333 : « .... il chouchièrent grant foison d'arbres et de bois.... »

tions, ainsi que le prouvent d'autres passages où les mots cités figurent sous la forme ordinaire, et ces exceptions doivent sans doute être mises sur le compte de l'allitération[1].

La seconde rédaction présente deux particularités par où elle se rapproche tour à tour des deux branches de celle qui l'a précédée : ainsi les onze paragraphes du commencement du premier livre jusqu'au départ d'Isabelle pour l'Angleterre en 1326 sont semblables dans les manuscrits d'Amiens et de Valenciennes et dans ceux de la première rédaction proprement dite, tandis que de 1372 à 1377 le texte plus ample qui caractérise les exemplaires de la première rédaction revisée est reproduit dans le ms. d'Amiens. Cette dernière ressemblance est importante au plus haut point et mérite une attention spéciale : elle tend à prouver tout à la fois, pour le dire en passant, que la première rédaction revisée et la seconde rédaction sont l'une et l'autre postérieures à la première rédaction proprement dite.

Pour toute la partie du premier livre, comprise entre le retour d'Isabelle en Angleterre en 1326 et la reddition de la Rochelle en 1372, les première et seconde rédactions offrent encore çà et là des parties communes; on peut dire néanmoins qu'entre ces deux dates la seconde rédaction est profondément

Chouchier est une forme vraiment étrange qui pourrait bien être l'équivalent de *couchier*.

1. En attendant le glossaire qui doit être joint à cette édition, c'est ici l'occasion de signaler aux philologues le mot *kecke* dans le passage suivant du ms. d'Amiens : « .... chiaux de se *kecke* ensanglantés.... » Voyez page 264. M. Kervyn a lu : *sieute*. Œuvres de Froissart, *Chroniques*, t. II, p. 123. C'est bien le sens, mais *sieute* n'est pas dans le manuscrit.

distincte de la première dans le fond aussi bien que dans la forme.

On a vu dans le chapitre précédent que la première rédaction s'est formée successivement et par parties. Il ne semble pas qu'il en ait été ainsi de la seconde; du moins on ne distingue dans le ms. d'Amiens aucune trace de ces lacunes, de ces sutures si visibles dans les exemplaires de la première.

A quelle date a été composée la seconde rédaction? La réponse à cette question a été faite plus haut[1], mais il importe de reproduire ici textuellement les deux passages des manuscrits d'Amiens et de Valenciennes qui ont dicté cette réponse. On lit dans le ms. d'Amiens : « Et puis fu chils enfez prinche de Gallez et très bons, hardis et entreprendans chevaliers et qui durement et fierement guerria tant qu'il vesqui; *mès il mourut dès le vivant le roy son père*, ensi comme vous orez en ceste histoire[2]. » F° 20. Ce passage se retrouve en abrégé dans le ms. de Valenciennes : « .... et fist en France et ailleurs moult de beaux fais d'armes, et *mourut josne du vivant son père*[3]. » F° 42. Ainsi dès les premiers feuillets des manuscrits d'Amiens et de Valenciennes il est fait mention de la mort du prince de Galles qui eut lieu en 1376 : on est forcé d'en conclure que la seconde rédaction n'a pu être composée qu'après cette date.

Rien n'autorise à supposer que le passage dont il s'agit est le résultat d'une interpolation; outre que cette supposition serait gratuite, un détail matériel du manuscrit d'Amiens la rend tout à fait inadmis-

1. Voyez chap. i, § 1, p. vii à ix. — 2. P. 349.
3. P. 349, en note.

sible. Les premiers feuillets de ce ms. présentent un caractère particulier qui frappe le lecteur : la plupart des noms propres y sont laissés en blanc[1] ou bien ils sont affreusement estropiés. On y lit, par exemple : « Phelippes de *Valeur*[2] » pour « Phelippes de Valois. » Ces lacunes ou ces erreurs grossières sont d'autant plus étranges qu'on les rencontre seulement dans les premiers feuillets et que le manuscrit est du reste exécuté avec beaucoup de soin. On parvient à les expliquer en supposant que le copiste avait sous les yeux un brouillon en écriture cursive plus ou moins illisible dont il n'avait pas encore l'habitude quand il a écrit ces premiers feuillets : il a deviné d'abord plutôt qu'il n'a lu les mots ordinaires ; les noms propres sont les seuls que le contexte n'aide pas à déchiffrer, c'est pourquoi il les a estropiés ou laissés en blanc ; puis, il s'est vite accoutumé à ce grimoire, il en a trouvé la clef, et alors les lacunes et les bévues monstrueuses ont disparu presque entièrement de sa copie. En même temps que ces lacunes attestent chez le copiste le désir de reproduire servilement et scrupuleusement le modèle, elles font supposer que ce modèle était un autographe ou du moins un original en caractères tracés à la hâte sous la dictée de Froissart, car l'écriture des manuscrits de cette époque exécutés à loisir par des scribes proprement dits est généralement plus ou moins posée et dans tous les cas très-lisible.

Cette explication est trop naturelle pour ne s'être

---

1. Voyez nos variantes, p. 211, 213, 217, etc. Les lacunes du manuscrit d'Amiens ont été comblées à l'aide du texte de Valenciennes.

2. P. 211, l. 14.

pas déjà présentée à l'esprit des érudits qui ont examiné le manuscrit d'Amiens. « Le manuscrit d'Amiens, dit M. Rigollot, a été *copié avec beaucoup de scrupule, peut-être sur un manuscrit autographe;* on remarque sur le premier feuillet que plusieurs mots sont restés en blanc, probablement parce que le copiste n'avait pu les lire sur les premières pages de l'original qui auront été plus usées que les autres[1]. » On ne saurait donc attribuer à une interpolation le passage qui mentionne dès les premiers feuillets des manuscrits d'Amiens et de Valenciennes la mort du Prince Noir; d'où il suit, pour le répéter encore une fois, que la seconde rédaction est dans toutes ses parties postérieure à 1376.

Cette date de 1376 nous amène à l'époque où les liens les plus étroits qui unissaient Froissart au pays adoptif de Philippe de Hainaut, à la patrie du Prince Noir, sont désormais rompus; c'est aussi le temps où la France se relève grâce à la sagesse de Charles V, à l'épée de Duguesclin et fait reculer de jour en jour ses envahisseurs. Lorsque l'auteur des Chroniques composa de 1369 à 1373 la partie de sa première rédaction antérieure à ces deux dates, il venait de passer huit années à la cour d'Angleterre; il avait entendu raconter par des chevaliers de cette nation les victoires qui avaient porté si haut la gloire d'Édouard III, notamment celles de Crécy et de Poitiers : enfin le récit même qu'il entreprenait lui était commandé, il a soin de nous le dire dans le prologue, par ce Robert de Namur qui, entré au service

____

1. Mémoire sur le manuscrit de Froissart de la ville d'Amiens et en particulier sur le récit de la bataille de Crécy, par M. Rigollot, dans le t. III des *Mémoires de la société des antiquaires de Picardie*, p. 133, en note.

du roi son beau-frère depuis le siége de Calais en
1346, combattait encore dans les rangs des Anglais
à la chevauchée de Tournehem en 1369. Qui s'éton-
nerait après cela que Froissart ayant vécu si longtemps dans un pareil milieu et resté soumis à la
même influence nous ait donné presque toujours
dans sa première rédaction la version anglaise des
grands événements de cette période et entre autres
du siége de Calais, des batailles de Crécy et de Poitiers! Qui ne comprend que le peintre a pu sans
parti pris faire prédominer la couleur anglaise dans
ses tableaux! Comme cette couleur se présentait seule
sous sa palette, elle est venue pour ainsi dire d'elle-
même s'empreindre sur la toile.

Mais après 1376 nous trouvons le curé des
Estinnes, le poëte de Wenceslas, le chapelain du
comte de Blois placé dans un tout autre milieu,
soumis à des influences bien différentes. Wenceslas
de Luxembourg, duc de Brabant, était fils de cet
héroïque roi de Bohême qui avait voulu, quoique
aveugle, se faire tuer à Crécy en combattant pour
la France. « Wenceslas, dit excellemment M. Pinchart, quoique d'origine allemande, avait reçu,
comme ses prédécesseurs, une éducation toute française. Il introduisit au palais de Bruxelles bien des
changements calqués sur la cour des rois de France
qu'il avait souvent visitée : entre autres voyages
qu'il y fit, Jeanne et lui furent présents au sacre
de Charles V à Reims en 1364; *ils avaient même
pour ce prince une affection telle qu'ils portèrent le
deuil à sa mort*[1]. »

---

1. *Études sur l'histoire des arts au moyen âge*, par Pinchart, p. 17 et 18.

La cour de Gui II de Châtillon était encore plus
propre que celle de Wenceslas à dépayser les affections, les préventions de l'ancien clerc de la reine
Philippe et à diminuer l'ascendant de ses souvenirs
anglais. Champenoise d'origine et chevaleresque entre toutes, l'illustre maison de Châtillon à laquelle
appartenait Gui était vraiment deux fois française.
Le père de Gui, Louis de Châtillon avait succombé
à Crécy sous les coups des Anglais; et sa mère,
Jeanne de Hainaut était la fille unique de Jean de
Hainaut qui, rallié à la France, s'était tenu constam-
ment aux côtés de Philippe de Valois dans la désas-
treuse journée du 26 août 1346. Gui lui-même avait
été donné en otage au roi d'Angleterre à l'occasion de
la mise en liberté du roi Jean; et pour se racheter
il avait dû céder par un contrat passé à Londres
le 15 juillet 1367 son comté de Soissons à Enguerrand, sire de Coucy. Fait plus tard chevalier pendant
une croisade contre les païens de la Prusse, Gui
s'était joint en 1370 aux ducs de Berry et d'Anjou
et avait pris part en Guyenne à la guerre contre les
Anglais; en 1382 enfin il commandait l'arrière-garde
de l'armée française à Roosebecke. Écrite certainement après 1376 et probablement de 1376 à la fin de
1383, époque où mourut Wenceslas et où Froissart
fut attaché définitivement au service de Gui de Blois,
la seconde rédaction a été composée dans le milieu,
sous la double influence que nous venons d'indiquer;
et si l'auteur ne l'a pas fait précéder d'une dédicace
comme il en avait mis une dans le prologue de la
première, ne serait-ce point parce qu'il lui répugnait
de manifester une préférence entre deux puissants
protecteurs dont il avait également à se louer et qui

avaient prodigué l'un et l'autre à son œuvre leurs encouragements[1]?

Toutefois, c'est la veine poétique du rimeur du Méliador que le romanesque Wenceslas semble avoir surtout favorisée et récompensée, tandis que Gui de Blois mieux inspiré encouragea avec une prédilection singulière le génie narratif et historique du chroniqueur. Une foule de passages de la seconde rédaction que l'on chercherait vainement dans la première trahissent la sympathie de Froissart pour la maison de Blois. Ainsi, dès les premières lignes du prologue des manuscrits d'Amiens et de Valenciennes, notre chroniqueur cite parmi les plus vaillants chevaliers de France « messires *Carles de Blois*[2] » dont il n'avait fait nulle mention dans la rédaction dédiée à Robert de Namur. Il dira plus loin en parlant de ce même Charles de Blois qu'il était « le mieux et le plus grandement enlinagiés en Franche et qui le plus y avoit de prochains de tous costés et de bons amis, » et l'on voit en comparant les deux rédactions que cette phrase a été ajoutée dans le récit composé après 1376.

Est-ce à dire que l'auteur des Chroniques soit allé jusqu'à altérer la vérité par dévouement pour une famille qu'il aimait? Ce serait ne pas rendre

---

1. Un extrait des comptes du receveur de Binche, publié par M. Pinchart, constate que, le 25 juillet 1382, le duc de Brabant fit don d'une somme de dix francs valant douze livres dix sous « à messire Jehan Froissard, curet de Lestinnez ou Mont, *pour un livre qu'il fist pour monseigneur.* » Qui sait si ce livre n'était pas un exemplaire de la seconde rédaction du premier livre?

2. Les mots : *Carles de Blois* que le copiste n'avait sans doute pas pu lire ont été laissés en blanc dans le manuscrit d'Amiens, mais nous les avons restitués à l'aide du manuscrit de Valenciennes.

justice à l'inspiration vraiment large et chevaleresque qui a dicté les récits de Froissart : il a protesté
d'avance contre une telle supposition. « [Qu'on ne
dise pas que je aye eu la noble histoire] corrompue
par la faveur que je aye eu au conte Gui de Blois qui
le me fist faire et qui bien m'en a payé tant que je
m'en contempte, pour ce qu'il fut nepveu et si prou-
chains que filz au conte Loys de Blois, frère germain
à saint Charles de Blois qui, tant qu'il vesqui, fut
duc de Bretaigne. Nennil vrayement ! Car je n'en
vueil parler fors que de la verité et aler parmy le
trenchant, sans coulourer l'un ne l'autre. Et aussi le
gentil sire et conte, qui l'istoire me fist mettre sus
et ediffier, ne le voulsist point que je la feisse autrement que vraye[1]. » Il y a, si nous ne nous trompons,
dans ces paroles plus et mieux qu'une simple affir-
mation, il y a l'accent profond de la sincérité.

Froissart ne prend le titre de prêtre que dans la
seconde rédaction, et l'on sait par un compte du
receveur de Binche qu'il était curé des Estinnes dès
1373 ; mais ce que personne n'a fait encore remarquer jusqu'à ce jour, c'est qu'un fief important situé
aux Estinnes ou à Lestinnes[2], suivant l'orthographe
du quatorzième siècle, localité dont le nom s'est
conservé dans les deux villages des Estinnes-au-
Mont et des Estinnes-au-Val, appartenait, lorsque
Froissart en fut curé, à Gui de Blois. En effet, nous
voyons par un acte daté du 6 novembre 1336[3] que

---

1. Ms. de Besançon, t. II, f° 333. Les premiers mots omis dans le
ms. de Besançon ont été restitués à l'aide des mss. de notre Bibliothèque impériale, qui appartiennent à la même famille.

2. La forme Lestinnes, qui parait être une abréviation de les Estinnes, est seule usitée dans les documents du quatorzième siècle.

3. Nous devons l'indication détaillée de cet acte, conservé aux Ar-

Jean de Hainaut se dessaisit en faveur de Jeanne sa fille
unique, à l'occasion du mariage de celle-ci avec Louis
de Châtillon, seigneur d'Avesnes, fils aîné du comte
de Blois, de plusieurs parties de la terre de Chimay,
et notamment « de tout chou entirement qu'il a à
Lestinnes, ou tierroit et ès appartenances. » Or, Lestinnes dont il s'agit ici ne peut être que les Estinnes
et non Lessines[1], car la terre et seigneurie de Lessines avait été cédée depuis quelques mois seulement
à Guillaume, comte de Hainaut, en faveur duquel
Willaume de Mortagne, sire de Dossemer, ber ou
baron de Flandre, s'était déshérité de la dite seigneurie au mois d'avril 1336[2]. On sait, d'un autre
côté, qu'après la mort de Louis de Châtillon, frère aîné
de Gui, en 1372, la seigneurie de Chimay et ses dépendances échurent à ce dernier, déjà pourvu de la terre
de Beaumont en vertu d'un acte de partage du 27 avril
1361 entre lui et ses deux frères, Louis et Jean[3]. Il
faut donc prendre à la lettre les vers suivants du
Buisson de Jonèce écrit en 1373 où Froissart énumé-
rant ses protecteurs dit au sujet de Gui de Blois :

> Et ossi mi signeur de Blois
> Loys, Jehan et Gui; des trois
> Moult acointés jà un tamps fui
> *Et especiaument de Gui*

chives du Nord, dans le fonds de la Chambre des Comptes, carton B744,
à l'obligeance de MM. Desplanque, Mannier et Losfeld. Voyez l'*Inven-
taire sommaire des archives du Nord*, t. I, p. 130 et 131.

1. Lessines, Belgique, prov. Hainaut, arr. Thuin, chef-lieu de canton.

2. En vertu d'une transaction datée du 13 mai 1363, une rente de
deux mille livres fut donnée par le comte de Hainaut à titre d'apports
d'Elisabeth de Hainaut, mariée à Robert de Namur en 1354; et cette
rente fut constituée « sur les terres d'Estrew (Estreux), de Chièvre et
de Lessine. » *Hist. généal.*, par le P. Anselme, t. II, p. 748

3. *Histoire de la maison de Chastillon-sur-Marne*, par André du Chesne,
p. 166 et 167. Paris, 1621, in-fol.

Et encor le sui tous les jours ;
Car dalès li gist mes sejours :
C'est li bons sires de Biaumont
Qui m'amonneste et me semont [1].

On a dit que Froissart obtint le bénéfice des Estinnes grâce à l'appui dévoué d'un de ses amis, Gérard d'Obies, prévôt de Binche, qui était en même temps le confident le plus intime du duc Wenceslas [2]. Mais si la collation de ce bénéfice était réservée au chapitre de Cambrai, Gui, en sa qualité de seigneur de Chimay et probablement de Lestinnes ou des Estinnes, devait avoir le droit de présentation : il est donc naturel de voir dans la nomination de Froissart à une cure alors importante le premier gage de cette faveur dont le comte Gui ne cessa de de l'entourer, et il ne faut pas s'étonner si la seconde rédaction où se révèle l'influence toute française de la maison de Blois, a été composée pendant le séjour du chroniqueur aux Estinnes.

Cette influence est manifeste dans le récit des grandes affaires entre Français et Anglais telles que les journées de Crécy et de Poitiers. Dans sa première rédaction écrite immédiatement après son retour d'Angleterre avec des matériaux recueillis en grande partie dans ce pays, dédiée en outre à Robert de Namur alors engagé dans le parti d'Édouard III, Froissart avait raconté les mémorables journées des 26 août 1346 et 19 septembre 1356 surtout d'après le témoignage des chevaliers anglais ; il a pris soin d'en prévenir loyalement le lecteur. Mais lorsque

1. Bibl. imp., ms. fr. 831, f° 157 v°.
2. *Étude littéraire sur Froissart*, par M. Kervyn, t. I, p. 101.

l'auteur des Chroniques entreprit et acheva la seconde
rédaction, il vivait depuis longtemps, par ses relations avec Wenceslas et surtout avec Gui de Châtillon, dans un milieu essentiellement français. Comme
nous le disions tout à l'heure, Jean de Bohême,
père de Wenceslas, et Louis de Châtillon, père
du comte de Blois, étaient morts tous les deux à
Crécy pour les fleurs de lis; le grand-père maternel
de Gui, Jean de Hainaut avait marché dans cette
journée aux côtés du roi de France, et Froissart dans
sa seconde rédaction rappelle à plusieurs reprises
cette circonstance : « Et cils qui se tenoit che jour
le plus prochains dou roy, c'estoit messires Jehans
de Haynnau, car li dis roys l'avoit retenu dallez lui
pour deviser et ordonner par son conseil en partie
de ses ennemis[1]. » Et plus loin : « Adonc estoit dallez le roy messires Jehans de Haynnau[2].... » Une
fois curé des Estinnes, Froissart, invité à la table du
duc de Brabant et du comte de Blois son seigneur,
dut se trouver presque tous les jours en compagnie
de chevaliers qui avaient combattu à Crécy sous la
bannière de Jean de Bohême, de Louis de Châtillon
ou de Jean de Hainaut, mais tous dans les rangs
français; il leur entendit raconter avec cette conviction chaleureuse propre aux témoins oculaires
une version de la bataille à laquelle ils avaient assisté
qui différait pour certains détails de sa première
narration : sans prendre garde à ces différences, il
rapporta dans la seconde rédaction le récit des
chevaliers du parti français avec la même fidélité
qu'il avait reproduit dans la première le témoignage

____

1. Ms. d'Amiens, f° 93 v°. — 2. Ibid.

des gens d'armes du parti anglais. On en peut dire autant de la bataille de Poitiers. Froissart, après avoir adopté dans le travail dédié à Robert de Namur la version anglaise de cette journée fameuse, y a substitué dans le remaniement postérieur à 1376 la version française.

Or il y avait un chroniqueur qui, longtemps avant Froissart, avait aussi donné la version française des journées de Crécy et de Poitiers, et en général de tous les événements postérieurs à l'année 1345, époque où Jean de Hainaut, d'abord attaché à la cause anglaise, s'était rallié au parti de la France : ce chroniqueur, c'était Jean le Bel. On sait par J. de Hemricourt que le belliqueux chanoine de Liége « fut delle hosteit monsseigneur Jehan de Haynnau, saingnor de Beamont et de Cymay[1]. » Jean le Bel, d'ailleurs, a pris soin de nous dire, notamment en ce qui concerne la bataille de Crécy, qu'il raconte cette bataille d'après le témoignage de Jean de Hainaut et des chevaliers qui combattirent aux côtés du seigneur de Beaumont : « Je l'ay escript au plus prez de la verité, ainsy que je l'ay ouy recorder à mon seigneur et amy messire Jehan de Haynaut, que Dieu absoulle, de sa propre bouche, et à dix ou à douze chevaliers et compaignons de son hostel qui furent en la presse avecques le proeu et gentil roy de Bohesme, auxquelz les chevaulx furent tuez dessoubs eulx; et si l'ay aussy ouy recorder en telle manière à plusieurs chevaliers anglès et d'Alemaigne qui furent là de l'aultre partie[2]. » Il n'est donc pas

---

1. *Miroir des nobles de la Hasbaye*, éd. de Salbray, p. 158.
2. *Les vrayes chroniques de messire Jehan le Bel*, publiées par M. L. Polain, t. II, p. 89.

surprenant que le récit de Jean le Bel et celui de
Froissart dans la seconde rédaction se ressemblent :
ils dérivent d'une source commune Peut-être, du
reste, le curé des Estinnes-au-Mont, qui de 1325 à
1360 s'est souvent inspiré de son devancier dans ses
deux premières rédactions, a-t-il mis à profit la
chronique du chanoine de Liége pour la narration
de la journée de Crécy, quoiqu'il ait disposé les faits
dans un ordre tout différent.

Nous arrivons ici à l'origine même de l'erreur regrettable qui a fait considérer jusqu'à présent le texte
d'Amiens comme la première en date des rédactions
du premier livre. Dans une dissertation sur la bataille de Crécy publiée en 1840[1], feu M. Rigollot a
eu l'honneur de signaler le premier à l'attention
des érudits le précieux manuscrit d'Amiens et de
montrer son caractère profondément original. Malheureusement, il borna son examen au récit de la cata-
strophe qui intéressait particulièrement son patriotisme picard ; il supposa avec sagacité que ce récit est
beaucoup plus rapproché de Jean le Bel dans la rédaction nouvelle que dans celle des imprimés : il
en conclut avec une certaine apparence de raison que
le manuscrit qu'il avait sous les yeux nous a conservé
le plus ancien texte du premier livre. Adoptée par
des savants aussi considérables que MM. de Cayrol,
L. Polain et Kervyn de Lettenhove, l'opinion de
M. Rigollot est devenue la base de la belle édition
du premier livre des Chroniques qui a paru sous les
auspices de l'Académie royale de Belgique.

---

1. *Mémoires de la société des antiquaires de Picardie*, t. III, p. 132 à
184. A la dissertation de M. Rigollot est joint un très-bon travail de
M. de Cayrol.

Cette opinion a un défaut capital : elle repose sur une étude incomplète, restreinte presque à un seul point; et par conséquent la conclusion que l'on en tire n'est pas légitime. La publication intégrale de la chronique du chanoine de Liége, très-postérieure à la dissertation de M. Rigollot, a prouvé que si l'épisode de la bataille de Crécy est plus voisin du texte de Jean le Bel dans la seconde rédaction que dans les autres, il s'en faut de beaucoup que l'on en puisse dire autant de l'ensemble du premier livre. C'est une particularité que présente seule, pour les raisons indiquées plus haut, la partie comprise entre 1345 et 1356, et même dans cette partie l'on rencontre plus d'une exception. Que l'on prenne par exemple dans le récit du siége de Calais qui succède immédiatement à la narration de la journée de Crécy le célèbre épisode du dévouement des six bourgeois où l'humiliation des Francais sert à faire ressortir la pitié généreuse de la reine d'Angleterre ainsi que la clémence finale d'Édouard III : on verra que Froissart, qui dans sa première rédaction avait emprunté à peu près mot pour mot cet épisode à Jean le Bel, ne l'a pas reproduit dans la seconde.

Si l'explication de nos contradicteurs était fondée, la ressemblance plus grande, la parenté plus étroite qu'ils signalent entre la chronique de Jean le Bel et la rédaction d'Amiens, au lieu de se borner à un assez petit nombre d'événements postérieurs à 1345, devrait s'étendre aussi à la période qui précède cette date, mais il n'en est rien. Au contraire, avant 1346 la seconde rédaction est beaucoup plus originale, elle fait des emprunts moins fréquents et surtout moins serviles à Jean le Bel que la première. A la différence de celle-ci qui n'est souvent que la copie littérale du texte du chanoine de Liége, l'auteur de la seconde ne reproduit presque jamais un passage du modèle sans l'écourter ou bien sans le critiquer et surtout sans noyer l'emprunt au milieu d'additions originales plus ou moins importantes qui parfois ne s'accordent pas avec ce qui est de provenance étrangère.

Toutefois, le caractère distinctif, essentiel de cette dernière rédaction, c'est la quantité, l'étendue, l'importance des développements absolument originaux qu'on y rencontre et dont il n'y a pas la moindre trace dans la rédaction antérieure. C'est là le fait capital qu'il importe de mettre dans tout son jour et de bien établir, parce qu'il est de nature à répandre la plus vive lumière sur la date respective des deux rédactions.

On pourra mesurer en quelque sorte l'importance des additions originales qui appartiennent en propre à la seconde rédaction par un rapprochement matériel, par un simple coup d'œil jeté sur ce premier volume. On a adopté pour le texte, comme il a été dit plus haut, la première rédaction, et l'on a renvoyé en appendice à la fin de chaque volume les parties ajoutées dans les seconde et troisième rédactions en y joignant, pour simplifier le travail du lecteur, les variantes extraites des divers manuscrits de la première rédaction. D'où il suit que, si l'on excepte ces dernières variantes qui sont très-courtes et ne portent que sur des mots ou des membres de phrase, l'énorme appendice du présent volume, par exemple, se compose tout entier d'additions originales tirées soit de la seconde, soit de la troisième rédaction. Or, *le tiers environ de cet appendice est*

fourni par les manuscrits d'Amiens et de Valencien-
nes, c'est-à-dire par la seconde rédaction.

La narration des campagnes d'Écosse de 1333 à
1336, qui ne forme dans la première rédaction que
quatre paragraphes très-courts[1], ne remplit pas moins
de trente pages dans la seconde[2]. Le long épisode
de la guerre de Gascogne en 1338 et 1339, qui semble être l'œuvre tout à fait personnelle de Froissart
et occupe onze pages de nos variantes[3], ne se trouve
que dans la seconde rédaction.

Le récit relatif à l'élévation de Jacques d'Arteveld
et à la révolte des Flamands, offre en petit une image
exacte de la manière différente dont Froissart a procédé dans ses trois rédactions. Dans la première il
se contente de reproduire littéralement le texte de
Jean le Bel, sans y rien ajouter, sans en rien retran-
cher[4]. Dans la seconde, il conserve encore la version hostile et partiale du chanoine de Liége[5], mais
il y ajoute d'importants développements[6] où les causes économiques des troubles de Flandre sont expo-
sées avec plus d'impartialité, une profonde intelligence politique, une ampleur vraiment magistrale.
Enfin dans la troisième rédaction, le chanoine de
Chimay supprime définitivement le passage emprunté
à Jean le Bel pour y substituer des détails entièrement originaux et une appréciation vraiment personnelle; il y appelle Jacques d'Arteveld « hauster
homme, sage et soutil durement[7]. »

Froissart mentionne à plusieurs reprises Jean le

1. P. 103 à 114.
2. P. 313 à 315, 316 à 319, 321, 322, 329 à 336, 341 à 352.
3. P. 377 à 388. — 4. P. 126 à 129. — 5. P. 395 et 396.
6. P. 388 à 393. — 7. P. 394 et 395.

Bel dans la seconde rédaction, et l'on a voulu voir dans ces mentions répétées, qui font défaut dans la première, un indice des obligations plus étroites que l'auteur de la seconde aurait eues envers le chanoine de Liége. Comment n'a-t-on pas vu que dans les passages dont il s'agit, le chroniqueur de Valenciennes n'a d'autre but que de constater les additions, les développements, les corrections qu'il a apportées au texte de son devancier? Au sujet du siége de Tournai, par exemple, où la seconde rédaction s'est enrichie d'une foule de détails qu'on chercherait en vain dans Jean le Bel et dans la première rédaction, Froissart n'oublie pas de prendre acte de cette addition : « Si comme je vous recorde, che siège durant devant Tournay, avinrent pluisseurs avenues et grans fès d'armes tant en France comme en Gascoingne et en Escoche, qui ne sont mie à oubliier, car ainssi l'ai je proummis à messires et mestres ou coummenchement de mon livre que tous les biaux fès d'armes dont j'ai le memore et le juste infourmation je les remeteray avant, *jà soit ce que messires Jehans li Biaux, en ses cronikes, n'en fait mies de tous mention.* Mès ungs homs ne puet mies tout scavoir, car ces gerres estoient si grandes et si dures et si enrachinées de tous costés que on y a tantost oubliiet quelque cose, qui n'y prent songneusement garde[1]. »

Le récit de la guerre de Bretagne, où Charles de Blois et Louis de Châtillon, le premier oncle, et le second père du comte de Blois, jouèrent un rôle si considérable, est infiniment plus complet dans la seconde rédaction que dans la première, à plus

---

1. Ms. d'Amiens, f⁰ 46 v⁰.

forte raison que dans la chronique de Jean le Bel.
Aussi Froissart n'éprouve-t il aucun embarras à rappeler que le point de départ de son propre travail a
été l'essai du chanoine de Liége ; on dirait qu'il cherche à provoquer une comparaison qui ne peut que
lui être favorable. « Pluiseur gongleour et enchan-
teour en place ont chanté et rimet lez guerres de
Bretagne et corromput par leurs chançons et rimes
controuvées le juste et vraie histoire, dont trop en
desplaist à monsseigneur Jehan le Biel, qui le *commencha* à mettre en prose et en cronique et à moy
sire Jehan Froissart qui loyaument et justement l'ay
poursuiwi à mon pooir, car leurs rimmes et leurs can-
chons controuvees n'ataindent en riens la vraie matère, mès velle ci comme nous l'avons faite et ra-
chievée par le grande dilligensce que nous y avons
rendut, car on n'a riens sans fret et sans penne. Jou
sire Jehans Froissars, dairains venus depuis monsseigneur Jehan le Bel en cel ouvraige, ai ge allé et cher-
chiet le plus grant partie de Bretaingne, et enquis
et demandé as seigneurs et as hiraux les gerrez, les
prises, les assaux, les envaies, les batailles, les res-
cousses et tous les biaux fès d'armes qui y sont ave-
nut, mouvant sur l'an de grasse mil CCCXL, pour-
sieuwans jusquez à le dairainne datte de ce livre, tant
à la requeste de mes dis seigneurs et à ses fraix que
pour me plaisance acomplir et moy fonder sus title de
verité, et dont j'ay estet grandement recompenssé[1]. »
   Tout le monde connait le fameux épisode des
amours d'Édouard III et de la comtesse de Salisbury,
et l'on sait maintenant qu'il est emprunté textuelle-

_____

1. Ms. d'Amiens, f° 52.

ment à Jean le Bel. Froissart a supprimé seulement
ce qui est relatif au viol de la comtesse par le roi
d'Angleterre. Il est vrai que notre chroniqueur n'en
nomme pas moins le chanoine de Liége dans la
seconde rédaction, mais il ne le nomme que pour
le critiquer et le redresser. D'ailleurs, par les détails
tout nouveaux qui embellissent ici le récit primitif,
notamment par la délicieuse partie d'échecs, Froissart a trouvé le moyen de surpasser un modèle qu'on
eût pu croire inimitable : il peut donc cette fois évo-
quer le souvenir de son devancier sans que son originalité ait rien à souffrir, sa gloire rien à redouter
du parallèle. « .... voirs est que messire Jehans li
Biaux maintient par ses cronickes que li roys englès
assés villainement usa de ceste damme et eult, ce dist,
ses vollentez si comme par forche : dont je vous di,
se Dieux m'aït, que j'ai moult repairiet et converssé en
Engleterre, en l'ostel dou roy principaument et des
grans seigneurs de celui pays, mès oncques je n'en
oy parler en nul villain cas[1]. »

La conclusion à tirer de ces citations, c'est que si
l'auteur des Chroniques mentionne plus souvent Jean
le Bel dans la seconde rédaction, ce n'est point parce
qu'il a plus d'obligations au chanoine de Liége dans
cette rédaction que dans les autres, c'est, au contraire, parce qu'il y est plus original que dans la
première, et se croit, par conséquent, plus en état de
soutenir avantageusement la comparaison avec son
devancier : on ne cite jamais si volontiers ses prédécesseurs et ses émules que lorsqu'on est sûr de les
avoir surpassés.

1. Ms. d'Amiens, f° 83 v°.

Du reste, Froissart avait marqué avec tant de force
dans le prologue de la première rédaction, toute l'é-
tendue de ses obligations envers Jean le Bel, qu'il a
cru sans doute pouvoir se dispenser d'y revenir dans
le cours de cette rédaction : « .... je me vueil *fonder et
ordonner* sur les vraies chroniques jadis faites et rassemblées par venerable homme et discret monseigneur Jehan le Bel, chanoine de Saint Lambert du Liége, qui
grant cure et toute bonne diligence mist en ceste matière et la continua tout son vivant au plus justement
qu'il pot, et moult lui cousta à acquerre et à l'avoir.
Mais quelque fraiz qu'il y eust ne fist, riens ne plain-
gny, car il estoit riches et puissans, si les povoit bien
porter, et de soy mesme larges, honnourables et courtois, et qui le sien voulentiers despendoit[1]. »

Combien est différent le langage que tient l'auteur
des Chroniques dans la seconde rédaction! Au lieu
du bel éloge qu'on vient de lire, c'est à peine s'il
accorde ici à son prédécesseur une mention de deux
lignes dont la sécheresse a quelque chose d'un peu
dédaigneux : « Voirs est que messires Jehans li Biaux,
jadis canonnes de Saint Lambert de Liège, *en croniza
à son temps auqune cose*[2]. » Froissart fait ensuite ressortir avec une insistance marquée tout ce qu'il lui
en a coûté pour donner à son œuvre un caractère
original : « Or ay je che livre et ceste histoire
augmenté par juste enqueste que j'en ay fait en travail-
lant par le monde et en demandant as vaillans hommes, chevaliers et escuyers, qui les ont aidiés à acrois-
tre, le verité des avenues, et ossi à aucuns rois
d'armes et leurs mareschaus, tant en Franche comme

____

1. P. 210. — 2. P. 209.

en Engleterre où j'ay travillié apriès yaux pour avoir
la verité de la matère.... *mout de paine et de travail
en euch en pluiseurs mannierres ainchois que je l'euisse
compillé ne acompli, tant que de le labeur de ma teste
et de l'exil de mon corps ;* mais touttes coses se acom-
plissent par plaisance et le bonne dilligence que on
y a, ensi comme il apparra avant en cest livre. »

CHAPITRE III.

De la troisième rédaction ; — Manuscrit unique de la
bibliothèque du Vatican ; — Caractères distinctifs de
la troisième rédaction.

La troisième rédaction n'est représentée que par
un manuscrit unique conservé aujourd'hui à la bibliothèque du Vatican et qui dans nos variantes est toujours désigné sous la rubrique : *Ms. de Rome.*

Cette troisième rédaction ne comprend que le tiers
environ du premier livre ; et le récit s'arrête à la
mort de Philippe de Valois en 1350. Il est vrai que
la phrase tronquée : *les trieuves est,* qui termine le
manuscrit de Rome, indique qu'il ne nous est pas
parvenu dans son entier ; mais trois feuillets seulement en ont été retranchés, comme le prouve la
souche encore très-apparente de ces feuillets : il faut
en conclure que le manuscrit de Rome n'a jamais
dépassé l'étendue qu'il avait avant la mutilation des
trois derniers feuillets.

On a prétendu que le manuscrit de Rome, dont
l'écriture est de la première moitié du quinzième
siècle, avait appartenu à Jean de Moreuil ; malheureusement c'est une pure hypothèse qui ne s'appuie

sur aucune preuve solide. Il n'en est pas moins vrai que ce manuscrit offre tous les caractères intrinsèques et extrinsèques d'authenticité. Un certain nombre de notes marginales, dont l'écriture semble presque aussi ancienne que celle du texte, présentent les caractères du dialecte wallon le plus prononcé[1] : on est ainsi fondé à croire que le manuscrit de Rome a d'abord appartenu à quelque habitant du pays où est mort Froissart.

De plus, le texte lui-même a gardé dans maint passage l'empreinte de ce dialecte wallon qui caractérise, comme nous l'avons dit, les manuscrits les meilleurs, les plus anciens, les plus authentiques des deux premiers livres des chroniques. Comme cette empreinte a généralement disparu dans les deux éditions successives données par le savant M. Kervyn, à qui revient du reste l'honneur insigne d'avoir appelé le premier l'attention sur le manuscrit de Rome, on me permettra d'appuyer par plusieurs citations une assertion aussi importante que nouvelle : *le* carge[2], — *le* ost[3], — *le* porte[4], — il vinrent devant la ville de Bristo, qui est forte assés ; si *le* assegièrent[5], — la barge par ceuls meismes qui *le* menoient.... fu ramenée[6], — *le* propre anée[7]. Un autre trait caractéristique qui dénote aussi l'origine wallonne du texte de Rome, c'est la fidélité remarquable avec laquelle la distinction du cas sujet et

1. On lit : « *le* roine », fo 5 ro; « *le* fille », fo 21 vo; « *le* bataille de Cassiel », fo 25 vo; « *le* mort dou conte », fo 26 .o; « *le* chevallerie dou conte Guillaume », fo 40 ro; « *le* bataille de Gagant », fo 41 ro, « *le* bataille de Crechy », fo 117 vo.

2. P. 234 de ce volume. — 3. P. 236. — 4. P. 239. — 5. P. 243. — 6. P. 245. — 7. P. 247.

du cas régime est souvent observée dans un manuscrit qui ne date pourtant, comme nous le verrons
tout à l'heure, que des premières années du quinzième siècle. On peut citer tel passage où *li abbes* du
nominatif latin *abbas* est employé au sujet, et *l'abbet*
ou *l'abbé*, formé sur l'accusatif *abbátem*, au régime ; il
n'y a dans la page et pour le mot dont il s'agit qu'une
infraction à la règle, et encore elle est douteuse[1].

L'examen du texte lui-même se joint aux caractères extrinsèques du manuscrit de Rome pour établir la parfaite authenticité de la troisième rédaction.
Froissart s'y met plus d'une fois en scène. Lorsqu'il
raconte que Jean Chandos fut fait chevalier de la
main d'Édouard III à Buironfosse, le chroniqueur
n'oublie pas d'ajouter qu'il tient ce détail de Chandos lui même[2]. Ailleurs, il évoque le souvenir de son
voyage d'Écosse en 1365 qui dura trois mois[3] ; il
parle du séjour qu'il fit au mois de septembre 1366
au château de Berkeley[4] et de ses excursions à travers l'Angleterre en compagnie d'Édouard Spenser :
« Et pluisseurs fois avint que, quant je cevauchoie
sus le pais avoecques lui, car les terres et revenues
des barons d'Engleterre sont par places et moult esparses, il m'appelloit et me dissoit : « Froissart, veés
vous celle grande ville à ce haut clochier ? » — Je
respondoie : « Monsigneur, oil : pourquoi le dittes
vous ? » — « Je le di pour ce : elle deuist estre mienne,
mais il i ot une male roine en ce pais, qui tout nous
tolli[5]. » De même qu'Édouard Spenser reconnaissait
de loin les domaines confisqués sur sa famille à la

1. P. 239 et 240. — 2. P. 471. — 3. P. 269. — 4. P. 247.
5. P. 257. .

hauteur de certains clochers, qui ne reconnaîtrait à
ce dialogue vif et pittoresque le prince des chroniqueurs, sire[1] Jean Froissart?

A quelle date a été composée la troisième rédaction? Il suffit, pour trouver la réponse à cette question, de lire, entre beaucoup d'autres, le passage suivant relatif à la belle Jeanne de Kent, femme du
Prince Noir et mère de l'infortuné Richard II : « Celle
jone damoiselle de Qent estoit cousine germainne
dou roi Edouwart d'Engleterre ; et fu en son temps
la plus belle dame de tout le roiaulme d'Engleterre
et la plus amoureuse ; mais TOUTE *sa generation vint
à povre conclusion* par les fortunes de ce monde
qui sont moult diversez, ensi que vous orés recorder
avant en l'istore[2]. » Ces lignes renferment une allu-
sion évidente à la fin malheureuse de Richard II et
sont par conséquent postérieures à l'année 1400,
date de la mort de ce prince.

C'est ici l'occasion de signaler le trait caractéristique qui distingue, au point de vue historique, la
troisième rédaction de celles qui l'ont précédée. Il
est impossible de lire cette rédaction sans être frappé
de la gravité, de la sévérité inaccoutumées, quoique
souvent justes et parfois profondes, des réflexions de
Froissart sur le caractère et les institutions du peuple

---

1. Froissart se donne à la fin du prologue de la première rédaction
revisée (voyez p. 7) le titre de sire ; il semble toutefois reconnaître im-
plicitement qu'il n'y avait pas droit, car il ajoute aussitôt ce correctif :
qui tant me voet honnerer. On sait en effet que la qualification de *sire* ou
messire, appliquée parfois aux clercs à titre gracieux, était plus particulièrement réservée aux gentilshommes ; mais il y a une noblesse innée,
personnelle, qui s'impose en dépit de toutes les conventions sociales :
qui posséda jamais cette noblesse à un plus haut degré que le chroniqueur de Valenciennes?

2. P. 304.

anglais ; et comme les événements relatifs à l'Angleterre tiennent une très-grande place dans le premier
livre, le récit des faits déjà racontés dans les
première et seconde rédactions revêt dans la troi
sième, sous l'influence que nous indiquons, une
physionomie toute nouvelle. « Englès, dit quelque
part le chroniqueur, sueffrent bien un temps, maiz
en la fin il paient si crueusement que on s'i puet
bien exempliier, ne on ne puet jeuer à eulz. Et se
lieuve et couce uns sires en trop grant peril qui les
gouverne, car jà ne l'ameront ne honneront, se il
n'est victorieus, et se il n'ainme les armes et la
guerre à ses voisins, et par especial à plus fors et à
plus riches que il ne soient[1]. » Ailleurs, Froissart fait
observer que les habitants de Londres ont été, sont
et seront toujours les plus puissants de toute l'Angleterre[2]. Il ajoute dans un autre endroit que, lorsque
les Londriens s'entendent, nul ne leur peut résister.
Grâce aux richesses dont ils disposent et au nombre
de gens d'armes qu'ils peuvent mettre sur pied, ils
sont plus forts que tout le reste de l'Angleterre[3]. Quelques pages plus loin, le chroniqueur prête à ces mêmes habitants de Londres les paroles suivantes :
«... Nous n'avons que faire d'un roi endormit ne
pesant, qui trop demande ses aises et sez deduis.
Nous en ocirions avant un demi cent, tout l'un
apriès l'autre, que nous n'euissions un roi à nostre
seance et volenté[4]. » Les Anglais sont ombrageux et
croient plus volontiers le mal que le bien[5]. Ils sont
défiants et ils rompent le lendemain une convention
à laquelle ils ont souscrit la veille[6]. Le roi d'Angle-

1. P. 214. — 2. P. 224. — 3. P. 243. — 4. P. 249. — 5. P. 294.
— 6. P. 306.

terre doit consulter ses sujets et obtenir leur consentement avant de conclure aucun traité de paix ou de guerre avec une puissance étrangère[1]. Les Anglais ne savent ne veulent ni ne peuvent rester longtemps en paix; il leur faut la guerre, n'importe sous quel prétexte, et ils y portent une passion, une aptitude extrêmes[2]. Il n'y a pas sous le soleil de peuple plus orgueilleux et plus présomptueux que le peuple anglais[3]. Il faut que le roi d'Angleterre obéisse à ses sujets et fasse tout ce qu'ils veulent[4]. Enfin, Froissart, après avoir rapporté un jugement très-sévère des Écossais sur les Anglais, s'associe à ce jugement dans les termes suivants : « Ensi disoient les Escoçois, et non pas euls tant seullement, mais toutes aultres nations, qui congnoissent la nature et condition des Englois; car, desous le solel, ne sont gens plus perilleus ne mervilleus à tenir, ne plus divers que sont Englois. Ils sont de belles aquintises et de biau samblant; mais nulz qui sages est, n'i doit avoir trop grant fiance[5]. »

Que nous sommes loin de l'admiration presque sans réserve pour l'Angleterre et les Anglais qui éclate dans tant de pages de la seconde et surtout de la première rédaction! Si un changement analogue s'était produit dans les sentiments de Froissart à l'égard des autres nations, on pourrait attribuer une sévérité aussi insolite à ce désenchantement, fruit amer de l'expérience de la vie, que les années apportent d'ordinaire avec elles; mais il n'en est rien. Notre chroniqueur continue d'apprécier comme par

----

1. P. 307, 319 et 327. — 2. P. 312. — 3. P. 321. — 4. P. 337. — 5. P. 338.

le passé les Flamands, les Allemands, les Français;
on dirait même que sa sympathie pour la France,
plus marquée dans la seconde rédaction que dans
la première, s'est encore accrue dans le texte de
Rome. D'où vient donc cette sévérité exceptionnelle
à l'endroit des Anglais qui distingue la troisième rédaction? Ah! c'est qu'entre cette dernière et celles
qui l'ont précédée il y a l'abime profond, sanglant
qu'ont creusé les troubles de la fin du règne de Richard II. Ce prince, qui avait si bien accueilli notre
chroniqueur lors de son dernier voyage en Angleterre,
n'était-il pas le fils du Prince Noir, n'était-il pas surtout le petit-fils de la bonne reine Philippe de Hainaut, cette auguste bienfaitrice dont son ancien clerc
adora le souvenir jusqu'à son dernier jour[1]. Lorsqu'on fut informé sur le continent de la déposition,
puis de la mort de Richard, ainsi que des scènes
cruelles qui précédèrent et suivirent ces deux tragi-
ques événements, Froissart dut se sentir frappé dans
les plus chers souvenirs de sa jeunesse, dans ses plus
vives affections; il dut éprouver une indignation
égale à sa surprise. Nul doute que la troisième rédaction ne nous apporte dans les passages indiqués plus
haut comme un écho de ces sentiments[2].

1. Voyez p. 286 de ce volume en quels termes touchants Froissart
parle de Philippe de Hainaut : « Et tant comme elle vesqui, li roiaulmes
d'Engleterre eut grasce, prosperité, honnour et toutes bonnes aventures; ne onques famine ne chier temps de son resgne n'i demorèrent. »
Ce passage appartient à la troisième rédaction, et Froissart était chanoine de Chimay lorsqu'il écrivit ce bel eloge de sa bienfaitrice.

2. Froissart avait toujours eu des tendances aristocratiques; mais
nulle part il ne les accuse avec plus de force que dans la troisième rédaction, où le dédain pour les vilains est parfois poussé jusqu'à l'injustice et même jusqu'à l'insulte. Il dit des Flamands qui combattirent
à Cassel (voyez p. 300) : « Toutes fois Dieus ne volt pas consentir que

Au point de vue littéraire, la troisième rédaction
ne présente pas un caractère moins frappant que
sous le rapport historique; et si, pour le fonds des
idées, la sévérité des jugements sur le peuple anglais
est le trait distinctif de cette rédaction, le but principal, on pourrait dire, exclusif de Froissart, en ce qui
concerne la forme, semble avoir été d'effacer toute
trace des emprunts parfois serviles, textuels, qu'il
avait faits à Jean le Bel dans les rédactions antérieures. Voilà pourquoi l'on ne retrouve dans le texte
de Rome ni le fameux passage relatif à Jacques d'Arteveld ni le célèbre épisode des amours d'Édouard III
et de la comtesse de Salisbury, ni tant d'autres morceaux où le chroniqueur de Valenciennes se conten-
tait de reproduire plus ou moins littéralement dans
ses deux premières rédactions le récit du chanoine
de Liége. Voilà pourquoi, alors même qu'il emprunte
dans sa troisième rédaction le fond et la matière à
Jean le Bel, il a bien soin de modifier assez profondément la forme pour lui donner un caractère vraiment original, au risque de lui faire perdre quelquefois, comme il est arrivé, par exemple, dans le récit
des derniers moments de Robert Bruce, quelque
chose de sa valeur littéraire[1]. Voilà pourquoi enfin,

---

li signeur fuissent là desconfi de tel *merdaille*. » Il faut plaindre Froissart d'avoir qualifié avec une telle grossièreté ces braves communiers
flamands qui se firent tuer avec tant de courage. Lorsqu'il écrivit ces
lignes, les excès de la populace anglaise étaient sans doute présents à
sa pensée et ne lui inspiraient que du dégoût pour ce peuple dont il
était pourtant sorti, comme Jeanne d'Arc allait bientôt en sortir. C'est
l'éternelle histoire : on fait expier au peuple les fautes et les crimes de
la populace.

1. P. 289 de ce volume. Froissart, qui ne tenait pas de première
main le récit de cette admirable scène, n'a pas atteint la grandeur simple
du chanoine de Liége, comme on le verra en comparant la première

à partir de la bataille de Crécy, la troisième rédaction se rapproche plus de la première que de la seconde, parce qu'à partir de la même date, la seconde, comme on l'a dit plus haut, est souvent moins originale et fait plus d'emprunts que la première à la chronique du chanoine de Liége.

On sait que le texte de Jean le Bel, qui s'arrête au mois d'avril 1361, prend, notamment dans la partie comprise entre 1350 et 1356, le caractère d'un abrégé chronologique que Froissart avait en partie reproduit dans sa première rédaction proprement dite. Mais comme, d'un côté, notre chroniqueur avait remplacé cet abrégé dans la première rédaction revisée ainsi que, dans la seconde par un récit original et plus ample, comme, d'un autre côté, il nous apprend lui-même qu'il avait commencé à voler de ses propres ailes à partir de la bataille de Poitiers en 1356, il suit de là que, pour réaliser pleinement la pensée qui semble avoir présidé à sa troisième rédaction, c'est-à-dire pour se débarrasser de tous les emprunts faits à Jean le Bel, le chanoine de Chimay n'avait à remanier son premier livre que jusqu'en 1350. Aussi, nous pensons que, sans la regrettable mutilation qui nous a privés des trois derniers feuillets du manuscrit de Rome, nous aurions ce manuscrit dans son entier et tel que Froissart a voulu le transmettre à la postérité, en le faisant suivre pour le reste du premier livre de l'une de ses deux rédactions antérieures ou plus probablement d'un choix fait entre les diverses parties de ces deux rédactions. En d'au-

---

rédaction (p. 79 à 81), reproduction pure et simple du texte de Jean le Bel, à la narration originale qui lui a été substituée dans la troisième (p. 289).

tres termes, le texte du Vatican n'est nullement, comme on l'a cru jusqu'à ce jour, une ébauche imparfaite, une œuvre inachevée; c'est un tout complet auquel son auteur a mis la dernière main et auquel il ne manque que ce qu'un caprice destructeur y a enlevé.

M. Kervyn de Lettenhove pense comme nous que le manuscrit de Rome ne devait guère aller plus loin que 1350; mais il suppose que c'est la mort qui a empêché Froissart de poursuivre son travail. « Malheureusement, dit-il, le manuscrit du Vatican est incomplet. Les derniers feuillets ont été détruits, et ce qui nous en a été conservé ne donne que le règne de Philippe de Valois. Le texte allait-il beaucoup plus loin? J'en doute, car, *vers la fin, je crois découvrir dans la rédaction certains symptômes d'épuisement et de lassitude. Les chapitres deviennent très-courts.* Le récit, loin d'être développé comme dans d'autres parties de ce texte, n'offre plus que le résumé de ce que nous connaissons, et nous avons bien le droit de nous demander si le jour où fut suspendu le travail du chroniqueur, ne fut pas aussi celui où l'on creusa à Chimay cette tombe que l'on ne retrouve plus[1]. »

Ces symptômes d'épuisement et de lassitude sont incontestables, si on ne lit le texte de Rome que dans les deux éditions qu'en a données M. Kervyn; mais l'honneur de Froissart nous oblige à dire que ces éditions ne reproduisent pas fidèlement le manuscrit; et depuis le feuillet 100 surtout jusqu'au feuillet 152

---

1. *Le premier livre des Chroniques de Jehan Froissart*, préface, p. XII et XIII. Bruxelles, 1863, 2 vol. in-8°.

et dernier, il n'y a presque pas de page où des mots, des lignes, souvent des phrases entières n'aient été omises par le savant éditeur belge ou plutôt par ses copistes. Il serait trop long d'énumérer toutes ces lacunes; il suffira, pour prouver notre assertion, de mettre en regard, dans un certain nombre de passages, le texte publié par M. Kervyn et le texte réel que nous avons copié nous-même, comme c'était notre devoir rigoureux, sur le manuscrit.

TEXTE DE M. KERVYN.

« Et avoit en ceste nove ville dou roi (il s'agit d'une ville fondee par Édouard III pour y loger son armée pendant le siége de Calais), toutes coses necessaires, apertenans à un host.

Quant messires Jehans de Viane fu veuus en Calais, et il ot veu le siège et comment les Englois estoient amasé, ensi que pour demorer vint ou trente ans là devant au siège, et il ot fait visiter la poissance des vivres qui estoient en la ville, il en fist un jour widier et partir plus de XXVIIe, hommes, femmes et enfans, pour alegerir la ville.

Quant chil peuples issi hors premierement de Calais, auquns Englois quidièrent, quant il les veirent issir, que il les venissent courir sus. Si se assamblèrent à l'encontre de euls les archiers, et les fissent requier jusques ens ès fossés de la ville. Là i ot, entre ces Englois, auquns preudommes piteus, qui congneurent tantos que ce n'estoient pas gens pour faire nul contraire. Si fissent cesser les aultres de euls courir sus, et lor demandèrent où il aloient. Il respondirent que on les avoit bouté hors de Calais pour tant que il cargièrent trop la ville, et aloient ailleurs à l'aventure querir lor mieuls. Ces nouvelles vinrent au roi d'Engleterre qui, meus en pité, les fist entrer en l'oost, et commanda que tout et toutes fuissent bien disné [1]. »

<hr>

1. *OEuvres de Froissart, publiees sous les auspices de l'Académie royale de Belgique. Chroniques*, t. V, p. 87 et 88. Bruxelles, 1868 in-8°.

« Et avoit en ceste nove ville dou roi toutes coses necessaires apertenans à un hoost *et* [1] *plus encores, et place ordonnée pour tenir marchiet le merquedi et le samedi. Et là estoient halles de draps et de merchiers et aussi estas de bouciers et de boulengiers. Et de toutes coses on i pooit recouvrer aussi largement comme à Bruges ou à Londres, et tavernes de tous vins de Grenate, de Grec, de Malevisie, de Rivière, de vins de Gascongne, de Poito, de France et de Rin, bons cabarès et bien pourveus de chars, de volilles, de poissons. Et lor venoient de Flandres les marceandises toutes prestes de Hollandes, de Zellandes et d'Alemagne, et tout par mer. Et en i avoit là pluisseurs ouvriers juponniers, parmentiers, corduaniers, peletiers, cabareteur, fourniers et tavreniers qui i gissoient assés mieuls à lor plaisance et pourfit que donc que il fuissent chiés leur. Et furent bien courouciet qant li sièges se desfist et que Calais fut conquise, car il perdirent le flour de lor wagnage.*

Qant mesires Jehans de Viane fu venus en Calais et il ot veu *et considéré* le siège et comment les Englois estoient amasé ensi que pour demorer vint ou trente ans là devant au siège, et il ot fait viseter la poisanee des vivres qui estoient en la ville, il en fist un jour widier et partir plus de vint sept cens honmes, fenmes et enfans, pour alegerir la ville. Qant chil peuples issi hors premierement de Calais *tous en blancs qamises et portoient confanons de moustiers en signe de humelité*, auquns Englois quidièrent, qant il les veirent issir, que il les venissent courir sus. Si se assamblèrent à l'encontre de euls les archiers, et les fissent requler jusques ens ès fossés de la ville. Là i ot entre ces Englois auquns preudonmes piteus, qui congneurent tantos que ce n'estoient pas gens pour faire nul contraire. Si fissent cesser les aultres de euls courir sus, et lor demandèrent où il aloient. Il respondirent que on les avoit bouté hors de Calais, pour tant que il cargoient trop la ville *et le foulloient de vivres, et en aloient* ailleurs à l'aventure querir lor mieuls *ensi que povres gens qui avoient tout perdu sans nul recouvrier*. Ces nouvelles

---

1. Les passages soulignés sont ceux qui manquent dans l'édition de M. Kervyn.

vinrent au roi d'Engleterre *et as signeurs que chils povres peuples de Calais estoit là ensi à merchi. Li rois*, meus en pité, les fist entrer en l'oost, et conmanda que tout et toutes fuissent bien disné. » F° 124 v°.

TEXTE DE M. KERVYN.

. « Quant la congnissance en fu venue au duch de Normendie comment messires Gautiers de Mauni estoit pris et mis en prison, si en fu durement courouchiés [1]. »

TEXTE DU MANUSCRIT.

« Qant la congnisance en fu venue au duch de Normendie conment messires Gautiers de Mauni, *sus se asegurance et sauf-conduit, avoit celle painne et desplaisance que* estoit pris et mis en prison *en Chastellet là où on met et boute les larrons*, si en fu durement courouchiés. » F° 126 v°.

TEXTE DE M. KERVYN.

« Plus n'en i ot à celle table, et là sus la fin dou disner on presenta à messire Gautier de Mauni de par le roi moult rices jeuiauls d'or et d'argent et furent mis devant lui sus la table, et qui les avoit aportés, ce furent li sires de Biaujeu et messires Carles de Montmorensi. Apriès la table, encores estoient li jeuiel sus la table [2]. »

TEXTE DU MANUSCRIT.

« Plus n'en i ot à celle table, et là sus la fin dou disner, on presenta à messire Gautier de Mauni, de par le roi, moult rices jeuiauls d'or et d'argent, et furent mis *et assis* devant lui sus la table. Li chevaliers, *qui fu moult sages et moult honnerables, remercia grandement ceuls qui jeuiauls* avoient aportés : ce fu li sire de Biaujeu et mesire Carle de Montmorensi. *Qant li heure vint de lever la table*, encores estoient li jeuiel sus la table. » F° 127 v°.

---

1. *OEuvres de Froissart*, t. V, p. 104. — 2. Ibid., p. 106.

TEXTE DE M. KERVYN

« Quant il furent venus jusques à là, il asallirent la ville et le prisent d'asaut, mais au chastiel ne porent il riens faire, et vinrent devant Marant, à quatre lieues de la Rocelle, mais il le trouvèrent si fort que point n'i tournèrent pour le asallir, et passèrent oultre, et puis vinrent à Lusignan et ardirent la ville, mais au chastiel il ne fourfissent riens, et laissièrent derrière euls Pons en Poito et Saintes, mais pourtant que elles estoient fortes et bien pourveues, il n'i livrèrent nuls assaus et vinrent à Taillebourc sus la Charente. [1] »

TEXTE DU MANUSCRIT.

« Qant il furent venu jusques à là, il asallirent la ville et le prisent d'asaut, mais au chastel ne porent il riens faire, *car il est trop fors et s'est bien gardés tous jours par usage, pour tant que il fait frontière sus la Giane, et puis chevauchièrent deviers Aunai et conquissent ville et chastiel et puis Surgières et Benon.* Et vinrent devant Marant à quatre lieues de la Rocelle, mais il le trouvèrent si fort que point n'i tournèrent pour le asallir et passèrent oultre et puis vinrent à Luzegnen et ardirent la ville, mais au chastiel il ne fourfissent riens et laissièrent derière euls Pons en Poito et Saintes; mais pour tant que elles estoient fortes et bien pourveues, il n'i livrèrent nuls assaus, *et laissièrent Niorth et Chiset et point n'i asalirent*, et vinrent à Taillebourc sus la Carente. » F° 128.

TEXTE DE M. KERVYN.

« Ensi orent en ce temps les Englois et les Gascons la chité de Poitiers et i furent quatre jours, et quant il se departirent, tout cargiet d'or et d'argent, de draps [2] ... »

TEXTE DU MANUSCRIT.

« Ensi orent en ce temps les Englois et les Gascons la chité de Poitiers, *et i fissent che que il vorrent. Elle fu toute courue,*

---

1. *OEuvres de Froissart*, t. V, p. 111. — 2. Ibid., p. 116.

et grandement i pourfitèrent les Englois et i sejournèrent quatre jours. Et qant il se departirent tout cargiet d'or et d'argent, de draps.... » F° 128 v°.

TEXTE DE M. KERVYN.

« Quant li rois de France et ses consauls veirent que li rois d'Engleterre et les Englois estoient aresté devant Calais, si en furent moult courouchié. Si jetèrent lor visée li Franchois [1].... »

TEXTE DU MANUSCRIT.

Qant li rois de France et ses consauls veirent que li rois d'Engleterre et les Englois estoient aresté devant Calais *et tellement fortefiiet et ordonné que on ne lor pooit porter contraire ne damage ne lever le siège, car de perdre telle ville que Calais est, ce pooit estre trop grandement au blame et ou prejudice don roiaulme de France et par especial des marces et frontières de Piqardie*, si en furent moult courouchié. Si jeterent lor visée li François.... » F° 129.

TEXTE DE M. KERVYN.

« Le lettres vinrent, et messires Godefrois, qui estoit dalès le roi d'Engleterre, fu moult resjois et dist : « Sire, madame la roine d'Engleterre est une vaillans femme : c'est une noble paire de vous deus. Dieus est en vostres oevres et mains. Perseverés tousjours avant : vous venrés à chief ou en partie de vostre entente et calenge ; et se vous avés, ensi que vous auerés, celle ville de Calais, vous auerés un grant avantage et porterés les clefs dou roiaulme de France à vostre ceinture, et à bonne heure passai la mer pour vous ; car considerés le biau voiage que vous avés fait et desconfi vostre ennemis. » — « Godofroi, dist li rois, vous dittes verité, et je sui grandement tenus, et aussi est tous mes roiaulmes de rendre graces à Dieu que ce nous a envoyet [2]. »

TEXTE DU MANUSCRIT.

« Le[s] lettres *escriptes et seelées, honme bien esploitant furent cargiet de faire ce message et se missent à voie et chevaucièrent*

---

1. *Œuvres de Froissart*, t. V, p. 122. — 2. Ibid., p. 141.

f

tant quoitousement de nuit et de jour que il vinrent à Douvres. Et tantos entrèrent en un vassiel et furent oultre de une marée, et vinrent deviers le roi premierement, et baillièrent lors lettres de par la roine. Li rois les ouvri et lissi tout au lonc. Et qant il ot entendu toute la substance de la lettre et la prise dou roi d'Escoce, son serouge et son adversaire, et l'ordenance de la bataille et les noms des mors et des pris, des honmes d'onnour qui à la bataille avoient esté, et conment Jehans de Copelant, esquiers de Northombrelande, l'avoit pris et le tenoit en un chastiel, et ne le voloit rendre à nul honme ne fenme ne à la roine sa fenme meismement, et toutes ces coses et nouvelles la roine li specifioit clerement, vous devés savoir que il ot grant joie; et appella tantos mesire Godefroi de Harcourt qui estoit dalès lui, et li lissi les lettres tout au lonch. De ces nouvelles fu mesires Godefrois moult resjois et dist : « Sire, madame la roine d'Engleterre est une vaillans fenme : c'est une noble paire de vous deus. Dieus est en vostres oevres et mains. Perseverés tousjours avant : vous venrés à chief ou en partie de vostres ententes et calenge. Et se vous avés, ensi que vous auerés, celle ville de Calais, vous auerés un grant avantage et porterés les clefs dou roiaulme de France à vostre çainture. Et à bonne heure passai la mer pour vous, *car je vous ai resvilliet; à très grant painne vous amenai je par de deçà.* Considerés le biau voiage que vous avés fait et desconfi vostres ennemis. *Et d'autre part et tout une saison vostre fenme a eu une telle journée pour lui que pris le roi d'Escoce et toute la fleur de celi roiaulme. Jamais de vostre eage ne se releveront les Escoçois. Vostres coses vous viennent à plain et pur souhet.* » — « Godefroi, dist li rois, vous dittes verité. Et je sui grandement ténus, et aussi est tous mes roiaulmes, de rendre graces à Dieu qui ce nous a envoiiet. » F° 132 v°.

M. Kervyn de Lettenhove, personne ne le niera après avoir lu ce qui précède, n'a pas tout à fait tort de voir dans la dernière partie des deux éditions dont l'érudition lui est redevable de nombreux symptômes d'épuisement et de lassitude; seulement, ce sont des symptômes de l'épuisement et de la lassitude de ses copistes, dont l'honorable savant, qui est l'un des plus vifs admirateurs de l'auteur des Chroniques, regrettera certainement d'avoir rendu Froissart responsable.

Une phrase résumera tout ce chapitre. La troisième rédaction où, d'une part, la pitié pour Richard II perce à chaque page sous forme de jugements sévères portés sur le peuple anglais, où, d'autre part, une narration vraiment originale au moins dans la forme a été substituée à toute la partie du premier livre empruntée plus ou moins servilement à Jean le Bel dans les rédactions antérieures, la troisième rédaction, dis-je, est un monument de la reconnaissance affectueuse en même temps que de l'honnêteté littéraire de Froissart.

SECONDE PARTIE.

DE L'ÉDITION DU PREMIER LIVRE.

CHAPITRE I.

DU CHOIX DU TEXTE.

Froissart ne se recommande pas seulement par l'importance historique du monument dont nous lui sommes redevables, il est encore un de nos écrivains les plus aimables et les plus naïvement originaux. Les moyens d'information et de vérification dont un chroniqueur, si consciencieux qu'il fût, pouvait disposer avant l'invention de l'imprimerie étaient fort imparfaits, tandis que la critique a maintenant sous la main des instruments de contrôle de toute sorte. Aussi, les progrès de l'érudition tendent, il faut bien en convenir, à diminuer la valeur purement historique de l'œuvre de Froissart : on peut, on doit même y relever, soit dans les noms de lieu ou de personne, soit dans les dates, soit dans le récit des faits, d'innombrables erreurs, en prenant garde toutefois de ne pas faire sonner trop haut ces faciles triomphes, sous peine de tomber dans un pédantisme qui ne serait pas exempt de niaiserie. Froissart historien est condamné à vieillir, et il ne reste debout que par parties. Seul, Froissart écrivain, Frois-

sart peintre du détail des mœurs, est toujours jeune ;
et l'on peut dire qu'il défie les atteintes du temps et
de la critique.

Tenir compte de ce double aspect, littéraire et
historique, de l'œuvre de Froissart, et ne sacrifier,
s'il est possible, aucun des deux à l'autre, telle est la
première, l'indispensable condition que doit remplir
une bonne édition des Chroniques.

Il y a une méthode qui consiste à découper plus
ou moins arbitrairement le premier livre par chapitres et à publier les uns à la suite des autres les petits fragments des diverses rédactions qui correspondent à chacun de ces chapitres. Dans ce système, le
lecteur voit se succéder sans cesse par morceaux des
textes différents et souvent contradictoires qui viennent rompre presque à chaque page le fil du récit
dont ils troublent en même temps l'unité morale.
Une édition ainsi comprise est d'une exécution relativement facile, mais elle a un inconvénient capital :
elle rend Froissart à peu près illisible, elle enlève à
ce chroniqueur le bénéfice d'une narration homo-
gène, limpide, courante, et le dépouille dans une certaine mesure de ce charme littéraire qui constitue la
part la plus brillante, la plus durable de sa gloire.
D'ailleurs, un si bizarre mélange, on dirait presque,
une telle macédoine, qui peut plaire à des esprits
préoccupés avant tout du solide et du copieux, n'aurait que peu de chances de recevoir un accueil favorable, en France du moins, où l'on porte jusque
dans l'érudition un goût moins robuste peut être que
dans d'autres pays. Enfin, ne serait-il pas regrettable, pour ne pas dire imprudent, de présenter au
public un travail qui ferait double emploi avec l'édi-

tion si pleine d'ampleur, publiée sous les auspices de l'Académie de Belgique? Il a fallu, du reste, des considérations aussi puissantes pour qu'on se décidât à rejeter une méthode que recommande l'imposante autorité de M. le baron Kervyn de Lettenhove.

A défaut d'une combinaison satisfaisante de tout point que l'on a vainement cherchée, on a dû se contenter du système suivant qui a semblé le moins mauvais : on a adopté comme texte l'une des trois rédactions du premier livre, et l'on a renvoyé en appendice à la fin de chaque volume les variantes des autres rédactions qui ajoutent quelque chose à ce texte au point de vue des faits historiques.

Des trois rédactions, quelle est celle qui avait le plus de titres à devenir le texte de cette édition?

On doit supposer que la dernière en date, c'est-à-dire la troisième était dans la pensée de Froissart une édition définitive de son premier livre; car on ne s'expliquerait pas autrement pourquoi ce chroniqueur aurait pris la peine de remanier encore une fois son œuvre. Aussi, cette rédaction mériterait sans nul doute la préférence, si elle était complète; mais elle ne comprend qu'un tiers environ du premier livre et s'arrête à la fin du règne de Philippe de Valois. On ne pouvait donc la choisir comme texte sans emprunter à une autre rédaction la partie postérieure à 1350 : on a repoussé cette combinaison pour ne pas retomber dans l'inconvénient d'un texte composite que l'on voulait éviter à tout prix.

La seconde rédaction a sur la troisième l'avantage d'embrasser le premier livre dans son entier. Toutefois, nous avons la preuve que l'auteur de cette seconde rétractation ne la considérait pas comme

la forme définitive de son premier livre, qu'elle n'é-
tait pas ce qu'il eût désiré qu'elle fût : cette preuve,
c'est le fait même d'une redaction postérieure à la
seconde qui la fournit. On ne voit pas, en effet,
pourquoi Froissart, parvenu sur le seuil de la vieillesse, s'il avait été pleinement satisfait de la seconde,
aurait repris la plume pour écrire la troisième.

Il a semblé qu'à tout prendre ce qu'il y avait de
mieux à faire, c'était de choisir comme texte la première rédaction. Les seconde et troisième rédactions, longtemps ensevelies dans les archives de quelques grandes familles, avaient dormi dans un oubli
complet jusqu'à nos jours : on ne connait que deux
manuscrits de la seconde et qu'un seul de la troisième. La première rédaction, au contraire, a joui
aux quatorzième et quinzième siècles d'une vogue
immense, attestée encore aujourd'hui par les cinquante manuscrits qui nous en restent, ainsi que par
les nombreuses éditions qui datent des premiers
temps de l'imprimerie. Or, la vogue d'un livre s'a-
joute à sa valeur intrinsèque pour le recommander à
l'attention de la postérité, parce que cette vogue qui
ne peut s'expliquer que par une certaine affinité entre la nature de l'ouvrage, les opinions, les passions,
les tendances de l'auteur et celles de ses contemporains, est un indice précieux des mœurs et du génie
d'une époque. De plus, il ne faut pas perdre de vue
qu'on lit toujours le texte d'un livre avant les variantes : ne convient-il pas dès lors de demander ce
texte à celle des trois rédactions qui a précédé les
deux autres?

Rien n'est plus curieux que d'étudier dans les trois
rédactions du premier livre les modifications de toute

sorte que Froissart a successivement apportées au récit des mêmes événements; rien n'est plus piquant que de rechercher, soit dans la vie du chroniqueur, soit dans l'histoire de son temps, la cause de ces modifications. Mais ces recherches ne peuvent être sûres et ces comparaisons fécondes que si les diverses rédactions apparaissent au lecteur dans l'ordre où elles se sont succédé chronologiquement : une considération aussi grave, aussi puissante, aurait suffi pour faire adopter comme texte la première rédaction; et si l'ordre chronologique que nous avons adopté est exact, la conformité à cet ordre assure à notre édition un avantage inappréciable qu'on ne trouve dans aucune autre.

La première rédaction revisée, qui a été choisie de préférence à la première rédaction proprement dite, offre d'ailleurs, de 1372 à 1377, le même texte que la seconde; elle a, suivant une remarque déjà faite, moins d'originalité et de développement que cette dernière de 1325 à 1345; en revanche, elle est souvent plus complète et parfois supérieure au point de vue littéraire pour toute la partie du premier livre comprise entre 1345 et 1372.

Le manuscrit de la Bibliothèque impériale coté 6477 à 6479 = B1 renferme sans contredit le plus ancien et le meilleur des trois exemplaires complets qui nous restent de la première rédaction revisée; le choix de ce manuscrit comme texte du premier livre de notre édition était donc naturellement indiqué. L'empreinte du dialecte wallon, qui est très-marquée dans B1, pourra dérouter un peu le lecteur; mais c'est un signe non douteux d'antiquité et d'authenticité, un trait caractéristique qui distingue les meilleurs manuscrits des deux premiers livres des Chroniques[1].

On rencontre çà et là dans le manuscrit B1 des lacunes et de mauvaises leçons; on a comblé ces lacunes et corrigé ces leçons défectueuses à l'aide des autres manuscrits de la première rédaction revisée, en ayant soin d'indiquer au bas de la page les manuscrits qui ont fourni ces restitutions, et de mettre entre parenthèses les mots ou les passages empruntés.

Le manuscrit B1, comme tous les exemplaires vraiment anciens, n'a pas de titres de chapitres. Le texte y est divisé en alinéas dont le commencement est marqué par des lettres capitales alternativement rouges et bleues. Cette division a été, sauf de très-rares exceptions, scrupuleusement maintenue; seulement, les alinéas du manuscrit B1 forment autant de paragraphes dans notre édition.

La loi que s'est imposée l'éditeur de faire lui-même toutes ses copies et collations, a permis d'apporter au texte, déjà publié tant de fois, de la première rédaction, des améliorations vraiment imprévues. Comme on s'est abstenu d'avertir le lecteur par des notes placées au bas des pages, c'est ici le lieu de citer au

---

1. Ce manuscrit, chef-d'œuvre de la calligraphie de la fin du quatorzième siècle, semble avoir appartenu à quelque membre de la famille flamande des Berthout, seigneurs de Grammene, dont on voit les armes : D'ARGENT à trois pals de gueules, sur le feuillet de garde placé en tête du premier volume. Sur les armes des Berthout, seigneurs de Grammene, voyez Butkens, *Trophées de Brabant*, édit. de 1724, t. I, p. 319. Les Berthout de Grammene étaient une branche cadette de l'illustre et puissante famille des Berthout, avoués de Malines, qui portaient : D'OR à trois pals de gueules. On peut lire sur ces derniers le beau mémoire de M. Félix van den Branden de Reeth, couronné par l'Académie de Belgique, 1844, in-4° de 195 pages.

moins un exemple de ces corrections. Dans le récit
de la bataille de Cassel, tous les éditeurs qui nous
ont précédé ont lu ainsi le passage suivant: «.... onques *de tous ces XVI^m Flamens n'en escapa* **nul**, et fu
leur chapitainne mors. Et si ne seut onques nuls de
ces signeurs nouvelle li uns de l'autre, jusques adont
qu'il eurent tout fait; et onques *des XV^m Flamens
qui mors y demorèrent*, n'en recula uns seuls[1].... »
Ces lignes renferment une contradiction flagrante
qui aurait dû rendre la leçon suspecte et éveiller la
défiance des éditeurs. Il est clair, en effet, que si
quinze mille Flamands seulement sur seize mille
sont morts, Froissart n'a pas pu dire dans la phrase
précédente qu'il n'en est pas échappé un seul. Dacier semble avoir aperçu cette contradiction, et c'est
sans doute pour tourner la difficulté que le savant
éditeur avait substitué le chiffre de seize mille morts[2]
aux quinze mille du texte; mais aucun manuscrit
n'autorise cette substitution. On trouvera pour la
première fois dans notre édition ce passage restitué
tel que Froissart a dû l'écrire: « .... onques de tous
ces seize mille Flamens n'en escapa **mil**[3].... » Du
reste, nous avons corrigé sur ce point les éditions
antérieures sans y viser le moins du monde; et grande

1. *OEuvres de Froissart*, publiées sous les auspices de l'Académie de
Belgique, par M. le baron Kervyn de Lettenhove, *Chroniques*, t. II,
p. 223.

2. *Chroniques de Froissart*, édit. de Dacier, p. 50. Buchon a
suivi Dacier ici comme partout. Voyez l'édition du Panthéon, t. I,
p. 40.

3. Froissart et les autres chroniqueurs du quatorzième siècle ont
singulièrement exagéré les pertes des Flamands à Cassel. Notre ami,
M. Mannier a publié les noms des victimes dont le nombre ne dépassa
guère 3000. Voyez *Les Flamands à la bataille de Cassel*. Paris, A Au-
bry, 1863.

a été notre surprise lorsque nous avons vu que tous nos prédécesseurs avaient mal lu le passage dont il s'agit. Ce curieux exemple prouve une fois de plus que dans les travaux d'érudition il faut tout faire soi-même. M. Jourdain faisait de la prose sans le savoir : en ne confiant à personne le soin de transcrire et de collationner les manuscrits, le plus humble corrige parfois les erreurs des autres sans s'en douter.

CHAPITRE II.

DES VARIANTES.

Les variantes comprennent tout ce qui , dans les différentes rédactions et les divers manuscrits, ajoute quelque chose au texte au point de vue historique. La nature, le nombre de ces variantes qui , pour le premier livre du moins , dépassent presque toujours en étendue , et souvent en importance, le texte lui-même , les a fait renvoyer en appendice à la fin de chaque volume , où elles sont distribuées par paragraphes correspondant à ceux du texte et selon l'ordre chronologique des rédactions.

A désigne la première rédaction proprement dite ; B la première rédaction revisée ; les chiffres placés après A et B indiquent les divers manuscrits qui appartiennent à ces deux rédactions.

La mention : *Ms. d'Amiens* équivaut à la seconde rédaction, ainsi nommée du principal manuscrit qui la représente ; cette mention s'applique, non-seulement au manuscrit d'Amiens, mais encore à celui de Valenciennes, qui n'est le plus souvent qu'un abrégé

du premier, et dont le texte s'arrête au siége de
Tournai, en 1340. Ce manuscrit offre néanmoins
quelques additions que l'on trouvera dans notre appendice; et toutes les fois que les leçons par où il
diffère de l'original ont semblé plus ou moins intéressantes au point de vue historique, on les a recueillies avec soin et placées au bas de la page comme
variantes du texte d'Amiens.

La rubrique : *Ms. de Rome* correspond à la troisième rédaction que le manuscrit unique de la Bibliothèque du Vatican nous a conservée.

En tête de chaque variante figure l'indication du
manuscrit qui l'a fournie, et dont le feuillet est marqué après cette variante. Ce soin constant de renvoyer au feuillet, plus indispensable pour les manuscrits, quoique moins usité, que l'indication de la
page pour les imprimés, est une petite innovation
de l'éditeur.

Si plusieurs manuscrits donnent la même variante,
on s'impose la tâche de les indiquer tous; et dans ce
cas le feuillet de la variante se rapporte toujours au
manuscrit indiqué le premier et d'après lequel a été
établi le texte de cette variante. Vous lisez, par
exemple : « *Mss. A* 7, 18, 19, 23 à 35 : ce roi Philippe nommé Beau de France. F° 2 v°[1]. » Le f° 2 v°
est celui du manuscrit A 7 d'où la variante est tirée;
et si vous vous reportez au paragraphe[2] consacré au
classement des manuscrits A, vous y voyez que A 7
désigne le ms. de la Bibliothèque impériale coté 2655.
Avec ce système, on ne publie pas une seule variante

1. P. 217.
2. Voyez la première partie de cette Introduction, chap. i, § 4,
p. xxxiv.

sans en faire connaître la provenance; or il est très-intéressant pour l'historien comme pour le philologue de se rendre un compte exact de cette provenance.

Ce serait, qu'on ne l'ignore pas, se méprendre étrangement que de voir dans cette énumération de tous les manuscrits qui reproduisent la même variante un vain étalage d'érudition. Une leçon a plus ou moins de valeur selon le nombre, l'ancienneté, l'authenticité des manuscrits qui la fournissent. Relever cette leçon sans indiquer tous les exemplaires où on la trouve, c'est ne faire que la moitié de la tâche; c'est produire un témoignage sans offrir au public les moyens de l'apprécier et de le contrôler.

Notre édition ne donne que les variantes *historiques*, mais on a compris le mot *historique* dans son sens le plus large, comme on pourra s'en convaincre si l'on jette un regard sur l'énorme appendice de ce volume. Les variantes relatives aux dates, aux noms de lieu et de personne, qui sont historiques au premier chef, ont été l'objet d'une attention toute spéciale. On a pris soin de recueillir les leçons même défectueuses, toutes les fois qu'elles modifient essentiellement la forme d'un nom. Bref, on a rejeté seulement les variantes de pure forme, celles qui n'auraient ajouté au texte ni un fait ni un détail nouveau. Du reste, les philologues n'y perdront rien, car les mots et les tournures plus ou moins remarquables sont réservés pour le glossaire qui doit embrasser tous les manuscrits et toutes les variantes sans exception.

Le but qu'on s'est proposé, en ne publiant que les variantes historiques, a été moins d'économiser du temps et de l'espace que d'éviter les répétitions et

surtout de degager nettement, de bien mettre en
lumière ce qui appartient en propre à chaque rédaction. Tel est en effet le principal avantage du système
adopté dans cette édition : il permet de comparer
et de mesurer matériellement, de toucher pour ainsi
dire du doigt les différences que les diverses rédactions du premier livre présentent entre elles. L'œuvre de Froissart ressemble à ces forêts où les arbres
sont si rapprochés et si touffus qu'ils portent un
ombrage trop épais ; pour faire pénétrer davantage
le jour et circuler la lumière dans les profondeurs de
cette forêt, nous y avons percé des avenues, nous en
avons élagué les broussailles et les branchages pa-
rasites.

On sera peut-être surpris de ne pas trouver ici un
certain nombre de variantes d'un intérêt historique
qui figurent dans l'édition de Dacier d'où elles ont
sans doute passé dans celle de M. Kervyn de Lettenhove ; mais il y avait une bonne raison de ne les
pas reproduire : elles sont fausses. Il convient de citer
quelques exemples à l'appui d'une assertion qui ne
manque pas de gravité. La leçon : « huit[1] » dans
l'édition de Dacier, p. 40, et dans celle de M. Kervyn,
t. II, p. 168 au bas de la page ; la leçon : « quatre
cens » Dacier, p. 42 et M. Kervyn, t. II, p. 177 ; la

---

1. Une note de Dacier relative à ce passage prévient le lecteur que
la leçon « huit » est, non une restitution pure et simple, mais une
correction de l'éditeur. L'édition de Dacier dont il s'agit ici, commen-
cée avant 1789, était en cours de publication lorsque la Révolution
vint l'interrompre, et elle ne fut jamais reprise par son auteur ; il n'en
reste que des bonnes feuilles dont le beau caractère fait le plus grand
honneur aux presses de l'Imprimerie royale. Notre exemplaire compte
632 pages, et il a été acheté à la vente du cabinet de feu Champollion-
Figeac.

leçon : « mars » Dacier, p. 57 et M. Kervyn, t. II, p. 234 en note ; la leçon : « neuf » Dacier, p. 64 et Kervyn, t. II, p. 273 en note : ces leçons et une foule d'autres dont il serait fastidieux de donner le détail, doivent être le résultat de mauvaises[1] lectures, car on n'a pu les retrouver dans aucun des nombreux manuscrits du premier livre; et pourtant tous ceux que Dacier et M. Kervyn ont compulsés ont été mis à contribution. L'illustre académicien français semble avoir commis la faute grave de laisser à des copistes le soin de recueillir les variantes de son édition : il n'y a donc pas lieu de s'étonner si les erreurs abondent dans cette partie de son travail. La reproduction de ces erreurs dans la belle publication de M. Kervyn est un peu plus difficile à comprendre : peut-être faut-il l'expliquer en supposant que l'érudit belge a cru pouvoir emprunter des variantes garanties par le nom de Dacier, sans les soumettre à un contrôle préalable.

CHAPITRE III.

DU SOMMAIRE.

Le texte et les variantes forment deux parties qui, bien que distinctes par leur place respective, n'en sont pas moins inséparables; et si on les compare,

---

1. Le lecteur voudra bien remarquer qu'on s'est abstenu dans le cours de l'édition de signaler les fautes commises par les précédents éditeurs. Ici, force nous était de critiquer les autres, si nous ne voulions laisser croire qu'un certain nombre de variantes véritablement historiques ont été omises dans notre relevé. Il n'en est pas moins vrai que nous n'avons aucun goût, Dieu merci, pour ce genre de besogne. Qui sait d'ailleurs si notre paresse n'y trouve pas son compte?

les rapports qu'elles soutiennent se présentent sous
un double aspect : tantôt, et c'est le cas le plus ordinaire, les variantes n'ajoutent au texte que des
faits de détail et des développements plus complets;
tantôt au contraire, la seconde et la troisième rédaction, qui ont fourni la majeure partie des variantes du premier livre, présentent de foncières différences, non-seulement entre elles, mais encore avec
le texte, c'est-à-dire avec la première rédaction. Dans
ce dernier cas, il n'y a évidemment rien autre chose
à faire, même dans un sommaire, qu'à résumer les
rédactions différentes en les publiant les unes à la
suite des autres et selon l'ordre chronologique. Mais
dans le premier cas, dans le cas où les variantes
enrichissent le texte plutôt qu'elles ne le démentent,
où les diverses rédactions, loin de se contredire, se
complètent, il y a lieu d'assigner au sommaire un
rôle vraiment important et jusqu'à un certain point
original.

Il suffit de parcourir superficiellement l'ensemble
de ce volume pour être frappé de la multitude innombrable de détails précieux disséminés çà et là,
mais qui risquent d'échapper par leur éparpillement
à l'attention des érudits eux-mêmes. Combien il serait désirable qu'il fût fait un choix, un triage intelligent de tout ce que l'on rencontre d'intéressant,
soit dans le texte, soit dans les variantes! Combien
il serait commode de trouver résumée, condensée
dans une narration unique la matière historique
éparse dans les diverses rédactions!

Le but principal de notre sommaire est précisément de répondre à ce besoin. C'est une tâche déli-
cate, ardue, nécessairement imparfaite comme toute

besogne composite, pleine de difficultés de plus d'un genre qu'on ne se flatte nullement d'avoir surmontées; mais l'utilité et la commodité qui doivent résulter d'un pareil travail rendront le lecteur, on l'espère du moins, indulgent pour les fautes inévitables de l'exécution.

Notre sommaire ne pouvait atteindre le but proposé sans prendre des développements relativement considérables. Aussi a-t-il le caractère d'une traduction à peu près littérale dans tous les passages que leur importance rend dignes d'une attention plus spéciale. Un cadre aussi large a permis en outre d'identifier presque tous les noms de lieu et de resti tuer les noms de personne sous leur forme moderne. Lorsqu'il s'agit de noms peu connus ou d'identifications et de restitutions plus ou moins sujettes à controverse, on a placé des notes au bas des pages pour expliquer et, s'il y a lieu, justifier la solution que l'on a adoptée. On a souligné les noms que l'on n'a pu parvenir à identifier afin d'appeler sur ces petits problèmes l'attention d'érudits plus spéciaux et plus compétents. Il n'a été apporté du reste au texte de Froissart que de très-légères et très-rares corrections de détail qui modifient çà et là un prénom, un nom ou une date, et ces corrections sont toujours mises entre parenthèses. Ainsi conçu, notre sommaire ne tient sans doute pas lieu d'un glossaire ou de tables géographique et onomastique; mais il aidera peut-être à attendre avec moins d'impatience ce complément indispensable de notre édition. Ce n'est pas encore la critique, mais c'est déjà l'élucidation aussi complète que possible du premier livre des Chroniques.

Ce sommaire est divisé en un certain nombre de chapitres dont chacun comprend une série de faits qui se relient entre eux et présentent un caractère d'unité véritable. Ces chapitres pourraient donner lieu à autant de dissertations critiques qui seraient destinées, dans une publication en quelque sorte parallèle, à compléter et à contrôler l'œuvre de Froissart à l'aide de tous les documents contemporains, imprimés ou manuscrits. Dans ces dissertations, on poserait à propos de chacun des chapitres du sommaire, et l'on essayerait, s'il était possible, de résoudre les trois questions suivantes : 1° Froissart a-t-il puisé son récit dans un autre chroniqueur, ou l'a-t-il tiré de son propre fonds ? 2° Quelles modifications ont été apportées au récit primitif dans les rédactions successives du premier livre ? 3° Enfin, quelle est la part de la vérité et celle de l'erreur dans le texte des Chroniques ? Ces dissertations critiques permettraient de rassembler et de grouper en quelque sorte toute la matière historique du quatorzième siècle autour de l'œuvre de Froissart : les témoins si nombreux et si divers de cette curieuse époque seraient entendus tour à tour, mais c'est le chroniqueur de Valenciennes qui conduirait le chœur.

CHAPITRE IV.

DE L'ORTHOGRAPHE, DE LA PONCTUATION ET DE L'ACCENTUATION.

L'orthographe du texte comme des variantes est la reproduction fidèle des manuscrits. On attache tant de prix à cette fidélité qu'on n'a reculé devant aucun voyage, aucune dépense, aucun sacrifice pour l'obtenir. Il n'y a pas dans ce volume et il n'y aura pas, s'il plait à Dieu, dans les volumes suivants une seule ligne qui n'ait été copiée ou collationnée par l'éditeur lui-même; et c'est là certainement le principal titre qui recommandera notre édition à l'indulgence des juges impartiaux.

Cette fidélité littérale devait être ici d'autant plus recherchée qu'il y a plusieurs bonnes raisons de ne rien entreprendre pour le texte de Froissart qui rappelle, par exemple, le beau travail de correction et de restitution fait récemment sur Joinville par notre vénéré maître M. Natalis de Wailly. D'abord, les manuscrits du premier livre, d'après lesquels on a établi le texte proprement dit ainsi que la plus grande partie des variantes, sont à peu près contemporains de l'époque où vivait l'auteur; ensuite, il ne nous reste de Froissart aucun manuscrit, sinon autographe, au moins incontestablement original, qui puisse fournir à la critique le solide point d'appui que le savant auteur des *Éléments de Paléographie* a trouvé dans les chartes émanées de la chancellerie de Joinville. On peut ajouter que, quand même ce manuscrit qui nous manque existerait, il ne devrait être considéré comme un criterium sûr que pour une certaine période, car qui sait si les différentes phases de la vie errante et vagabonde du chroniqueur n'ont pas amené des modifications successives et correspondantes dans sa langue ou du moins dans son orthographe? Ces observations s'appliquent aussi bien aux poésies de Froissart qu'à sa prose. Il est vrai que la rime garantit contre les altérations des scribes la phonétique des syllabes finales de chaque vers ou du moins permet de la restituer sûrement; mais qui nous dit que le versificateur n'a pas en certains cas modifié plus ou moins son orthographe ordinaire pour les besoins de la rime? Il faut aussi faire la part de ce qu'il doit y avoir de factice dans la langue de ces poëmes de cour. Il est certain, toutefois, que l'on retrouve dans le célèbre manuscrit des poésies de Froissart conservé à la Bibliothèque impériale le bizarre mélange de formes wallonnes et françaises, tantôt conformes, tantôt contraires aux règles anciennes, qui distingue la prose du chroniqueur.

Quoi qu'il en soit, il y a une raison plus haute et pour ainsi dire plus philosophique de ne point tenter la correction des fautes, des irrégularités qu'on retrouve, non-seulement dans les divers manuscrits des Chroniques, mais encore dans tous les textes qui datent de la même époque : supprimer ces fautes, en effet, ce serait enlever à la langue du chroniqueur de Valenciennes son caractère réel, historique, le trait distinctif qui la recommande surtout à l'attention des savants et qui fait des Chroniques un monument d'une incomparable importance pour les philologues aussi bien que pour les lettrés et les érudits appliqués à l'observation des événements.

Tout se tient dans ce vaste organisme qui compose
la vie des sociétés, et la décadence de la langue accompagne toujours celle des institutions et des mœurs.
C'est là l'un des faits les mieux établis et en même
temps l'un des enseignements les plus graves que
puisse offrir l'étude du passé; mais jamais cette vérité n'a été plus éclatante qu'en France au quatorzième siècle. A cette époque, l'organisation féodale,
après avoir atteint son apogée dans les siècles précédents, est déjà en pleine dissolution, et la centralisation monarchique, qui doit aboutir au despotisme de
Louis XI, de Richelieu et de Louis XIV, vient à
peine d'essayer ses forces sous Philippe le Bel et n'a
pas encore réussi à se constituer : la société, ainsi
qu'il arrive toujours dans ces temps de crise, est en
proie à la confusion, au désordre, à tous les maux
de l'anarchie. Il se produit alors un phénomène bien
digne d'être médité et approfondi. Sous l'influence
de causes diverses, la langue du quatorzième siècle
en général, celle de Froissart en particulier, revêt le
même caractère mixte, bâtard, de transition que l'é-
poque dont elle est l'expression, que la société qui
la parle : comme cette société, elle est pleine de désordre, d'irrégularités, d'incohérences, parce que tantôt elle suit les règles de l'ancien français, et tantôt
elle s'en affranchit pour prendre le caractère qu'a
conservé le français moderne. D'ailleurs, si la royauté,
qui tend depuis longtemps à absorber les pouvoirs
locaux, est loin encore d'avoir atteint ce but à l'époque de Froissart; l'idiome de l'Ile-de-France, de son
côté, quoiqu'il pénètre et altère de plus en plus, à la
même époque, les dialectes des autres provinces, ne
les a pas néanmoins supplantés; il en résulte un pêle-

mêle provisoire qui, se régularisant peu à peu, doit devenir un jour la langue définitive. Un éditeur des Chroniques commettrait donc une étrange méprise s'il ne reproduisait pas avec un soin scrupuleux ces irrégularités, ces incohérences, ce pêle-mêle. Il ne pourrait les corriger sans fausser la réalité, sans rompre, par conséquent, avec la méthode scientifique, pour tomber dans la pure fantaisie; autant vaudrait supprimer l'histoire.

Il ne s'agit ici, bien entendu, que des fautes qui proviennent de l'état général, et pour ainsi dire organique de la langue; quant à celles qui ne peuvent être attribuées qu'à la négligence ou à la distraction des copistes, et qui ont, comme on dirait en pathologie, le caractère de lésions purement superficielles et accidentelles, un éditeur intelligent, consciencieux, n'a pas seulement le droit, il a le devoir strict de les effacer et de les corriger[1].

Le caractère mixte, composite de la langue de Froissart est d'autant plus sensible dans le premier livre, que les meilleurs, les plus importants manuscrits de ce livre sont écrits en dialecte wallon. Or, on sait que l'une des particularités de ce dialecte, c'est qu'il a maintenu plus longtemps que les autres la distinction du cas sujet et du cas régime, fonda-

---

1. La distinction capitale que nous essayons de marquer ici s'applique, du moins dans une certaine mesure, aux ouvrages de la décadence grecque et latine aussi bien qu'à ceux qui représentent la décomposition de l'ancien français. On n'a pas tenu peut-être un compte suffisant de cette distinction lorsqu'on a publié, au seizième siècle et même de nos jours, certains auteurs de la basse latinité ou de la basse grécité. C'est surtout en matière de langage, ce perpétuel *devenir*, que la méthode naturaliste et scientifique, propre à notre siècle, doit remplacer l'abus du dogmatisme classique.

mentale dans l'ancien français. Un passage de ce volume offre un curieux exemple de cet archaïsme. Dans ce passage, *abbes* du nominatif *abbas*, est toujours employé au cas sujet, et *abbet*, formé sur l'accusatif *abbatem*, au régime[1].

La ponctuation a été l'objet d'une attention toute spéciale, et l'on peut dire que ce détail, en apparence infime, donne à notre édition un aspect entièrement nouveau. Qui ne se rappelle avoir vu dans les éditions antérieures, ces phrases vraiment interminables dont les divers membres, enchaînés ensemble par la conjonction *et* indéfiniment répétée, s'embarrassent et s'entravent en quelque sorte les uns les autres? Toutes les fois que le sujet est sous-entendu en tête d'une phrase, comme il arrive d'ordinaire si ce sujet est un pronom, les précédents éditeurs n'ont presque jamais placé devant cette phrase un point; dans ce cas, ou bien ils se sont abstenus de tout signe de ponctuation, ou bien ils n'ont mis qu'un point et virgule, ou même qu'une simple virgule. L'éditeur de ce volume a suivi d'autres errements : il a remplacé très-souvent par des points les virgules dont on avait un peu abusé jusqu'à ce jour, de telle sorte que là où le texte ne formait naguère qu'une seule phrase, le lecteur en trouvera maintenant quatre ou cinq. Outre que cette innovation s'appuie sur l'autorité de quelques manuscrits anciens[2], elle a l'avantage d'imprimer au récit une allure plus dégagée, plus facile, plus rapide, plus conforme, en un mot, au véritable

---

1. Voyez p. 168, lignes 16 et 28.

2. On peut citer notamment le manuscrit de la Bibl. imp., coté 6477 à 6479 = B1 d'après lequel a été établi le texte du premier livre et où la fin de chaque phrase est marquée par des points.

génie de Froissart. Si l'on prend la peine de comparer sous ce rapport les dernières éditions, on verra que le système de ponctuation adopté dans la nôtre change complétement et peut-être heureusement la physionomie du texte des Chroniques.

On sait qu'il n'y a pas trace de nos signes d'accentuation dans les manuscrits; cette absence d'accents, tels du moins que nous les entendons aujourd'hui, donne lieu à certaines difficultés quand il s'agit d'imprimer d'anciens textes français. Les Allemands, qui ignorent la mesure et ne s'arrêtent pas volontiers aux moyens termes, ont mis récemment à la mode l'orthographe dite diplomatique; ils publient les monuments de notre vieille langue, en les calquant pour ainsi dire, et sans y ajouter le moindre signe d'accentuation. On a rejeté dans cette édition un système aussi absolu, et l'on a fait usage des accents, du moins dans une certaine mesure; mais *le lecteur est expressément prévenu qu'on n'entend engager, par l'emploi ou la nature de ces accents, aucune question de prononciation.* Si l'on a mis, par exemple, un accent aigu, grave ou circonflexe sur une voyelle, on ne prétend pas dire que cette voyelle se prononçait de telle façon plutôt que de telle autre; on veut simplement indiquer qu'elle n'était pas muette.

C'est ici évidemment affaire d'empirisme, non de logique et de science. La commodité, l'agrément du lecteur, qui nécessite cet empirisme et le justifie, doit passer avant toute autre considération. Employer les accents toutes les fois qu'ils sont consacrés par l'usage et que le texte y peut gagner quelque chose en clarté, et ne les admettre que dans ce cas; tel est le double principe qui domine le système d'accentuation adopté par l'éditeur.

En vertu de ce principe, on a conservé les accents que l'orthographe moderne a pris l'habitude de mettre sur certains mots qui sont parfaitement semblables d'aspect et ne laissent pas néanmoins d'avoir une acception différente, par exemple, sur *à* préposition et *où* adverbe, afin de les distinguer pour l'œil de *a* verbe et de *ou* conjonction; en revanche, on a supprimé les signes d'accentuation que l'usage actuel inscrit sur les voyelles initiales ou intérieures d'un grand nombre de vocables, comme dans *péné*trer, *révé*ler, *é*ternel, *á*creté, parce que ces signes n'ajoutent absolument rien à la clarté de la phrase. L'accent n'a été maintenu sur la voyelle que dans les syllabes qui portaient en latin l'accent tonique, sur la finale dans esper*é*, am*é*, dont les prototypes sont sper*á*tus, am*á*tus, sur la pénultième dans esp*è*re, *ai*me, premie*rr*e, qui correspondent à sp*é*rat, *á*mat, prim*á*ria.

Il importe de faire remarquer que, dans ces deux derniers exemples, comme du reste dans tout le cours de notre édition, l'accent ne surmonte la pénultième ni dans *ai*me ni dans premie*rr*e, quoique d'après le principe posé tout à l'heure cette pénultième doive être accentuée. C'est que la notation *ai* dans le premier de ces mots et le redoublement de la consonne *r* dans le second équivalent à notre accent : là où l'orthographe moderne aurait écrit *è*me, là où elle écrit première, l'orthographe ancienne écrivait presque toujours *ai*me, elle écrivait souvent premie*rr*e. En conservant cette orthographe archaïque, avec sa valeur propre au point de vue de l'accentuation, partout où il la trouve observée dans les manuscrits, l'éditeur n'a fait que se conformer au système actuel qui admet les mêmes anomalies : tandis que nous mettons aujourd'hui l'accent sur la pénultième suivie d'une muette dans première, fidèle, espèce, n'écrivons-nous pas sans accent, mais avec le redoublement de la consonne verre, cruelle, paresse, selon les errements de l'orthographe ancienne ?

TROISIÈME PARTIE.

DE LA VALEUR HISTORIQUE ET LITTÉRAIRE DU PREMIER LIVRE.

CHAPITRE I.

DE LA PARTIALITÉ ET DE LA SINCÉRITÉ DE L'AUTEUR DES CHRONIQUES.

Froissart a donné à ses récits le titre qui leur convient réellement en les appelant des Chroniques : c'est ce qu'il ne faut pas perdre un seul instant de vue lorsqu'on veut l'apprécier équitablement, car on ne saurait sans injustice demander à un écrivain autre chose que ce qu'il a voulu faire. S'entourer de tous les renseignements, peser tous les témoignages, les contrôler les uns par les autres, essayer d'y démêler la part de la vérité et celle de l'erreur : c'est le devoir, c'est l'honneur de l'historien vraiment digne de ce beau nom. Froissart n'eut jamais une ambition aussi élevée, et l'on peut ajouter qu'il eut raison de ne pas l'avoir. Le clerc de la reine Philippe, le curé des Estinnes-au-Mont, le chapelain de Gui de Blois vécut toujours dans une position plus ou moins subalterne qui ne lui assurait pas l'indépendance absolue ni peut-être les ressources matérielles indispensables de son temps pour se placer dans les conditions où l'histoire proprement dite peut éclore et fleurir. En outre, la plus grande partie de ses Chroniques est consacrée à la narration des événements contemporains ; or il est impossible, quand il s'agit de faits trop rapprochés, d'atteindre l'harmonie de la composition, la justesse des proportions par où se manifeste, dans la forme en même temps que dans le fond, cet esprit de justice distributive qui est l'âme de l'histoire. Pour atteindre ou plutôt pour poursuivre sûrement un but si difficile, la prudence commande d'attendre que les événements se soient massés dans la perspective des siècles. Soit donc que Froissart ait obéi à la nécessité, soit qu'il ait suivi son instinct, soit même, si l'on veut, qu'ayant surtout égard à sa commodité, il ait cédé à des calculs plus ou moins égoïstes, on ne serait nullement fondé à lui reprocher, dès l'instant où il s'appliquait au récit des faits contemporains, de n'avoir écrit que des Chroniques.

Les obligations qui incombent à l'annaliste sont beaucoup moins sévères et moins étroites que celles auxquelles est astreint l'historien véritable. Enregistrer pour ainsi dire au jour le jour les événements les plus marquants tels qu'il les entend raconter autour de lui : là se borne la tâche modeste du chroniqueur. Aussi, tandis que la sincérité de l'historien ne va pas sans l'impartialité et sans la critique judicieuse des divers témoignages, il suffit au chroniqueur, pour être sincère, de ne pas transmettre un écho trompeur, mensonger, des bruits d'alentour : la fidélité de la reproduction est tout ce que l'on attend de sa bonne foi.

A ce point de vue, qui est le seul équitable, on doit rendre hommage à la sincérité de Froissart. Dans les récits qu'il fait de première main, on admire généralement, avec la fidélité en quelque sorte minutieuse de certains détails, cette fidélité plus haute et vraiment supérieure qui reproduit jusqu'à la couleur des temps et des lieux, jusqu'au geste et à l'accent des personnages et qui est le privilége des grands artistes.

Non-seulement le chroniqueur n'a pas besoin, comme l'historien, de concilier, de fondre dans une harmonie générale les diverses parties de son œuvre, mais encore il n'est pas tenu à la rigueur de mettre d'accord les récits différents qu'il donne du même fait, pourvu qu'il rapporte fidèlement dans chacun d'eux ce qu'il a entendu raconter. En d'autres termes, plus heureux que l'historien qui doit s'efforcer de dégager la vérité, l'annaliste n'a qu'à transmettre exactement l'information telle qu'il l'a reçue, si incomplète, si partiale qu'elle puisse être, pour s'acquitter envers son lecteur.

Froissart a largement usé et parfois, il faut bien en convenir, un peu abusé de ces immunités du genre inférieur qu'il avait adopté. Avec un courage, une persévérance infatigables, il a composé à d'assez longs intervalles trois rédactions de son premier livre profondément distinctes les unes des autres, mais il paraît n'avoir jamais songé à faire ce qu'on appellerait aujourd'hui la critique comparée de ces différentes rédactions. Il ne tente nulle part de les confronter, de les rapprocher ou de les opposer entre elles. Qu'elles se confirment ou qu'elles se contredisent, on dirait que peu lui importe. Il raconte le même événement une seconde, une troisième fois, avec une allure aussi dégagée et sans plus de souci de ses

récits antérieurs que quelqu'un qui y serait complétement étranger. Cette habitude est constante, et
l'on ne peut guère citer comme exception qu'un curieux passage du manuscrit de Rome, c'est-à-dire de
la troisième rédaction où Froissart, non content d'a-
dopter une version tout à fait contraire à celle qu'on
trouve dans les deux rédactions précédentes, prend
la peine de reproduire sa première version pour la
contredire et y opposer le démenti le plus formel[1].

On n'aurait le droit d'adresser des reproches à
l'auteur des Chroniques que s'il avait voulu donner
le change sur le caractère borné, exclusif, intéressé et
par suite plus ou moins partial des témoignages qui
ont servi de base à ses récits. Ne semble-t-il pas
avoir prévu cette objection lorsque, dans la première
rédaction, avant de raconter la bataille de Crécy, il
prévient loyalement le lecteur qu'il est surtout redevable de sa narration à des chevaliers du parti anglais? « Il n'est nulz homs, tant fust presens à celle
journée, ne euist bon loisir d'aviser et ymaginer toute
la besongne ensi que elle ala, qui en seuist ne peuist
imaginer ne recorder le verité, especialement de le
partie des François, tant y eut povre arroy et ordenance en leurs conrois. *Et ce que j'en sçai, je le seuch
le plus par les Englès qui imaginèrent bien leur cou-
venant[2].* » Au contraire, l'auteur de la seconde rédaction fait douter de sa parfaite bonne foi quand, après
avoir décrit la journée de Crécy dans un tableau
dont les traits principaux trahissent une origine
purement française, il ajoute néanmoins les lignes

1. Cf. la page 221 des variantes, lignes 1 à 14 avec la p. 18, lignes
24 à 30 du texte. — 2. Ms. 6477, f° 187 v°.

suivantes : «... Si comme cil le tesmoingnent qui y furent *tant d'ung lés comme de l'autre*, et par lesquelx le pure verité en est escripte[1]. » Mais ces cas sont rares, et d'ordinaire nul défaut de sincérité ne vient altérer la fidélité pure et simple de reproduction qui recommande les Chroniques, alors même que l'auteur a composé sa narration sous la dictée de témoins intéresses, par conséquent avec un caractère de partialité plus ou moins notoire.

Il ne faudrait pas se méprendre sur le caractère habituel des variantes plus ou moins importantes qu'on remarque entre les diverses rédactions. Ce n'est pas précisément que Froissart dise blanc dans l'une après avoir dit noir dans l'autre : ce qui ressort surtout de ces divergences, c'est que les témoins dont le chroniqueur a successivement reproduit la version, placés dans des camps opposés, ont envisagé le même fait d'un point de vue différent. L'infatigable auteur des trois rédactions du premier livre visait sans doute beaucoup moins à représenter toutes les faces de la réalité historique qu'à plaire aux maîtres et seigneurs dont il a recueilli les bienfaits tour à tour; mais qu'importe, puisque, si, comme nous le croyons, il a été chaque fois un narrateur aussi fidèle que partial, le résultat est le même pour la postérité ! Qui n'entend qu'une cloche n'entend qu'un son, dit le proverbe. Froissart a frappé à toutes les cloches et nous fait entendre ainsi tous les sons. Son premier livre si riche, si touffu, avec ses rédactions différentes et parfois contradictoires, avec ses variantes infinies, rappelle tout à fait ces carillons fameux des Flandres

---

1. Ms. d'Amiens, f° 93.

qui ébranlent les airs par une cadence à la fois si variée et si profonde. Seulement, à la différence des carillonneurs de Bruges ou d'Anvers, l'auteur des Chroniques n'essaye pas de fondre sous son clavier tant de timbres, tant de bruits divers : il se contente de les noter fidèlement pour les transmettre à la postérité, laissant à celle-ci le soin d'en dégager cette harmonie de l'histoire qui s'appelle la vérité.

Cette fidélité de reproduction a été d'autant plus facile à Froissart qu'il ne paraît animé d'aucun sentiment de haine contre quelqu'un ou contre quelque chose : il ignore toute espèce de fanatisme; il n'est obsédé d'aucune de ces passions de caste ou de nationalité qui offusquent la vue et troublent le jugement. S'il n'avait eu soin de nous dire qu'il fut prêtre, on l'aurait deviné difficilement en lisant ses Chroniques[1]; né dans les rangs du peuple, il se préoccupe de la noblesse outre mesure et montre pour elle une complaisance, une indulgence parfois excessive; s'il aime avec une tendresse particulière et vraiment filiale le Hainaut sa patrie, une prédilection si naturelle ne le rend point injuste pour les autres pays. A le bien prendre, notre chroniqueur

1. Il est curieux de comparer sous ce rapport Froissart aux chroniqueurs des siècles précédents : le curé des Estinnes, le chanoine de Chimay, est beaucoup plus dégagé des préoccupations ecclésiastiques qu'un Villehardouin ou un Joinville, par exemple; il a davantage ce qu'on peut appeler *l'esprit laïque*, cet esprit qui a dispensé la France au seizième siècle de se faire protestante, et auquel la Révolution française doit ce qu'elle a de sain, la partie malsaine ayant été recueillie dans l'héritage de la centralisation monarchique. Il faut juger l'arbre par ses fruits : la France, animée de cet esprit large, qui est l'une des faces de son génie, a joui de la *liberté religieuse* dans les mœurs aussi bien que dans les lois avant les pays de l'Europe qui ont embrassé la Réforme.

porte en son âme un idéal qui est l'unique objet de
son culte, qui lui dicte ses jugements sur les faits
ainsi que sur les individus : cet idéal, moins étroit
que le patriotisme, presque aussi ardent que la foi
religieuse, c'est l'esprit chevaleresque.

Cet esprit chevaleresque, qui a constitué tout à la fois
l'une des grandeurs et l'une des faiblesses du moyen
âge en général et du quatorzième siècle en particulier, est aussi la source des meilleures qualités et des
défauts les plus saillants qu'on remarque dans les
Chroniques. Si, comme on l'a dit plus haut, Froissart néglige de mettre de l'unité dans ses diverses
rédactions, c'est qu'évidemment, malgré la curiosité
naturelle de son esprit, il n'attache qu'un prix assez
médiocre aux circonstances accessoires, aux détails
de la narration : ce qui l'intéresse, ce qui l'émeut,
ce qui le passionne par-dessus tout, c'est l'idéal même
qui a été le principe vivifiant des hauts faits qu'il
raconte, c'est-à-dire la chevalerie. Aussi, l'on re-
marquera que notre chroniqueur s'écarte volontiers
de sa réserve habituelle pour juger les faits ou les
hommes et manifester ses propres sentiments si
l'honneur chevaleresque est sérieusement en jeu, et
dans ce cas on peut avoir toute confiance en son
impartialité.

C'est en effet la gloire du quatorzième siècle, de
ce siècle d'ailleurs si misérable, que l'esprit magna-
nime, héroïque de la chevalerie, y exerça dans l'opinion sinon dans les actes un empire incontesté et
reconnu de tous. En s'inspirant de cet esprit, un
chroniqueur placé comme Froissart dans une position dépendante pouvait prononcer un jugement
sévère sur tel ou tel grand personnage sans encourir

la disgráce des protecteurs puissants qui se trouvaient plus ou moins directement atteints par ce jugement. Pour s'en convaincre, il suffit de lire plus loin ce que Froissart dit à plusieurs reprises de la déloyauté de Jean III duc de Brabant envers Philippe de Valois, déloyauté dont un brave chevalier nommé Léon de Crainhem fut si honteux d'avoir été l'instrument qu'il en mourut. Rien assurément ne forçait notre chroniqueur à emprunter à Jean le Bel le récit de cette vilaine action; et pourtant dans ses deux premières rédactions, composées à une époque où il avait tout intérêt à ménager la fille de Jean III, Jeanne, femme de Wenceslas, dont il recevait annuellement les bienfaits, il a fait ressortir, il a flétri avec une certaine insistance la mauvaise foi du père de la duchesse de Brabant[1]. Appliquées aux jugements rendus à ce point de vue élevé, les protestations d'indépendance[2] que l'auteur des Chroniques a pris soin de renouveler dans les diverses parties de son ouvrage, méritent une entière créance. Robert de Namur, Wenceslas, Gui de Blois étaient, comme Froissart lui-même, trop animés de l'esprit de leur temps pour avoir seulement l'idée d'exercer une influence, une pression quelconque sur leur protégé en ce qui touche à la chevalerie et à l'honneur chevaleresque.

Lors donc que Froissart a varié dans ses sentiments, dans ses jugements soit sur les individus, soit sur les peuples, on peut être sûr qu'il a modifié sa manière de voir en toute liberté, en toute sincérité.

---

1. P. 151, 161, 437, 438. Cf. Jean le Bel, éd. de M. Polain, t. I, p. 149 et 150.

2. Voyez plus haut, p. LIV.

Rien n'est plus curieux à cet égard que le changement qui s'est opéré dans les dispositions de notre
chroniqueur à l'endroit des Anglais : après les avoir
admirés d'abord presque sans réserve, notamment
dans la première rédaction de son premier livre, il
finit par les juger dans la troisième rédaction de ce
même livre avec la sévérité la plus perspicace. On se
rendra aisément compte de ce changement si l'on
se rappelle ce que nous disions tout à l'heure, à
savoir que l'auteur des Chroniques se place toujours,
pour juger les peuples aussi bien que les individus,
au point de vue de la chevalerie.

La première rédaction où Froissart exalte surtout
les Anglais, a été composée, comme on l'a vu plus
haut, de 1369 à 1373. A cette époque, Froissart venait de passer huit années à la cour d'Édouard III
comme clerc de Philippe de Hainaut, sa compatriote
et sa protectrice, qui l'avait comblé de faveurs. Toutefois, on se tromperait sans nul doute en attribuant
seulement à la reconnaissance personnelle l'enthousiasme pour l'Angleterre qui éclate à toutes les pages
de la première rédaction : cet enthousiasme a une
autre cause plus noble encore et surtout plus désintéressée. La première rédaction ne comprenait, du
moins sous sa seconde forme, que la partie du règne
d'Édouard III antérieure à 1373, et l'on sait que
cette brillante période, signalée par les victoires de
Crécy et de Poitiers, marque l'apogée de la gloire et
de la puissance anglaise. Durant le même temps, la
noblesse normande, transplantée de l'autre côté du
détroit, lutta d'esprit chevaleresque non moins que
de courage avec la noblesse française ; et quand on
vit le jeune vainqueur de Poitiers servir à table son

royal prisonnier, un tel acte de courtoisie souleva l'admiration de l'Europe entière. Comment Froissart, l'historien, j'allais dire, le chantre de la chevalerie, n'aurait-il pas ressenti, lui aussi, pour l'Angleterre d'Édouard III et du Prince Noir, un enthousiasme qui ne fut jamais ni plus légitime ni plus universel?

Tout était bien changé lorsque, trente ans plus tard, notre chroniqueur, devenu chanoine de Chimay, entreprit d'écrire la troisième rédaction de son premier livre. L'infortuné Richard II, dépouillé de sa couronne par un usurpateur, venait de périr misérablement après avoir subi les plus indignes traitements; et Froissart avait dû éprouver une profonde douleur en voyant disparaître dans la personne de ce prince, qui l'avait si bien accueilli lors de son dernier voyage en Angleterre, le petit-fils de Philippe de Hainaut, le fils du Prince Noir, le rejeton d'une dynastie qu'il aimait[1]. D'ailleurs, comme ces tempêtes qui soulèvent jusqu'à la surface les monstres endormis au sein des mers, les troubles précurseurs de la déposition, de la mort de Richard avaient mis à nu et pour ainsi dire déchaîné ce fond d'égoïsme effréné, indomptable, barbare au besoin, que recouvre d'ordinaire le flegme de la race anglo-saxonne. A partir de ce moment, il est visible que l'Angleterre cesse d'apparaître à notre chro-

---

1. Justice a été rendue à Richard II par un digne compatriote de Froissart, M. H. Wallon dans son beau livre intitulé : *Richard II, Épisode de la rivalité de la France et de l'Angleterre*. Paris, Hachette, 1864, 2 vol. in-8°. Un art discret est mis dans cet ouvrage au service d'une science approfondie, d'une conviction pleine de chaleur contenue; le passé y est étudié pour lui-même, et l'on n'y trouve aucune de ces allusions par ou les *partisans* déguisés en historiens mettent ce qu'ils appellent l'amorce aux passions de leurs contemporains. Aussi le livre de M. Wallon a-t-il échappé à la mode, mais en revanche il ne se fanera pas.

niqueur comme la terre chevaleresque par excellence. Froissart se dégoûte du pays des Lancastre et
de leurs sicaires sous l'empire du même sentiment
qui le remplissait naguère d'admiration pour la patrie des Chandos; et s'il continue de rendre justice
dans sa troisième rédaction aux fortes qualités de la
nation anglaise, on s'aperçoit aisément qu'il ne lui
accorde plus comme autrefois sa sympathie.

Il est une nation au sujet de laquelle les sentiments
de Froissart n'ont jamais varié : c'est la nation allemande pour laquelle il laisse percer partout l'aver-
sion la plus profonde. Il importe d'autant plus de
constater ici ce fait qu'on y trouve l'occasion de signaler un trait saillant du caractère de notre chroniqueur qui n'est pas une des moindres garanties de
sa sincérité, je veux dire le désintéressement. Il n'y
eut jamais d'âme plus française que celle de Froissart, parce qu'il n'y eut jamais d'âme plus chevaleresque et plus désintéressée. Admirer le courage,
l'honneur, la générosité, la magnificence, la beauté
et faire partager, en les racontant dignement, cette
admiration à la postérité : tel semble avoir été le but
dominant du chroniqueur d'un bout à l'autre de sa
carrière; le souci de sa personne, de ses intérêts ne
paraît avoir joué dans sa vie qu'un rôle tout à fait
secondaire. Froissart sait joindre, comme les génies
vraiment français, à l'activité féconde, à l'inspiration
créatrice, au labeur tenace, l'esprit de désintéressement et l'absence de préoccupation personnelle, tandis que dans d'autres pays, l'égoïsme plus ou moins
âpre des artistes hors ligne est presque toujours le
principal ressort de leur force. Il ne faut donc pas
s'étonner si l'auteur des Chroniques juge sévèrement

les Allemands et s'il saisit toutes les occasions d'exprimer cette sévérité. Ce qu'il leur reproche avec insistance, c'est d'être dévorés d'une convoitise insatiable, c'est de présenter dans leur caractère un mélange inouï d'insolence et de platitude, c'est de faire prendre en dégoût les qualités mêmes qui les distinguent, en les mettant toujours au plus offrant et dernier enchérisseur[1]. Du reste, le mépris pour la bassesse et la vénalité tudesques n'est pas moins marqué dans la chronique de Jean le Bel[2]. Cet esprit désintéressé, chevaleresque, constituait évidemment, dès le quatorzième siècle, une sorte de courant moral qui creusera toujours, qu'on ne l'oublie pas, un fleuve cent fois plus large et plus profond que le Rhin entre l'Allemagne et la France de l'Escaut ou de la Meuse. Toutefois, Jean le Bel et Froissart ont peut-être conclu un peu vite du particulier au général ; ils se seraient montrés plus justes en admettant des circonstances atténuantes : l'âpreté au gain est le défaut des races laborieuses et intelligentes, mais pauvres. Quant à la servilité obséquieuse, elle est la dépravation du penchant le plus profond, le plus caractéristique des natures germaniques qui les porte à l'enthousiasme en présence de toutes les manifestations de la force. L'Allemagne est essentiellement naturaliste : elle n'a pas seulement le génie, elle a le culte de la force. La France, au contraire, est humaine par excellence : sans doute elle est loin de manquer de ce génie de la force sans lequel il n'y a point de grande race, mais elle y joint

1. P. 395, 437, 449. On retrouvera des passages analogues et plus significatifs encore dans tous les volumes de cette édition.
2. Voyez Jean le Bel, édit. Polain, t. I, p. 122, 125, 133.

une adoration de la faiblesse, du malheur qui va parfois jusqu'à je ne sais quelle folie sublime. Aussi, je le dis avec une conviction moins ardente que raisonnée, le jour où notre généreuse nation disparaîtrait de la scène du monde, c'est le cœur même de l'humanité qui aurait cessé de battre.

Soit que l'on compare les diverses rédactions du premier livre au point de vue de leurs ressemblances, soit qu'on les confronte sous le rapport de leurs divergences, on voit que l'esprit désintéressé, chevaleresque de Froissart et la fidélité, sinon l'impartialité de ses récits, ressortent victorieusement de cette comparaison. Les limites imposées à cette Introduction ne permettent pas d'entreprendre ici un pareil travail qui trouverait mieux sa place dans les dissertations critiques dont le plan a été esquissé plus haut[1]. Cette publication, on peut le dire dès maintenant, confirmera pleinement, au point de vue de la sincérité des sentiments et des jugements, le témoignage que Froissart se rend à lui-même, lorsqu'il dit dans le prologue de la première rédaction revisée : « .... J'ai ce livre hystoriiet et augmenté.... à le relation et conseil des dessus dis, *sans faire fait, ne porter partie, ne coulourer plus l'un que l'autre,* fors tant que li biens fais des bons, de quel pays qu'il soient, qui par proèce l'ont acquis, y est plainnement veus et cogneus, car *de l'oublier ou esconser, ce seroit* PECHIÉS[2].... »

<hr>

1. Voyez la seconde partie de cette Introduction, chap. III, p. XCVIII.
2. P. 1 et 2.

CHAPITRE II.

DE L'EXACTITUDE RELATIVE DE FROISSART.

La conscience de Froissart n'est pas moins incontestable que sa bonne foi ; mais, de même que celle-ci n'empêche pas toujours la partialité, la conscience de l'auteur des Chroniques n'exclut point, hélas ! un fréquent défaut de critique. Il serait souverainement injuste de demander à un chroniqueur qui a dû composer la plupart de ses récits d'après des témoignages purement oraux l'exactitude matérielle qu'il est si facile d'atteindre aujourd'hui grâce aux ressources de tout genre mises à la disposition des historiens depuis la découverte de l'imprimerie.

Si l'on veut apprécier équitablement le degré de conscience apporté par Froissart dans la recherche de la vérité, il le faut comparer sous ce rapport aux autres annalistes ses contemporains : on verra que la comparaison n'est nullement défavorable au chroniqueur de Valenciennes.

Assurément, ce qu'il y a de plus défectueux dans l'œuvre de Froissart, c'est sa chronologie et sa géographie ou plutôt sa stratégie ; et pourtant il est loin de fausser les dates, de confondre et d'estropier les noms au même degré que tel autre chroniqueur de la même époque, Jean le Bel, par exemple. Quelques-unes des plus grossières erreurs de ce volume, Cardueil ou Carlisle placé en *Galles*[1], *Guillaume*[2] de

---

1. Voyez Jean le Bel, *Chroniques*, édit. Polain, t. I, p. 46. Cf. Froissart, t. I de notre édition, p. 50.

2. Jean le Bel, t. I, p. 80. Cf. Froissart, t. I, p. 78.

Douglas et *Louis*[1] de Crainhem substitués à Jacques de Douglas et à Léon de Crainhem, le titre de *comte de Richemont*[2] conféré à Robert d'Artois, le noble et riche Jacques d'Arteveld transformé en simple *brasseur de miel*[3] : ces erreurs et une foule d'autres sont autant d'emprunts malheureux faits à la chronique du chanoine de Liége.

Combien Froissart est moins inexact que son modèle dans les parties qui lui appartiennent en propre, telles que le récit des campagnes d'Écosse[4] de 1333 à 1336 ou de la guerre de Gascogne[5] ! Là encore sans doute notre chroniqueur intervertit souvent l'ordre des événements, il brouille les dates, surtout il ne se rend pas toujours un compte bien exact des mouvements stratégiques, il altère parfois au point de la rendre méconnaissable la forme de certains noms de personne ou de lieu : il n'en est pas moins vrai que l'éditeur a pu identifier à peu près sûrement la plupart des localités d'Écosse ou de Gascogne mentionnées dans les deux longues narrations dont il s'agit.

La géographie de Froissart est même en certains cas d'une exactitude minutieuse jusque dans les détails les plus infimes. Ainsi dans le récit de la guerre de Gascogne, l'auteur des Chroniques dit quelque part que les Français mirent le siége « devant Miremont, qui siet sur le rivière de Dourdonne[6]. » Ce mot de Dourdonne fait supposer au premier abord qu'il s'agit de la Dordogne : on consulte la carte de

---

1. Jean le Bel, p. 135. Cf. Froissart, t. I, p. 151.
2. Ibid., t. I, p. 95. Cf. Froissart, t. I, p. 105.
3. Ibid., p. 127. Cf. Froissart, t. I, p. 127.
4. P. 316 à 352 de ce volume. — 5. P. 377 à 388. — 6. P. 385.

Cassini, et l'on voit que Miramont se trouve à une assez grande distance de cette rivière. Il ne faudrait pas se presser d'en conclure que Froissart s'est trompé, car on ne tarde pas à découvrir, si l'on poursuit cette recherche, que Miramont est en effet situé sur un tout petit ruisseau qui s'appelle encore aujourd'hui, comme au temps du chroniqueur, la Dourdoine.

Après Jean le Bel, prenez le continuateur de Guillaume de Nangis, le moine Jean de Venette ou encore le continuateur des Grandes Chroniques de France pour les règnes de Philippe de Valois, de Jean et de Charles V. Personne ne niera que ce dernier principalement se trouvait dans les conditions les plus favorables pour donner à son œuvre un caractère particulier d'exactitude : il était à la source des documents authentiques. De plus, il semble que la maigreur un peu sèche de ses récits, la discrétion officielle, compassée, de son allure, aurait dû le préserver des écarts, des faux pas où s'expose et se laisse inévitablement entrainer le génie primesautier, abondant, aventureux du chroniqueur de Valenciennes. Et pourtant on n'ignore pas que les erreurs de tout genre ne sont guères moins nombreuses dans les Grandes Chroniques de France que dans celles de Jean de Venette et de Froissart.

Entre les diverses compositions du même genre que nous a léguées le quatorzième siècle, celle qui soutient avec le plus d'avantage le contrôle des chartes est la *Chronique des quatre premiers Valois*. Telle est du moins l'opinion d'un juge dont personne ne récusera la compétence, M. Léopold Delisle. Dans cette *Histoire du château de Saint-Sauveur-le-Vicomte* où il a renouvelé de fond en comble l'histoire de la première partie de la guerre dite de Cent ans, le savant membre de l'Institut a eu l'occasion de confronter les principaux chroniqueurs contemporains de Frois-sart avec les pièces authentiques, originales; et c'est la *Chronique des quatre premiers Valois* qui a le mieux résisté à une aussi redoutable épreuve; mais cette chronique ne mesure, soit dans le temps soit dans l'espace, qu'un champ fort restreint, elle est presque exclusivement provinciale; il ne faut pas oublier d'ailleurs qu'elle a dû être écrite par un Normand.

Des considérations qui précèdent il ressort avec évidence que Froissart, quoiqu'il ait embrassé dans sa narration l'histoire de plusieurs pays et qu'il ait donné à son œuvre une étendue tout à fait exceptionnelle, égale néanmoins, s'il ne surpasse, au point de vue de l'exactitude, la plupart des chroniqueurs contemporains. D'où vient donc que l'opinion contraire est passée pour ainsi dire à l'état de légende, alors que tant d'annalistes du haut moyen âge ou de l'Antiquité, qui sont peut-être moins exacts que le chroniqueur de Valenciennes, jouissent sous ce rapport d'une meilleure renommée? La raison en est que les érudits ont abondamment ce qu'il faut pour contrôler et rectifier Froissart, pour le percer à jour, tandis que nombre d'auteurs anciens échappent plus ou moins à la critique par leur isolement relatif et l'obscurité même dont ils sont enveloppés. Sans parler d'Hérodote et de Tite-Live aussi mal famés que l'auteur des Chroniques, est-il bien sûr que les Commentaires de César, par exemple, si nous en pouvions vérifier pour ainsi dire jour par jour les moindres détails à l'aide d'une masse énorme de documents de tout genre analogue à celle qui projette sur l'histoire du quatorzième siècle ce faisceau de lumière dont les chroniqueurs de la même époque ont tant de peine à soutenir l'éclat, est-il bien sûr, dis-je, que, placés dans ces conditions, les Commentaires de César eux-mêmes garderaient parfaitement intacte leur réputation classique d'exactitude? Certes, on admirera toujours les belles lignes architecturales d'un Thucydide ou d'un Salluste qui se dessinent avec l'harmonie d'un fronton de Phidias dans le ciel lumineux et pur : qui sait cependant si, le jour où il nous serait donné d'appliquer à ces incomparables historiens les moyens de contrôle nombreux, variés, précis dont la critique dispose pour l'époque moderne, nous n'aurions pas à faire des réserves sur l'exactitude d'une foule de détails qu'ils ont racontés ?

Voilà pourquoi, soit dit en passant, les esprits vraiment soucieux d'atteindre aussi sûrement que possible, sinon la vérité, du moins la réalité historique, n'abordent pas volontiers l'étude de l'Antiquité et notamment des périodes où la pénurie des documents rend le contrôle multiple, détaillé des faits presque impossible. Le peu qui nous reste sur ces époques obscures ressemble à ces nuages flottant à l'horizon que notre imagination façonne à sa guise, où elle met elle-même ce qu'elle veut y voir. Qui pourrait empêcher un historien des premiers temps de Rome, pourvu que son érudition procède avec logique, de donner pleine carrière à sa fantaisie et d'élever gravement les constructions les plus chimériques? Où il y a si peu de chose, pour ne pas dire rien, le roi ne perd-il pas ses droits?

La situation change et devient tout autre s'il s'agit de l'histoire de l'Europe occidentale, surtout à partir du douzième siècle. Depuis cette époque jusqu'à l'invention de l'imprimerie, il faut convenir qu'au point de vue de l'exactitude les chroniqueurs qui ont vécu dans l'intervalle se présentent à la postérité dans des conditions exceptionnellement défavorables. D'une part, en effet, ils n'ont pas eu à leur disposition les ressources inépuisables que la presse a fournies à leurs successeurs : la rareté des manuscrits, des pièces authentiques, originales, en les forçant à s'appuyer presque exclusivement sur des témoignages oraux, ne leur a pas permis de soumettre les faits à une vérification complète, minutieuse, approfondie. D'autre part, les documents deviennent assez nombreux, assez variés, assez précis à partir du douzième siècle pour que la critique y trouve aujourd'hui les instruments dont elle a besoin et contrôle avec leur aide les compositions historiques contemporaines de ces documents. Il arrive ainsi que les chroniques, rédigées du douzième siècle à la fin du quinzième, nous paraissent moins exactes et les chroniqueurs moins consciencieux qu'avant et après cette date, quoique cette apparence puisse être dépourvue de fondement. De telles conditions sont encore plus défavorables pour les chroniqueurs dont nous parlons, s'ils ont entrepris, comme Froissart et Villani, pour ne citer que ces deux noms, d'embrasser à la fois l'histoire de plusieurs pays, et si, comme le chroniqueur de Valenciennes, ils n'ont pas craint de donner à leur œuvre une étendue supérieure à celle des monuments du même genre les plus considérables que l'Antiquité nous ait laissés. A qui ne ré-

fléchit pas à cet ensemble de circonstances, Froissart
peut sembler un prodige d'inexactitude, mais en
réalité il n'y a là qu'un simple malentendu. Ce n'est
pas notre chroniqueur qui est plus inexact que tel
annaliste qui l'a précédé, que Richer, par exemple,
c'est nous qui sommes infiniment mieux instruits sur
le quatorzième siècle que sur le dixième : ce n'est
pas l'eau de la source qui est plus froide, c'est notre
main qui est plus chaude.

CHAPITRE III.

DU GÉNIE LITTÉRAIRE DE FROISSART.

Si l'exactitude de Froissart peut être mise en doute,
ce que personne ne conteste, c'est le charme du narrateur, le talent de l'écrivain, pour ne pas dire du
peintre. Ce charme est vraiment irrésistible, il a parfois été inspirateur ; et ce n'est pas une médiocre
gloire pour l'auteur des Chroniques d'avoir contribué puissamment à éveiller le génie de l'un des
plus grands enchanteurs de ce siècle, de Walter
Scott.

Ce qui fait goûter un si vif agrément à la lecture
de Froissart prosateur, c'est que la pensée ou le sentiment y porte toujours l'expression : le procédé, le
métier, l'école ne se trahit nulle part ; on sent que
l'on a affaire à un homme, non à un rhéteur ou,
comme on dirait aujourd'hui, à un virtuose. Aussi,
les beautés du chroniqueur n'ont-elles rien d'artifi-
ciel, d'apprêté, rien qui sente la serre chaude : elles
fleurissent souvent au milieu même des aspérités ou

de la rusticité inculte de la langue, et elles ont moins d'éclat que de parfum.

Toutefois, au point de vue littéraire, comme au point de vue historique, on n'a peut-être pas rendu jusqu'à ce jour pleine justice à Froissart, parce qu'on ne le connaissait pas tout entier. La troisième rédaction du premier livre, dont la publication est très-récente, nous montre une face inattendue et nouvelle du génie du grand chroniqueur. Dans cette rédaction qui date des dernières années de sa vie, Froissart, mûri sans doute par l'âge et l'expérience, fait preuve d'une profondeur d'observation qu'aucun ecrivain n'a surpassée. Il suffit, pour s'en convaincre, de lire cet admirable portrait de la nation anglaise.

« Englès sont de mervilleuses conditions, chaut et boullant, tos esmeu en ire, tart apaisié ne amodé en douçour; et se delittent et confortent en batailles et en ocisions. Convoiteus et envieus sont trop grandement sus le bien d'autrui, et ne se pucent conjoindre parfaitement ne naturelment en l'amour ne aliance de nation estragne, et sont couvert et orguilleus. Et par especial desous le solel n'a nul plus perilleus peuple, tant que de hommes mestis, comme il sont en Engleterre. Et trop fort se diffèrent en Engleterre les natures et conditions des nobles aux hommes mestis et vilains, car li gentilhomme sont de noble et loiale condition, et li communs peuples est de fèle, perilleuse, orguilleuse et desloiale condition. Et là où li peuples vodroit moustrer sa felonnie et poissance, li noble n'aueroient point de durée à euls. Or sont il et ont esté un lonch temps moult bien d'acort ensamble, car li noble ne demande au peuple que toute raison. Aussi on ne li soufferroit point que il presist, sans paiier, un oef ne une poulle. Li homme de mestier et li laboureur parmi Engleterre vivent de ce que il sèvent faire, et li gentilhomme, de lors rentes et revenues; et se li rois les ensonnie, il sont paiiet, non que li rois puist taillier son peuple, non, ne li peuples ne le vodroit ne poroit souffrir. Il i a certainnes ordenances et pactions assisses sus le staple des lainnes, et de ce est li rois aidiés au desus de ses rentes et revenues; et quant ils fait gerre, celle paction on li double. Engleterre est la terre dou monde la mieulz gardée[1]. »

Quelle vigueur de coloris, quelle justesse de ton, et comme le peintre a fait puissamment saillir tous les traits caractéristiques de son modèle! Aussi le portrait n'est pas moins vivant, moins ressemblant aujourd'hui qu'il y a quatre siècles.

Les termes empruntés à la peinture viennent naturellement sous la plume quand on parle de l'auteur des Chroniques : c'est que Froissart est avant tout un peintre dont les tableaux présentent les mêmes caractères que ceux des maîtres de l'école flamande. Il a le plus souvent la grâce naïve[2], la candeur expressive de Jean van Eyck son contemporain, ou

1. P. 214.

2. Froissart n'a parfois besoin que d'un coup de crayon pour donner la vie à ses figures. Il dit, par exemple, p. 219 de ce volume, en parlant de la reine Isabelle, mère d'Édouard III : « Si estoit elle très belle dame et feminine et doucement enlangagie. » Voilà bien cette heureuse simplicité, ce naturel aimable jusque dans sa négligence que goûtait tant Fénelon. Et deux pages plus loin, à propos du séjour d'Isabelle et de son jeune fils Édouard à la cour de Charles de Valois : « Et les veoit li rois volentiers et prendoit à la fois grant plaisance ou jone Edouwart, car il estoit biaus fils et rians; et s'esbatoit li rois, qui estoit son oncle, en ses jonèces. » P. 221. N'y-a-t-il pas ici comme un rayon de cette grâce suave et légère qui est l'atticisme de la France?

d'Hemling; mais le beau portrait du peuple anglais prouve qu'à l'occasion il possède aussi la touche large, le dessin correct d'Antoine van Dyck. Quand on lit dans la première rédaction la narration si chaude, si colorée, si pleine de mouvement, des journées de Crécy ou de Poitiers, on croit être devant des batailles de Rubens. Relisez, car vous devez l'avoir lu, le ravissant épisode de la partie d'échecs entre Édouard III et la belle comtesse de Salisbury dans la seconde rédaction, et vous conviendrez que les Hollandais eux-mêmes, Miéris, Metzu, n'ont jamais peint scène d'intérieur avec une finesse plus exquise. Et toutes les scènes de la chevauchée à travers le pays de Foix, le Béarn, en compagnie d'Espaing de Lyon, ne dirait-on pas autant de toiles de Téniers qui se déroulent successivement devant nos yeux !

Certains critiques prétendent que l'on trouve en raccourci dans l'*Iliade* d'Homère tous les développements ultérieurs de la civilisation grecque. De même, Froissart résume avec éclat les divers aspects de ce génie du pittoresque intime, familier, à la fois individualiste et pathétique, par où les maîtres de l'école flamande ont introduit dans l'art comme un nouveau monde.

Il ne faut donc pas s'étonner de la prédilection que la France de l'Escaut a toujours témoignée pour l'auteur des Chroniques; elle retrouve en lui, non-seulement un de ses plus glorieux enfants, mais encore le représentant peut-être le plus complet des rares qualités qui la distinguent; elle se reconnaît dans cet écrivain qui sait joindre à tant de dons heureux, une patience à toute épreuve, une persévérance infatigable.

i

Qui ne serait saisi d'admiration en voyant que Froissart a remis sur le métier et refondu complétement, à deux reprises différentes, un ouvrage d'une étendue aussi considérable que son premier livre! De quelle vocation impérieuse il fallait être animé pour recueillir des matériaux historiques au prix de voyages lointains, de chevauchées par monts et par vaux, d'enquêtes poursuivies pendant près de cinquante ans! La vieillesse elle-même ne ralentit pas le zèle du chroniqueur; il était plus que sexagénaire lorsqu'il entreprit de remanier une dernière fois son premier livre, et tout porte à croire qu'il ne déposa la plume qu'avec la vie. L'amour, a dit Pascal, est un éternel recommenceur. Froissart aimait tant les beaux faits d'armes, les hautes *emprises*, les nobles aventures, qu'il en recommença le récit jusqu'à sa mort.

Je manquerais à mon devoir si je ne remerciais, avant de terminer cette Introduction, la Société de l'histoire de France de l'honneur insigne qu'elle m'a fait en me choisissant comme éditeur de Froissart. M. Jules Desnoyers, secrétaire de la Société, M. Léopold Delisle, président du comité de publication, MM. Jules Quicherat, Jules Marion, Henri Bordier, membres du même comité, qui m'ont présenté au choix du conseil, ont particulièrement droit à mes remerciments.

M. Léopold Delisle mérite un hommage spécial. Le premier, il a eu l'idée de me proposer pour une édition dont la Société l'a nommé commissaire responsable; il a revu les épreuves avec cette conscience qu'il apporte dans tous ses travaux. Que d'utiles conseils il m'a donnés! Que d'erreurs son esprit vraiment critique a fait disparaître de mon travail! Du reste, j'ai de vieille date tant d'obligations à l'éminent diplomatiste, que depuis longtemps je ne les compte plus. J'éprouve même quelque plaisir à voir ma dette s'accroître de jour en jour, car je sens que, si grande que doive être ma reconnaissance, elle n'égalera jamais mon estime.

Après M. Delisle, c'est à M. Natalis de Wailly que je suis le plus redevable. Le savant conservateur de la Bibliothèque impériale ne m'a pas seulement facilité le prêt des manuscrits dont j'avais besoin; il m'a gracieusement autorisé à lui soumettre les difficultés qui pouvaient m'arrêter, et je n'ai jamais eu recours en vain à son esprit si précis, si logique, à sa science approfondie de l'ancien français. Parmi les philologues qui ont bien voulu m'aider à résoudre certains problèmes relatifs à l'établissement du texte, il m'est doux de compter aussi l'habile éditeur des *Anciens poëtes de la France*, mon ancien et cher maître, M. Guessard.

Je me reprocherais de ne pas rendre hommage ici à la mémoire de M. Victor Le Clerc, car c'est surtout à l'instigation de ce savant illustre que j'ai dirigé mes études vers le quatorzième siècle. Un des meilleurs amis de M. Le Clerc, M. Guigniaut n'a pas peu contribué aussi, par la bienveillance qu'il m'a témoignée en toute circonstance, à me mettre en mesure d'entreprendre le travail dont je publie aujourd'hui le premier volume.

Son Exc. M. le ministre de l'instruction publique doit figurer au premier rang des bienfaiteurs de cette édition. Sur la proposition de M. Bellaguet, l'un des membres fondateurs de la Société de l'histoire de France, M. Duruy a daigné me confier en 1867 et 1868 deux missions qui m'ont permis d'étudier tous les manuscrits de Froissart conservés dans les bibliothèques publiques ou particulières de l'Europe. Je m'estime heureux d'avoir reçu ce témoignage de haute bienveillance d'un ministre profondément patriote et qui s'est dévoué avec autant d'ardeur que de succès au progrès de l'instruction populaire.

Je n'ai pas trouvé moins de bienveillance au Ministère de la Maison de l'Empereur et des Beaux-Arts dont je dépends en qualité d'archiviste aux Archives de l'Empire. Sur la proposition d'un chef excellent et trop érudit pour ne pas encourager l'érudition, M. Huillard-Bréholles, grâce à l'appui de MM. L. de Laborde et A. Maury qui se sont succédé dans la Direction générale des Archives de l'Empire, de M. le baron Dard, chef du personnel au Ministère de la Maison de l'Empereur, Son Exc. M. le maréchal Vaillant m'a généreusement accordé les congés qui m'étaient nécessaires pour recueillir par toute l'Europe les matériaux d'une édition des Chroniques de Froissart.

A la recommandation de M. Guizot, président de la Société de l'histoire de France et de M. Thiers, membre du Conseil de cette Société, Son Ém. le cardinal Antonelli a bien voulu m'ouvrir, par une faveur spéciale, l'accès de la bibliothèque du Vatican en dehors des heures de travail ordinaires. Je prie ces trois illustres hommes d'État d'agréer l'expression de ma plus vive gratitude.

Je dois également des remercîments à une foule de savants ou d'hommes du monde, tant Français qu'étrangers, qui sont venus à mon aide avec une si parfaite obligeance. Le défaut d'espace me condamne à nommer seulement : à Paris, M. le duc de Mouchy[1], Mme la duchesse de la Rochefoucauld, M. le baron de Witte; MM. Douet d'Arcq, Lot, Demay, Meyer, Gautier, Claude, Émile Mabille, Michelant, Servois, Anatole de Barthélemy, Alphonse de Ruble, de Beaucourt, Mannier, P. Lacroix, Borel d'Hauterive, Godefroy, Longnon; — en province, MM. Castan de Besançon, Garnier d'Amiens, Desplanque de Lille, Caffiaux de Valenciennes, Gouget de Bordeaux, Caron et A. d'Héricourt d'Arras, Dorange de Tours, Pont de Toulouse; — en Suisse, M. Steiger de Berne; — en Belgique, MM. Gachard et Pinchart de Bruxelles, Kervyn de Lettenhove de Saint-Michel-lez-Bruges; — en Hollande, MM. Campbell de la Haye et du Rieu de Leyde; — à Rome, Son Ém. le cardinal Pitra, le R. P. Theiner, archiviste du Vatican; à Vienne, M. Ferdinand Wolf fils; — en Prusse, MM. Pertz de Berlin, Pfeiffer de Breslau, prince de Puckler-Muskau à Branitz; — enfin en Angleterre, MM. Stevenson du Record-Office, Holmes et Granville du British Museum, lord Ashburnham à Ashburnham-Place, sir Thomas Phillipps à Cheltenham.

J'ai trouvé dans ce dernier pays surtout un accueil que je n'oublierai pas. L'Angleterre, dont tant de côtés sont admirables, ne m'a pas été moins douce qu'elle ne le fut il y a quatre siècles pour Froissart lui-même : le savant M. Stevenson m'a reçu avec

---

1. M. le duc de Mouchy, en consentant avec tant de bonne grâce à me prêter son précieux manuscrit, a rendu à la Société de l'histoire de France et à son éditeur un service de premier ordre.

cette bonté affectueuse qui rappelle les mœurs patriarcales de l'Écosse, son pays d'origine ; et la magnifique hospitalité d'Ashburnham-Place m'a remis en mémoire ce que l'auteur des Chroniques raconte de son séjour chez les grands seigneurs contemporains d'Édouard III.

Plus heureux que Johnes, dont la traduction parut au plus fort des guerres terribles qui ont ensanglanté le commencement de ce siècle, l'éditeur de la Société de l'histoire de France publie son travail à une époque où la France et l'Angleterre, associées l'une à l'autre par une alliance déjà éprouvée, tendent de plus en plus à établir entre elles un échange fécond d'idées, de sentiments et d'intérêts. Loin de chercher à raviver le souvenir des luttes anciennes, celui qui écrit ces lignes n'a rien tant à cœur que l'union intime de deux grands pays trop longtemps rivaux, et il dédie cette édition à l'alliance libérale, pacifique, civilisatrice de la France et de l'Angleterre.

Paris, 1ᵉʳ mai 1869.

SOMMAIRE

SOMMAIRE.

PROLOGUE.

Première rédaction[1]. — Froissart déclare qu'il veut composer son livre en s'appuyant sur les vraies Chroniques jadis faites et rassemblées par Jean le Bel, chanoine de Saint-Lambert de Liége, qui travailla à cette œuvre, tant qu'il vécut, avec un grand soin et tout le zèle imaginable, et à qui il en coûta beaucoup pour l'exécuter. Mais quelques frais qu'il dût s'imposer, ce seigneur ne les épargna point, car il était riche et puissant : il les pouvait bien supporter ; et de lui-même il était généreux, magnifique et courtois, il ne regardait pas à la dépense. Aussi fut-il en son vivant l'ami intime de monseigneur Jean de Hainaut, dont il est souvent question dans ce livre, et à juste titre, car le sire de Beaumont fut le chef de plusieurs belles expéditions et le proche parent des rois ; grâce à cette intimité, Jean le Bel fut initié à de nobles besognes qui sont racontées ci-dessous.

« Quant à moi, qui ai entrepris de composer ce livre, j'ai toujours fréquenté avec prédilection les nobles et grands seigneurs, tant en France qu'en Angleterre, en Écosse, en Bretagne et autres pays, et j'ai pu ainsi les connaître et m'instruire en leur compagnie. Toujours aussi, je me suis spécialement enquis, autant qu'il était en mon pouvoir, des guerres et des aventures, surtout depuis la fameuse bataille de Poitiers où le noble roi Jean de France fut fait prisonnier, car auparavant j'étais encore jeune d'âge et d'intelligence. Et pourtant j'entrepris par une insigne hardiesse,

---

1. Les manuscrits de la première rédaction sont désignés dans les variantes sous la rubrique *Mss. A*. Comme les prologues méritent une attention toute spéciale à divers points de vue, notre analyse sommaire devient presque une traduction, toutes les fois que l'importance du texte semble l'exiger.

à peine sorti de l'école, de rimer[1] et d'écrire l'histoire des guerres dessus dites et de porter en Angleterre le livre tout compilé, ce que je fis. Et je présentai alors ce livre à très-haute et très-noble dame, Philippe de Hainaut, reine d'Angleterre, qui le reçut avec joie et me donna bonne récompense.

Or, il se peut que ce livre ne soit pas élaboré et composé avec le soin que telle chose requiert, car les faits d'armes sont si chèrement achetés qu'ils doivent être attribués et loyalement départis à qui de droit. Donc, pour m'acquitter envers tous comme de raison, j'ai entrepris de parfaire cette histoire, en m'appuyant pour la composer sur l'autorité devant dite, à la prière et requête de mon cher seigneur et maître, Robert de Namur, seigneur de Beaufort sur Meuse, à qui je veux devoir amour et obéissance. Que Dieu m'accorde la grâce de faire chose qui lui puisse plaire ! » P. 210 et 212.

Froissart nomme parmi les preux les plus illustres de son temps — en Angleterre : le roi Édouard III, le prince de Galles son fils, le duc de Lancastre, Renaud de Cobham, Gautier de Mauny en Hainaut, Jean Chandos, Frank de Halle ; — en France : Philippe de Valois, le roi Jean son fils, Jean roi de Bohême, le comte d'Alençon, le comte de Foix, Jean de Saintré, Arnoul d'Audrehem, Boucicaut, Guichart d'Angle, les seigneurs de Beaujeu, père et fils. P. 211 et 212.

Première rédaction revisée[2]. — Froissart se veut appliquer à écrire et mettre en prose les merveilles et les beaux faits d'armes qui ont signalé les guerres de France, d'Angleterre et des royaumes voisins, d'après le récit véridique des vaillants hommes qui ont été les héros de ces hauts faits et aussi de plusieurs rois d'armes et maréchaux qui, par position, doivent être des rapporteurs impartiaux et désintéressés de telles besognes. P. 1.

« Il est vrai que feu messire Jean le Bel, chanoine de Saint-Lambert de Liége, a pris plaisir, en son temps, à raconter quel-

1. *Mss. A* 7 à 19, 23, 30 à 36 . à rimer et à ditter. F° 1 v°.— *Mss. A* 1 à 6, 20 a 22, 24 à 29 : à dittier et à rimer. 19 mss., qui appartiennent à sept familles différentes, donnent la première leçon, tandis qu'on ne trouve la seconde que dans 13 mss. répartis entre trois familles seulement, dont les deux dernières sont un simple abrégé de la première. On doit donc, du moins au point de vue de la critique diplomatique, donner la préférence à la première leçon sur la seconde.

2. Les manuscrits de la première rédaction revisée sont désignés dans les variantes sous la rubrique *Mss. B.*

que chose de ces faits d'armes dans ses Chroniques. Et moi aussi, j'ai pris plaisir à historier et enrichir ce livre, d'après le récit des témoins dont je viens de parler, sans prendre fait et cause pour personne, sans mettre l'un plus en lumière que l'autre. Au contraire, les hauts faits des braves, de quelque pays qu'ils soient, sont mis ici dans tout leur jour, car ce serait un péché et une indignité de les laisser dans l'oubli ou de les passer sous silence. P. 1 et 2.

J'ai dit tout d'abord que j'ai à parler de merveilles. Assurément, tous ceux qui liront ce livre se pourront et devront bien émerveiller des grandes aventures qu'ils y trouveront. Car je crois que, depuis la création du monde et que l'on a commencé à porter les armes, on ne trouverait en nulle histoire tant de merveilles et de hauts faits, comme il en est advenu pendant les guerres dessus dites, par terre et par mer, dont je ferai mention ci-dessous. Éloge de Prouesse.... P. 2.

Or donc tous les jeunes gentils hommes, qui se veulent avancer, doivent avoir ardent désir d'acquérir le fait et la renommée de prouesse, afin d'être mis au rang des preux, et considérer comment leurs prédécesseurs, dont ils sont les héritiers et dont ils portent les armes, sont honorés et recommandés pour leurs hauts faits. Je suis sûr que, s'ils lisent ce livre, ils y trouveront autant de grands faits et de belles apertises d'armes, de dures rencontres, de forts assauts, de fières batailles et de toutes autres actions qui relèvent de Prouesse, que dans n'importe quelle histoire, soit ancienne, soit nouvelle. Il y aura là pour eux une invitation et un encouragement à bien faire, car la mémoire des braves et le souvenir des preux attisent et enflamment à bon droit les cœurs des jeunes bacheliers qui tendent à toute perfection d'honneur, dont Prouesse est le fondement principal et le certain ressort. P. 2 et 3.

Et aussi je n'admets pas qu'un bachelier s'excuse sur sa pauvreté pour ne pas suivre la carrière des armes, pourvu qu'il soit doué de l'aptitude corporelle indispensable à la guerre, mais je veux qu'il enlève la fortune de haute lutte et la prenne d'assaut à force d'énergie. Il trouvera bientôt de hauts et nobles seigneurs qui s'occuperont de lui, s'il le mérite, l'aideront et l'avanceront, s'il en est digne, et le traiteront selon sa valeur. En outre, il surgit dans la carrière des armes tant d'événements extraordinaires et de belles aventures qu'on ne saurait imaginer les fortunes qui s'y poussent; et vous verrez en ce livre, si vous le lisez, comment plusieurs chevaliers et écuyers se sont faits et avancés plus par leur prouesse que par leur naissance.... P. 3 et 4.

On voit encore tel preux bachelier s'asseoir par le plus insigne honneur à table de roi, de prince, de duc et de comte, là où plus noble de sang et plus riche d'avoir ne s'est point assis. Car, de même que les quatre évangélistes et les douze apôtres sont plus proches de Notre-Seigneur, ainsi les preux sont plus proches d'Honneur et plus honorés que les autres; et c'est bien raison, car ils conquièrent le nom de preux à force de souffrances, de labeurs, de soucis, de veilles, de marches forcées jour et nuit, sans trêve. Et quand leurs hauts faits sont vus et connus, ils sont racontés et proclamés, comme il est dit ci-dessus, écrits et enregistrés dans les livres et les Chroniques.... Ainsi va le monde. Les vaillants hommes affrontent le péril dans les combats pour s'avancer et accroître leur honneur; le peuple s'entretient d'eux et de leurs aventures; les clercs écrivent et enregistrent leurs faits et gestes. P. 4 et 5.

Il est remarquable que Prouesse a régné, tantôt dans un pays, tantôt dans un autre. Après avoir fleuri d'abord en Chaldée avec Ninus et Sémiramis, elle a régné successivement — en Judée, avec Josué, David et les Machabées, — en Perse et en Médie avec Cyrus, Assuérus et Xercès, — en Grèce avec Hercule, Thésée, Jason et Achille, — à Troie avec Priam, Hector et ses frères, — à Rome, pendant cinq cents ans environ, avec les sénateurs, consuls, tribuns et centurions jusqu'à l'époque de Jules César, le premier empereur romain, dont tous les autres sont descendus. P. 6.

De Rome, Prouesse est venue demeurer en France avec Pépin, Charlemagne son fils, roi de France et d'Allemagne et empereur de Rome, et avec les autres nobles rois leurs successeurs. Ensuite, Prouesse a régné longtemps en Angleterre par le fait du roi Édouard III et du prince de Galles son fils, car de leur temps les chevaliers anglais ou alliés au parti anglais ont fait autant de belles apertises d'armes, de grandes bacheleries et de hardies emprises que chevaliers en peuvent faire, comme on le verra ci-après en ce livre. P. 6.

J'ignore si Prouesse se veut encore avancer au delà de l'Angleterre ou si elle veut revenir sur ses pas, car elle a fait le tour

des royaumes et des pays ci-dessus nommés, elle a régné et
séjourné plus ou moins parmi les divers peuples, selon son caprice; mais j'en ai assez dit sur ces bizarres révolutions du
monde. Je reviens à la matière dont j'ai parlé en commençant,
et je vais raconter comment la guerre éclata d'abord entre les
Anglais et les Français. Et pour qu'au temps à venir on puisse
savoir qui a composé cette histoire et qui en a été l'auteur, je
me veux nommer. On m'appelle, qui me veut faire tant d'honneur, sire Jean Froissart, né dans le comté de Hainaut, en la
bonne, belle et frisque ville de Valenciennes. » P. 6 et 7.

Seconde rédaction[1].—« Afin[2] que les grands faits d'armes qui ont
signalé les guerres de France et d'Angleterre, soient enregistrés
dignement, et que les braves y puissent prendre exemple, je me
veux appliquer à les mettre en prose. Il est vrai que feu messire Jean le Bel, chanoine de Saint-Lambert de Liége, raconta,
en son temps, quelque chose de ces faits d'armes dans ses Chroniques. Or, j'ai ajouté des développements à ce livre et à cette
histoire au moyen d'une enquête impartiale que j'ai faite, en
voyageant à travers le monde et en interrogeant les vaillants
hommes, chevaliers et écuyers, sur les actions où ils ont pris
part. J'ai surtout recherché, en France comme en Angleterre,
les rois d'armes et maréchaux, pour mieux savoir la vérité, car
ils sont par leur fonction même des narrateurs aussi équitables
que bien informés, et je crois qu'ils n'oseraient par point d'honneur mentir en telle matière. Dieu aidant, j'ai fait, écrit et composé ce livre avec les matériaux ainsi recueillis, sans mettre
l'un plus en lumière que l'autre; au contraire, la belle action
d'un preux, dans quelque camp qu'il soit, est ici pleinement racontée et exposée, comme le lecteur pourra s'en apercevoir. Et
pour que la postérité sache sûrement quel est l'auteur de ce livre,
on m'appelle sire Jean Froissart, prêtre[3], né en la ville de Va-

---

1. La seconde rédaction est représentée par les manuscrits d'Amiens
et de Valenciennes.

2. Ceci est une traduction à peu près littérale du prologue du ms.
d'Amiens dont le prologue du ms. de Valenciennes ne diffère que par
des variantes insignifiantes.

3. Froissart se désigne ainsi dans le prologue des mss. A : « Pour
tous nobles cuers encouragier et eulx monstrer exemple et matière
d'onneur, *je Jehan Froissart* commence à parler après la relation faicte
par monseigneur Jehan le Bel. » Ms. A 1, f° 2. On voit que Froissart
parle ici de lui-même sur un ton beaucoup plus modeste; mais ce qui

lenciennes. Ce livre m'a coûté beaucoup de peine, beaucoup d'efforts de toute sorte; et je n'ai pu venir à bout de le compiler qu'en m'imposant de durs labeurs et même en m'expatriant; mais avec du zèle et de la bonne volonté, on triomphe de tous les obstacles, et ce livre en est la preuve. » P. 209.

Froissart nomme parmi les preux les plus illustres de son temps — en Angleterre : Édouard III, le prince de Galles son fils, les deux ducs de Lancastre Henri et Jean son gendre, le comte de Warwick, Renaud de Cobham, Jean Chandos, Gautier de Mauny, Jacques d'Audley, Pierre d'Audley, Robert Knolles, Hugues de Calverly; — en France, Philippe de Valois, le roi Jean son fils, le duc de Bourgogne, Charles de Blois, le duc de Bourbon, le comte d'Alençon, Louis d'Espagne, Bertrand Duguesclin, Arnoul d'Audrehem. P. 211.

Troisième rédaction [1]. — Le prologue de la troisième rédaction est la reproduction à peu près textuelle du prologue de la première rédaction revisée.

On n'y trouve qu'une addition qui mérite d'être relevée, mais elle a une importance capitale. Dès les premières lignes du manuscrit de Rome, Froissart s'intitule : *Je, Jean Froissart*, TRÉSORIER ET CHANOINE DE CHIMAY. P. 212.

CHAPITRE I.

1307-1325. GÉNÉRALITÉS SUR LES DIX-HUIT PREMIÈRES ANNÉES DU REGNE D'ÉDOUARD II (§§ 1 à 5).

Faiblesse du règne d'Édouard II comparé au règne d'Édouard Ier, son père. — 1308, Édouard II se marie à Isabelle de France, fille de Philippe le Bel. P. 9 et 213. — Portrait du caractère des Anglais. P. 214. — 1314. Robert Bruce, roi d'Écosse, reprend

est surtout remarquable, c'est qu'il ne fait pas suivre encore son nom de la mention de la qualité de prêtre. On lit dans les mss. A 18, 19, 23 à 36 : « Je, *sire* Jehan Froissart. » F^a 1 v°.

1. La troisième rédaction n'est représentée que par le manuscrit de Rome.

Berwick, Édimbourg, Dumbarton, Dundee, Dunbar, Dalkeith,
Saint-Johnston (Perth), Dunfermline et en général toutes les
forteresses jusqu'à la Tweed. Défaite des Anglais à Stirling. P. 9,
10, 215 et 216. — Noms des enfants d'Édouard II et des maris
de ses deux filles. P. 10, 217. — 1328. Avénement de Philippe
de Valois. P. 11, 217, 218. — Faveur des Spenser, père et fils,
auprès d'Édouard II. — 1322. A l'instigation de ces deux seigneurs, le roi d'Angleterre fait mettre à mort vingt-deux des
plus grands barons de son royaume et entre autres le comte
Thomas de Lancastre, son oncle. P. 12, 13, 218, 219. — Spenser
parvient à jeter le trouble entre Édouard II, d'une part, Isabelle,
sa femme, et Edmond, comte de Kent, son frère, de l'autre. —
1325. Fuite de la reine d'Angleterre qui se rend en France,
accompagnée de son fils, du comte de Kent, son beau-frère, et
de Roger de Mortimer. P. 14, 219 et 220.

CHAPITRE II.

**1325 et 1326. SÉJOUR D'ISABELLE EN FRANCE ET EN HAINAUT.
(§§ 6 à 11).**

1325. La reine d'Angleterre, débarquée à Boulogne, passe à
Amiens et arrive à Paris où le roi Charles le Bel, son frère, lui
fait le plus favorable accueil ainsi qu'au jeune Édouard, fils d'Isabelle. La reine expose à son frère les raisons qui l'ont déterminée
à quitter l'Angleterre. P. 15 à 17, 220. — Le pape Jean XXII,
gagné par Spenser, s'oppose au mariage projeté du jeune Édouard
d'Angleterre avec une des nièces de Charles le Bel. P. 222 et 223.

1326. La reine Isabelle est invitée à repasser en Angleterre
avec son fils par un certain nombre de barons et par les habitants de Londres, ligués contre Spenser. P. 18, 223 et 224. —
Charles le Bel, gagné par les présents de Spenser et menacé
d'excommunication par le pape, retire son appui à sa sœur et défend à aucun de ses sujets de s'enrôler dans l'expédition projetée
par la reine d'Angleterre. P. 19, 225 et 226. — Isabelle et son
fils quittent la France et se rendent en Hainaut où Jean de Hainaut s'empresse de venir au-devant d'eux jusqu'à Buignicourt,
en Ostrevant, pour leur faire escorte. Narration détaillée, d'abord
de l'entrevue de la reine et du sire de Beaumont, puis du voyage

de Buignicourt à Valenciennes, ainsi que de la réception magnifique faite à Isabelle d'Angleterre et à son fils dans cette dernière ville. P. 20 à 23, 226 à 233. — Jean de Hainaut se met à la tête d'une expédition destinée à ramener de force Isabelle et son fils en Angleterre. Récit circonstancié du départ de Valenciennes, de l'embarquement à Dordrecht, des incidents de la traversée, enfin du débarquement en Angleterre. P. 24 à 27, 234 à 240.

CHAPITRE III.

1326 et 1327. DÉPOSITION D'ÉDOUARD II ET AVÉNEMENT D'ÉDOUARD III (§§ 12 à 21).

1326. La reine d'Angleterre et ses partisans, dont les plus nombreux et les plus puissants étaient les habitants de Londres, viennent assiéger dans Bristol Édouard II et les deux Spenser, ses favoris. P. 28, 241 à 243. — Reddition de la ville de Bristol et exécution de Hugues Spenser le Vieux et du comte d'Arundel. P. 29 à 31, 243 et 244. — Édouard II et Hugues Spenser le Jeune, assiégés dans le château de Bristol où ils s'étaient réfugiés, essayent en vain de s'échapper par mer dans une barque ; ils tombent entre les mains d'un chevalier nommé Henri de Beaumont qui les livre à la reine d'Angleterre. Emprisonnement d'Édouard II au château de Berkeley sous la garde du seigneur du lieu, et supplice horrible infligé en la ville de Hereford à Hugues Spenser le Jeune. P. 31 à 35, 244 à 248. — Retour triomphal de la reine et de son fils à Londres ; description du splendide festin offert aux chevaliers et aux gens d'armes du Hainaut avant leur départ d'Angleterre. P. 35, 36, 248 à 252.

1327. Un parlement réuni à Londres proclame la déchéance d'Édouard II et l'avénement de son fils sous le nom d'Édouard III P. 37, 38, 253 et 254. — Après les fêtes du couronnement, Jean de Hainaut, comblé de présents et d'honneurs par la reine et par son fils, quitte la cour d'Angleterre et retourne dans son pays pour assister, en compagnie d'un certain nombre de jeunes chevaliers anglais, à un tournoi qui devait se tenir à Condé sur Escaut. P. 39, 40, 255 et 256. — Bon gouvernement du jeune Édouard III et d'Isabelle sa mère ; influence du comte de Kent, de Roger de Mortimer et de Thomas Wager. P. 40, 256. —

Restitution partielle des biens confisqués de Spenser à sa veuve et à ses enfants. Relations personnelles de Froissart, dans sa jeunesse, avec Édouard Spenser, l'aîné des fils du favori d'Édouard II. P. 256 et 257.

CHAPITRE IV.

1327. PRÉLIMINAIRES DE LA PREMIÈRE CAMPAGNE D'ÉDOUARD III CONTRE LES ÉCOSSAIS (§§ 22 à 27).

Robert Bruce, roi d'Écosse, défie le jeune roi d'Angleterre. P. 41, 257, 258. — Jean de Hainaut, appelé par Édouard III, retourne en Angleterre. Noms des chevaliers du Hainaut, de la Flandre, du Brabant, du Hesbaing[1] qui prennent part à l'expédition. Chevaliers du Hainaut : Gautier d'Enghien, Henri d'Antoing, le seigneur[2] de Fagnolles, Fastres du Rœulx, Robert et Guillaume de Bailleul son frère, le seigneur de Havré[3], châtelain de Mons, Alard et Fastres de Briffœuil, Michel de Ligne, Jean de Montigny le Jeune et son frère, Sausses[4] de Boussoit, le seigneur de Gommegnies[5], Perceval de Sepmeries, le seigneur de Floyon, Sanse de Beaurieu, les seigneurs de Potelles[6], de Wargnies[7], de Vertain[8], de Blargnies, de Mastaing, Nicolas d'Auberchicourt, le seigneur de Floursies et le Borgne de Robersart. — Chevaliers de Flandre : Hector Vilain, Jean de Rhode, Vulfard de Ghistelles, Guillaume van Straten, Gossuin van der Moere, Jean dit le *duchere* (seigneur) d'Halluin[9] et le seigneur de Brigdamme. — Chevaliers du Brabant : le seigneur de Duffel[10], Thierry de Valcourt, Raes van Gavere[11], Jean de Gaesbeek[12], Jean Pyliser,

1. Pays de Liége. — 2. Hugues de Fagnolles.
3. Gérard d'Enghien, sire de Havré.
4. Jean, dit Sausses, sire de Boussoit.
5. Guillaume de Jauche, sire de Gommegnies.
6. Guillaume, sire de Potelles. — 7. Guillaume, sire de Wargnies.
8. Eustache, sire de Vertain
9. Jean de Halluin, fils d'Olivier, sire de Heitserot, petit-fils de Roland. Ce Jean mourut au combat de Cadsand en 1337.
10. Henri Berthout IV, sire de Duffel.
11. Gavere est en Flandre (à 19 kil. de Gand); mais Raes (équivalent flamand d'Érasme) van Gavere relevait plusieurs fiefs du duché de Brabant, notamment ceux de Liedekerke (a 22 kil. de Bruxelles) et de Hérinnes (Hérinnes-lez-Enghien, à 30 kil. de Bruxelles).
12. La seigneurie de Gaesbeek appartenait en 1327 à damoiselle Béa-

Gilles de Quarouble[1], les trois frères de Harlebeke[2], Gautier de
Huldenbergh[3]. — Chevaliers hesbegnons[4] : Jean le Bel[5] et Henri
le Bel son frère, Godefroi de la Chapelle, Hue d'Ohay, Jean de
Libyne, Lambert d'Oupeye[6] et Gilbert de Herck. Jean de Hainaut a aussi sous ses ordres quelques chevaliers du Cambrésis,
de l'Artois et du Vermandois qui portent l'effectif de sa compagnie à cinq cents armures de fer; et il est rejoint vers les fêtes

trix de Louvain, qui avait succédé en 1324 à son frère Jean, mort sans
enfants, et qui fit hommage en 1325 pour la seigneurie de Gaesbeek à
Jean III, duc de Brabant (voyez la belle publication de M. L. Galesloot, *Livre des feudataires de Jean III*, p. 26). Guillaume de Hornes,
dit de Gaesbeek, succéda vers 1339 à Béatrix, sa cousine germaine,
dans la seigneurie de Gaesbeek. Jean de Gaesbeek m'est inconnu.
Serait-ce Jean de Kesterbeke appelé *Casterbeke* dans le *Livre des feudataires*, p. 143?

1. La forme du texte : *Quaderebbe* a été assimilée à Quarouble,
Nord, arrondissement et canton de Valenciennes.

2. Harlebeke est dans la Flandre occidentale (à 15 kil. de Courtrai), et cette seigneurie appartenait à la branche aînée de la famille de Halluin : Gautier de Halluin II du nom, sire de Roosebeke,
vicomte de Harlebeke, mourut à Harlebeke en 1338; mais ses petits-
fils, Gautier, Roger et Thierry, fils de Daniel, dont on ignore trop la
date de naissance pour les assimiler sûrement aux *trois frères de Harlebeke* de Froissart, pouvaient relever, comme Raes van Gavere, certains
fiefs du duché de Brabant, à moins que Jean le Bel et notre chroniqueur n'aient confondu Arnoul, Renier, Jean ou Adam de Holsbeek en
Brabant (à 33 kil. de Bruxelles) avec les seigneurs de Harlebeke.
Voyez Galesloot, *Livre des feudataires*, p. 38, 245, 227, 232, 296.

3. Nous avons assimilé la forme *Hoteberge* du texte à Huldenbergh,
village et seigneurie du Brabant (à 20 kil. de Bruxelles).

4. Du pays de Liége.

5. Ce Jean le Bel n'est autre que le chanoine de Liége, le célèbre
chroniqueur qui a servi de modèle à Froissart pour toute la partie du
premier livre comprise entre 1325 et 1356.

6. Le nom de ce chevalier est défiguré dans toutes les rédactions et
tous les mss. du premier livre des *Chroniques*. Comme Froissart reproduit ici littéralement Jean le Bel, nous avons restitué même dans le
texte le nom véritable d'après la chronique du chanoine de Liége.
Lambert III de Dammartin de Warfusée, dit d'Oupeye, maréchal de
l'évêque de Liége, mourut le 1er janvier 1345. Voyez J. de Hemricourt, *Miroir des nobles de la Hesbaye*, édit. de Jalheau, p. 55. La famille
de Dammartin, à laquelle appartenait ce chevalier, fut transplantée, au
douzième siècle, de France d'où elle est originaire, dans le pays de
Liége. Cette incomparable famille, qui, dès le temps de Hemi   rt,
ne comptait pas moins de cent seize branches, a couvert de ses inιom-
brables rameaux toute la France de la Meuse; et encore aujourd'hui il
n'y a guère en ce pays de famille ancienne qui ne se rattache au tronc
puissant et français des Dammartin.

de la Pentecôte par Guillaume de Julliers et Thierry d'Heinsberg qui furent depuis, le premier comte de Juliers après la mort de son père Gérard VI (en 1329), le second comte de Looz (en 1336). P. 43 et 44, 261 et 262.

Édouard III, à la tête de plus de 60 000 hommes, établit son quartier général à York. Une rixe éclate dans cette ville, à l'occasion du jeu de dés, entre les gens d'armes de Jean de Hainaut et des archers anglais du comté de Lincoln. Après une lutte sanglante, où Jean le Bel, chanoine de Liége, auquel Froissart dit qu'il emprunte le récit de cet incident, court les plus grands dangers, les gens d'armes du Hainaut restent maîtres du champ de bataille, et le roi d'Angleterre les prend sous sa spéciale sauvegarde. Abondance, bon marché de tous vivres aussi bien que des vins de Gascogne, de l'Alsace et du Rhin, à York et dans le pays environnant. P. 45 à 49, 263 à 268. — Après avoir terminé ses préparatifs, Édouard III va camper à six lieues au nord de York, puis trois jours après, à Durham, à l'entrée du Northumberland. Un corps d'armée, sous la conduite du maréchal d'Angleterre, occupe Newcastle, sur la Tyne, pour garder le passage de cette rivière contre les Écossais. A l'ouest, en amont de cette même rivière, la ville et forteresse de *Carduel*[1] *en Galles* est défendue par une troupe de Gallois, sous les ordres du comte de Hereford et du sire de Mowbray. Le roi d'Angleterre trouve toute la frontière de ce pays ravagée et incendiée par les Écossais qui, à son approche, ont repassé la Tyne. P. 50, 51, 268.

CHAPITRE V.

1327. PREMIÈRE CAMPAGNE D'ÉDOUARD III CONTRE LES ÉCOSSAIS.
(§§ 28 à 37).

1327. Comment les Écossais font la guerre : ils servent tous à cheval, excepté la valetaille qui les suit à pied : les chevaliers

---

1. Sans doute Carlisle, qui est, non sur la Tyne, comme le dit Froissart, d'après Jean le Bel, mais sur l'Éden, non en Galles, ainsi que l'affirment aussi les deux chroniqueurs, mais à quelque distance du Galloway. *Luguvallum*, l'ancien nom de Carlisle au temps des Romains et au moyen âge, a pu se contracter en *luel*, qui, par l'addition de *caer*, bourg, ville, aurait donné Carluel ou Carduel.

et écuyers sont montés sur bons gros roncins, et les gens du
commun sur petites haquenées. Leur sobriété est telle qu'ils n'ont
besoin d'autres provisions que celles qu'ils emportent avec eux
sur leurs chevaux. P. 51 et 52. — Robert Bruce, vieux et malade, met à la tête de ses troupes les deux plus puissants barons
d'Écosse [Jacques] de Douglas et le comte de Murray. P. 53.
(Froissart parle à ce propos du voyage qu'il a fait en Écosse en
1365 : recommandé par Philippe de Hainaut, reine d'Angleterre,
dont il était un des clercs et familiers, à David Bruce, fils de Robert Bruce, notre chroniqueur passe trois mois à la cour de ce
prince et visite avec lui toute l'Écosse. P. 269). — L'armée anglaise, ordonnée en trois batailles, s'engage à la poursuite des
Écossais qui mettent tout à feu et à sang sur leur passage, mais
elle ne parvient pas à les atteindre à cause de la difficulté du
pays. Après une journée de poursuite suivie d'un campement, les
Anglais laissent là leurs bagages et leurs provisions, et ils entreprennent, à la faveur d'une marche forcée, de passer la Tyne,
pour couper la retraite à leurs ennemis. Description pittoresque des
difficultés et des incidents de cette marche à travers les montagnes,
les vallees, les bruyères, les marais, les fondrières et les forêts,
peuplées de fauves, du Northumberland, dont les habitants, com-
parés aux Anglais, sont comme comme des demi-sauvages. P. 54
à 57, 269 et 270. — Passage à gué de la Tyne, et campement
d'Édouard III et de son armée sur le bord de cette rivière, à
quatorze lieues anglaises de Newcastle et à onze lieues de Carduel ou Carlisle. Détresse des Anglais qui seraient morts de faim
ainsi que leurs chevaux, s'il ne leur était venu de Newcastle
quelques provisions. Cherté excessive des vivres; complet dé-
nûment; situation fausse et doublement mauvaise des gens d'armes du Hainaut. P. 58 à 60, 271 à 273. — Les Anglais démo-
ralisés repassent la Tyne, et Édouard III promet le titre de
chevalier avec cent livres sterling de revenu héréditaire à qui
saura découvrir les ennemis que l'on poursuit en vain et dont
on n'a nulles nouvelles. Un écuyer anglais, nommé Thomas Housagre[1], parti à la découverte, vient dire que les Écossais, entre
les mains desquels il était tombé et qui l'ont relâché, sont cam-

---

1. Cet écuyer est appelé Thomas de Rokesby dans une charte d'É-
douard III, datée de Lincoln le 28 septembre 1327. Voyez *Rymer*,
vol. II, part. II, p. 717. Du reste il n'est pas absolument impossible
que ces deux noms *Housagre* ou *Whutaker* et *Rokesby*, désignent le

pés à quelques lieues de là sur une montagne où ils attendent de pied ferme qu'on vienne livrer bataille. P. 61, 62, 273 à 275. — L'armée anglaise s'avance en bon ordre contre les Écossais qui s'ordonnent en trois batailles sur la pente de la montagne où ils sont campés et au pied de laquelle coule une rivière grosse, rapide et escarpée. Les Écossais refusent la bataille qui leur est offerte par les Anglais. Les deux armées restent ainsi campées en face l'une de l'autre pendant trois jours qui ne sont signalés que par quelques escarmouches. Le quatrième jour, à minuit, les Écossais, menacés de famine, délogent et vont se poster sur une autre montagne plus forte encore que la précédente et assise sur la même rivière, au milieu d'un bois. Les Anglais les y poursuivent, et, après avoir pris position en face de leurs ennemis, ils offrent en vain la bataille à plusieurs reprises : les Écossais la refusent comme la première fois. P. 63 à 68, 275 à 277. — Exploit de [Jacques] de Douglas : à la tête d'une poignée d hommes d'armes, il va *réveiller* les Anglais dont il tue un très-grand nombre et pénètre jusqu'à la tente d'Édouard III. Pendant vingt-deux jours, les escarmouches continuelles des Écossais ne laissent ni paix ni trêve aux Anglais. P. 68, 69, 278. — Le dernier jour des vingt-deux, les Écossais prennent la fuite pendant la nuit, à l'insu des Anglais, laissant derrière eux dans le camp qu'ils abandonnent leur butin, leurs provisions et de nombreux ustensiles de leur cuisine portative. A cette nouvelle, le roi d'Angleterre ramène son armée à Durham, puis à York où l'attendait la reine sa mère ; et là il donne congé à ses gens : il fait escorter jusqu'à Douvres Jean de Hainaut et les autres compagnons d'outre mer, après les avoir comblés de présents. P. 69 à 74, 279 à 282.

CHAPITRE VI.

1327. MARIAGE D'ÉDOUARD III AVEC PHILIPPE DE HAINAUT.
(§§ 38 ET 39).

1327. Une ambassade est envoyée en Hainaut avec mission de demander pour le jeune Édouard III la main de Philippe[1], l'une

---

même personnage dont *Whittaker* peut avoir été le nom patronymique ou le surnom, et *Rokesby* le nom de fief.

1. Dès le 27 août 1326, Isabelle, reine d'Angleterre, s'était engagée

des filles du comte Guillaume de Hainaut. Les ambassadeurs vont d'abord à Beaumont prier Jean de Hainaut de vouloir bien appuyer leur demande et solliciter son frère en leur faveur ; de là ils se rendent au Quesnoy auprès du comte de Hainaut qui s'empresse de consentir au mariage de sa fille avec le roi d'Angleterre. La parenté des futurs époux rend nécessaire une dispense que le pape Jean XXII accorde volontiers, sur la demande des dits ambassadeurs. P. 74, 75, 282 à 285. — Philippe est épousée à Valenciennes par deux évêques envoyés par le roi d'Angleterre et en vertu d'une procuration spéciale. Après la cérémonie, elle prend congé de ses parents et part pour l'Angleterre en compagnie de Jean de Beaumont, son oncle, et d'un certain nombre de chevaliers du Hainaut, notamment d'un jeune écuyer qui devint plus tard fameux sous le nom de Gautier de Mauny. La jeune reine s'embarque à Wissant et arrive à Douvres. Cette princesse, qui fut mère de onze enfants, porta bonheur à l'Angleterre : ce pays fut couvert de gloire et ne connut ni famine ni disette, tant qu'elle vécut. Philippe de Hainaut, à peine débarquée, se rend en pèlerinage à Canterbury, elle passe à Rochester, puis à Dartford ; et, après s'être arrêtée à la résidence royale d'Eltham où elle prend congé de son oncle, elle va rejoindre son mari Édouard III et Isabelle, la reine mère, à York où elle était attendue. Après une réception magnifique , le mariage est célébré solennellement dans la cathédrale de cette ville. A Pâques, les nouveaux époux vont au château de Windsor, ils font ensuite leur entrée à Londres où des fêtes de toute sorte, qui durent plus de trois semaines , et de grandes joûtes sont célébrées en leur honneur. P. 76, 77, 285 à 288.

à ne rien négliger pour faire accomplir dans le délai de deux ans le mariage projeté entre Édouard duc de Guyenne et Philippe de Hainaut. (Orig. parch., aux Archives du Nord.)

CHAPITRE VII.

1328 à 1330. MORT DE ROBERT BRUCE, ROI D'ÉCOSSE, ET EXPÉDITION DE JACQUES DE DOUGLAS EN ESPAGNE. AVÉNEMENT DE DAVID BRUCE, ET MARIAGE DE CE PRINCE AVEC JEANNE, SŒUR DU ROI D'ANGLETERRE. (§§ 40 et 41.)

1328. Les Écossais repassent la Tyne vers la partie supérieure de son cours, dans la direction de Carduel ou Carlisle, et rentrent dans leur pays. Une trêve est conclue pour trois ans et signée à York le 30 janvier entre le roi d'Angleterre et le roi d'Écosse. P. 77, 288.

1329. Robert Bruce, à son lit de mort, charge [Jacques] de Douglas, comme le plus brave de ses chevaliers, de porter son cœur au Saint-Sépulcre, pour accomplir en quelque manière le vœu fait jadis par le roi d'Écosse de guerroyer les ennemis du Christ et de la foi chrétienne, vœu que des guerres continuelles avec l'Angleterre ne lui ont pas permis de réaliser. Robert Bruce meurt [vers la fin de juin 1329]. Son corps est embaumé et enterré, après qu'on en a retiré le cœur, à Dunfermline où se fait la cérémonie des obsèques avec beaucoup de solennité. Quant au cœur du roi défunt, il est enfermé dans un reliquaire d'or massif auquel est attachée une chaîne du même métal qu [Jacques] de Douglas suspend à son cou, en jurant qu'il ne se séparera ni jour ni nuit de ce précieux dépôt, avant de l'avoir porté au Saint-Sépulcre, à la face des mécréants. David Bruce est couronné roi à la place de son père et investi du gouvernement, malgré son jeune âge, avec l'assistance du comte de Murray, de Robert de Vescy et d'Archibald de Douglas. P. 78 à 80, 289 et 290.

1330. Au printemps qui suit la mort de Robert Bruce, [Jacques] de Douglas s'embarque à Montrose, en Écosse, avec une nombreuse suite de chevaliers, et va d'abord jeter l'ancre à l'Écluse en Flandre, espérant recruter sur le continent des compagnons pour la croisade qu'il veut entreprendre; il reste là une quinzaine de jours, sans mettre pied à terre, menant le train le plus somptueux, traitant à table dans une vaisselle d'argent et d'or, avec deux ou trois espèces de vins, tous les gens d armes qui le viennent visiter. [Jacques] de Douglas apprend que la guerre vient d'éclater entre Alphonse XI, roi de Castille, et les Maures de Grenade ; il se dirige aussitôt vers l'Espagne, tant il est impatient d'exercer son courage contre les Sarrasins, avant même d'aller les combattre en Terre-Sainte. Bataille entre les Espagnols et les Maures. [Jacques] de Douglas qui, dès le premier signal, s'était élancé avec ses Écossais en avant du reste de l'armée d'Alphonse, est abandonné lâchement à ses seules forces par les Espagnols, jaloux d'avoir été devancés ; il est entouré par les mécréants qui lui coupent la retraite ; et, après des prodiges de valeur, il trouve une mort glorieuse et sainte, ainsi que la plus grande partie de ses gens. P. 81, 82, 291 à 293.

1328. Mariage entre le jeune David Bruce, roi d'Écosse, et [Jeanne], sœur du roi d'Angleterre. Ce mariage, conclu sans l'avis du parlement et négocié secrètement à l'insu des prélats, des barons et des bonnes villes, est fort mal accueilli en Angleterre où il rend impopulaires le comte de Kent et Roger de Mortimer qui en ont été les principaux fauteurs. La jeune reine est remise à Newcastle aux ambassadeurs du roi d'Écosse, puis elle est amenée à Berwick où David Bruce l'épouse en grande pompe. Des fêtes et des joûtes sont célébrées à Edimbourg en l'honneur de ce mariage, mais le mécontentement général empêche la plupart des chevaliers d'Angleterre d'y prendre part. P. 82 et 294.

CHAPITRE VIII.

1328. AVÉNEMENT DE PHILIPPE DE VALOIS AU TRÔNE DE FRANCE, ET VICTOIRE DE CASSEL REMPORTÉE PAR CE PRINCE CONTRE LES FLAMANDS. (§ 42.)

Charles IV, dit le Bel, roi de France, se marie trois fois. Sa première femme, nommée Blanche, fille d'Otton IV, comte de Bourgogne, est enfermée pour crime d'adultère au Château-Gaillard près des Andelys vers 1315, et une sentence de divorce est prononcée contre elle par le pape le 19 mai 1322. Après son avénement au trône, Charles IV se remarie, sur les instances de ses conseillers, le 21 mai 1322, à Marie, fille de l'empereur d'Allemagne, Henri VII, dit de Luxembourg, et sœur du roi de Bohême. Marie de Luxembourg, la plus modeste et la plus honnête des femmes, meurt à Issoudun en Berry à la suite d'une fausse-couche, et certains personnages sont soupçonnés de l'avoir fait périr de mort violente. La troisième femme de Charles IV, Jeanne, fille de Louis, comte d'Évreux, était enceinte lorsque son mari est atteint de la maladie dont il devait mourir. A son lit de mort, Charles IV, après avoir mandé auprès de lui les douze pairs et les plus hauts barons de France, déclare en leur présence que, si la reine sa femme met au monde un fils, Philippe de Valois exercera en qualité de tuteur la régence du royaume; si au contraire elle donne le jour à une fille, les douze pairs et les hauts barons aviseront à donner la couronne à qui de droit. Sur ces entrefaites, Charles le Bel meurt le 1ᵉʳ février 1328. P. 83, 84, 295 et 296.

1328. La reine Jeanne étant accouchée le 1ᵉʳ avril d'une fille nommée Blanche, les douze pairs et les hauts barons de France appellent au trône, d'un commun accord, Philippe de Valois, fils du comte de Valois, neveu de Philippe le Bel et cousin germain du dernier roi, Charles le Bel, excluant ainsi le jeune roi d'Angleterre, quoique celui-ci soit plus rapproché d'un degré en sa qualité de neveu de ce même Charles le Bel. Les pairs disent, pour justifier cette exclusion, que la reine Isabelle, mère d'Édouard III, n'ayant aucun droit au trône de France de par la loi salique, ne peut transmettre à son fils un droit qu'elle n'a pas. Philippe VI est sacré à Reims le 29 mai en présence des rois de Bohême et de Navarre, du comte d'Artois et d'un certain nombre de seigneurs de France et même de l'Empire qui sont dénommés. Guillaume, comte de Hainaut, Gui[1], comte de Blois, et surtout Robert, comte d'Artois, qui ont épousé les trois sœurs de Philippe de Valois, sont les principaux fauteurs de cet avénement de leur beau-frère à la couronne. P. 84, 296. — A la suite d'un curieux et dramatique dialogue échangé à la cérémonie du sacre entre Philippe[2] de Valois et son cousin Louis de Nevers chassé de Flandre par la révolte de ses sujets, le roi de France fait serment de ne rentrer à Paris qu'après avoir remis son cousin en possession du comté de Flandre. P. 297.

Les villes de Bruges, du Franc de Bruges, de Poperinghe,

---

1. Gui Iᵉʳ de Châtillon, père de Louis Iᵉʳ de Châtillon et grand-père de Gui II, le protecteur de Froissart.

2. Philippe de Valois, la veille de son sacre, avait fait chevalier le comte de Flandre. De Camps, portef. 83, fᵒ 141 vᵒ.

d'Ypres, de Bergues et de Cassel, trempent plus ou moins ouvertement dans la révolte. Gand seule semble être restée fidèle, et encore cette fidélité n'est qu'apparente. Environ seize mille Flamands, aux gages des villes révoltées, viennent, sous les ordres de Zannequin, homme hardi et audacieux, occuper le Mont-Cassel. P. 85, 298, 299.

Aussitôt après son couronnement, Philippe de Valois marche contre ces Flamands, il va de Reims à Péronne et puis à Arras où il fixe le rendez-vous général de son armée. De là il se rend à Lens, il passe à Béthune et à Aire et il établit son camp entre cette dernière ville et le Mont-Cassel. Le roi de Bohême, le comte Guillaume de Hainaut et Jean de Hainaut son frère, le comte Gui de Blois, Ferri duc de Lorraine[1], Édouard comte de Bar et Robert d'Artois comte de Beaumont le Roger combattent avec le roi de France. P. 84, 297 et 298.

La défaite de Cassel est amenée par la témérité des Flamands. Le jour de la Saint-Barthélemy[2] en août, dans l'après-midi, Zannequin et ses gens partent sans bruit dé Cassel pour surprendre le roi de France et son armée. Ils arrivent au camp français sans être aperçus, tuent un gentilhomme nommé Renaud de Lor[3], le premier qui se trouve sur leur passage, et tombent à l'improviste au milieu de leurs ennemis. Les Flamands sont divisés en trois colonnes dont la première commandée par Zannequin va droit à la tente de Philippe de Valois, tandis que la seconde s'attaque aux gens du roi de Bohême et la troisième à ceux du comte de Hainaut. Toutefois, Dieu ne permet pas que des gentilshommes soient mis en déconfiture par une telle *merdaille*. Le comte de Hainaut, assailli le premier, a deux chevaux tués sous lui, mais ses gens ne tardent pas à envelopper leurs agresseurs; et, après les avoir mis en pleine déroute, ils se portent au secours du roi de France. Alors commence une lutte horrible. Le capitaine des Flamands, Zannequin, est tué après avoir fait des prodiges de valeur. Un bon écuyer de Hainaut, nommé le Borgne[4] de Robersart, a le même sort : il est transpercé par les longues piques de six Flamands à la poursuite desquels il s'était

1. Ferri IV, dit *le Lutteur*, fut tué à la bataille de Cassel.
2. La Saint-Barthélemy tombe le 24 août.
3. Lor, Aisne. ar. Laon, c. Neufchâtel.
4 Robersart, Nord, ar. Avesnes, c. Landrecies Alard de Robersart, fils de Gérard, dit *le Borgne*, est mentionné en 1325.

élancé, laissant bien loin derrière lui ses compagnons. Les Flamands armés, les uns de haches ou d'espaffus, les autres de gros bâtons ferrés en manière de piques, se défendent comme des lions, et il en est fait un grand carnage : quinze mille[1] des leurs restent sur le champ de bataille, et mille seulement cherchent leur salut dans la fuite. Les gens d'armes du Hainaut sont les premiers qui portent les bannières de leur comte et de Jean son frère sur le Mont-Cassel; ils les font flotter sur les remparts de la ville et au haut de la tour du moustier. Le roi de France prend possession de Cassel et y met garnison. P. 85, 86, 299 à 301.

A la nouvelle de la défaite de Cassel, les villes[2] de Flandres, qui s'étaient insurgées contre leur comte, telles que Bruges, Ypres et Poperinghe, s'empressent de désavouer toute complicité avec Zannequin et de faire leur soumission au roi de France. Philippe de Valois entre en vainqueur à Bergues et à Ypres qu'il force à rentrer, ainsi que Bruges, sous l'obéissance du comte de Flandre. P. 86, 301 et 302.

Après avoir ainsi réintégré son cousin, le roi de France retourne à Aire où il donne congé aux seigneurs qui l'étaient venus servir. Puis il prend le chemin de France; et après s'être arrêté à Compiègne, il fait son entrée triomphale à Paris. Escorté des rois de Bohême et de Navarre, il est reçu solennellement à Notre-Dame, et de là il se rend au Palais où se tiennent les réceptions les plus somptueuses. P. 302.

La magnificence de la cour de France s'accrut beaucoup sous le règne de ce prince qui avait la passion des joutes, des tournois et autres divertissements chevaleresques dont il avait contracté le goût alors qu'il cherchait fortune dans sa jeunesse.

1. Ce chiffre est très-exagéré. Du côté des Flamands, le nombre des victimes, d'après un relevé officiel et nominal, dressé dans les diverses paroisses complices de la révolte, ne fut que de 3192, auxquels il faut ajouter les morts de Cassel non compris dans le relevé exécuté pour la chambre des comptes. Voyez Mannier, *Les Flamands à la bataille de Cassel*, p. 15.

2. Tous les biens des rebelles ayant été confisqués, Cassel composa pour 4800 livres parisis, Bergues pour 10 000 livres bons parisis forts, Bailleul pour 500 livres. (Arch. de l'empire, JJ 66, p. 1479, 1432, 1477. Par un don verbal fait à Lille « en retournant de la bataille devant Cassel », Philippe de Valois accorda au comte de Flandre le tiers des biens meubles confisqués sur les rebelles, lequel don fut confirmé en mars 1330 (v. st.). (Arch. de l'empire, JJ 66, p. 709, f° 287.)

Malheureusement, Philippe de Valois, d'un naturel à la fois crédule et emporté, subit l'influence de Jeanne, sa femme, fille du
duc de Bourgogne, reine méchante et cruelle, qui, sacrifiant tout
à ses caprices et à ses haines, fit mettre à mort injustement plusieurs chevaliers. P. 86, 87, 302 et 303.

CHAPITRE IX.

1330. EXÉCUTION DU COMTE DE KENT SUIVIE DU SUPPLICE DE ROGER
DE MORTIMER, ET RÉCLUSION DE LA REINE ISABELLE, MÈRE
D'ÉDOUARD III. (§ 43.)

Édouard III, pendant les premières années de son règne, est
livré à l'influence de la reine Isabelle sa mère, de Roger de Mortimer, de Henri, comte de Lancastre, et d'Edmond, comte de
Kent, ses oncles. Rivalité du comte de Kent et de Roger de
Mortimer, favori de la reine mère. Celui-ci profite de la mort de
Jean d'Eltham, frère d'Édouard III, pour attribuer ce trépas pré-
maturé à un empoisonnement dont le comte de Kent se serait
rendu coupable et pour persuader au roi que son oncle, désireux de lui succéder, lui réserve le même sort qu'à son frère.
Édouard III, crédule et ombrageux, demande à sa mère ce qu'elle
pense de ces accusations, et Isabelle, gagnée par Mortimer, répond de manière à confirmer les soupçons de son fils. P. 87,
303 et 304.

1330. Arrêté par ordre du roi son neveu et enfermé d'abord
à la Tour de Londres, ensuite au palais de Westminster, le comte
de Kent, honnête, sage et vaillant homme, subit la décollation
dans les jardins de ce palais. Il est universellement regretté des
grands et des petits, des nobles et des non-nobles, mais surtout
des habitants de Londres qui l'auraient regretté bien davantage
encore s'ils ne lui avaient gardé rancune de sa participation au
mariage de la sœur d'Édouard III avec David d'Écosse. Le comte
de Kent laissait une fille, âgée de sept ans, que la jeune reine
Philippe, femme d'Édouard, qui n'avait pu empêcher le supplice
du père, recueillit et prit avec elle. Cette demoiselle de Kent[1] fut

1. Jeanne de Kent, surnommée *la belle vierge de Kent*, mariée en

en son temps la plus belle dame de toute l'Angleterre et la plus
amoureuse, mais tous les rejetons de sa race eurent une fin misérable. P. 87, 88 et 304.

L'exécution du comte de Kent soulève contre Roger de Mortimer, qui en avait été l'instigateur, l'indignation générale. Bientôt
le bruit se répand dans le royaume que la reine mère est enceinte,
et que sa grossesse est l'œuvre de Mortimer. D'un autre côté, des
doutes se font jour dans l'esprit du roi sur la culpabilité de son
oncle qu'il vient de sacrifier à la haine du favori de sa mère.
Sous l'influence de ces soupçons et de ces remords, Édouard III
fait arrêter Mortimer qui est amené à Londres et mis en accusa-
tion devant un parlement tenu au palais de Westminster, hors de
Londres. Il est déclaré coupable du crime de haute trahison et
condamné au dernier supplice. Après l'avoir traîné sur un bahut
à travers la cité, on l'amène en la grande rue de Cep (Cheap-
side). Là, on lui tranche la tête qui est exposée au bout d'une
pique sur le pont de Londres, puis on lui coupe le membre viril,
on lui arrache du ventre le cœur et les entrailles, et l'on jette le
tout dans les flammes. Après quoi, on l'écartelle, et l'on envoie
les quartiers aux quatre maîtresses cités d'Angleterre après Londres. P. 88, 89, 304 et 305.

Quant à la reine mère Isabelle, complice de Mortimer,
Édouard III la relègue dans un beau château[1] situé sur les marches de Galles, avec des dames de compagnie et des chambriè-
res, des chevaliers et des écuyers d'honneur et tout l'appareil
qui convient à son rang. Il lui assigne en outre de grandes terres
dans le voisinage et de forts revenus, payés de terme en terme,
qui permettent à la reine exilée de mener comme auparavant un
train de vie vraiment royal. Seulement, il est défendu à Isabelle
de se montrer nulle part, de franchir l'enceinte du château et de
prendre ses ébats ailleurs que dans le verger et les magnifiques
jardins de sa résidence. La reine mère vécut ainsi environ trente-
quatre ans, recevant, deux ou trois fois par an, la visite de son
fils. P. 89, 90.

1361 à Édouard, prince de Galles, le fameux Prince Noir, mère de
l'infortuné Richard II.

1. Castle Rising dans le comté de Norfolk.

CHAPITRE X.

1329. Ambassade envoyée en Angleterre par Philippe de Valois; voyage d'Édouard III en France et entrevue d'Amiens. (§§ 44 et 45.)

1329. Philippe de Valois se décide à sommer le roi d'Angleterre de venir en France faire hommage pour la Guyenne et le Ponthieu. Deux chevaliers, le sire d'Aubigny et le sire de Beaussault, et deux conseillers au Parlement de Paris, Simon d'Orléans et Pierre de Maizières [1], sont envoyés en ambassade auprès d'Édouard III. Ils s'embarquent à Wissant, débarquent à Douvres, où ils s'arrêtent un jour pour attendre leurs chevaux, et vont trouver le roi et la reine d'Angleterre au château de Windsor. Ils exposent l'objet de leur message à Édouard III qui les reçoit honorablement et les invite à dîner à sa table; mais il leur déclare qu'il ne pourra leur faire réponse qu'après avoir pris l'avis de son conseil. Ils retournent, le soir même de leur arrivée à Windsor, coucher à Colebrook [2], et le lendemain ils se rendent à Londres. P. 90 et 91.

Le roi d'Angleterre réunit un parlement en son palais de Westminster. Les envoyés de Philippe de Valois y sont appelés pour lire la requête du roi leur seigneur; et après qu'ils se sont retirés, le parlement entre en délibération. Le résultat de cette délibération, annoncé solennellement aux ambassadeurs par l'évêque de Londres qui porte la parole au nom d'Édouard III, est qu'il sera fait droit à la juste réclamation du roi de France, et que le roi d'Angleterre s'engage à passer le détroit sans délai pour s'acquitter des obligations où il se reconnaît tenu. Cette réponse comble de joie les envoyés français. Édouard III leur donne au palais de Westminster pendant une quinzaine de jours l'hospitalité

---

1. Mon ami et collègue M. Henri Lot a bien voulu faire des recherches d'où il résulte que Simon d'Orléans et Pierre de Maizières ne figurent pas sur la liste des conseillers au Parlement pour l'année 1329 (voyez U 497, f° 113), ni sur celle des avocats; mais leurs noms ont pu être omis, car il s'en faut que ces listes soient complètes.

2. Peut-être le souvenir de cette localité s'est-il conservé à Londres dans Colebrook-row, l'une des rues du quartier d'Islington.

la plus somptueuse, et il ne les laisse partir qu'après leur avoir distribué de grands dons et de beaux joyaux. P. 91, 92 et 306.

Philippe de Valois est enchanté du résulat de cette ambassade. Il est convenu que l'entrevue avec son cousin d'Angleterre aura lieu à Amiens. On fait dans cette grande ville toute sorte d'approvisionnements ; et des hôtels, maisons, salles et chambres, sont préparés pour recevoir les deux rois et leur suite. Le roi de France convie à cette entrevue les rois de Bohême et de Navarre, les ducs de Lorraine, de Bretagne, de Bourgogne et de Bourbon ainsi que Robert d'Artois. Dans la suite de Philippe de Valois, on compte plus de trois mille chevaux. P. 93 et 306.

Édouard III se met en route pour Amiens avec une suite de quarante ou cinquante chevaliers et une escorte de plus de mille chevaux ; il faut deux jours à cette escorte pour passer de Douvres à Wissant. Le roi d'Angleterre s'arrête un jour à Boulogne, il va de là à Montreuil-sur-Mer où il rencontre une escorte de chevaliers envoyée au devant de lui sous les ordres du connetable de France. Il est reçu à Amiens par Philippe de Valois, par les rois de Bohême, de Navarre et de Majorque, par les douze pairs et par une foule innombrable de ducs, de comtes et de barons qui font cortége au roi de France. P. 94 et 95.

Au moment où Édouard III se prépare à prêter serment de foi et d'hommage, la defiance naturelle aux Anglais, jointe a leur connaissance imparfaite de la langue française dont ils ne comprennent pas bien tous les termes, si ce n'est à leur profit, inspire aux conseillers du jeune roi d'Angleterre des scrupules sur certaines exigences des pairs et conseillers du roi de France. Jean de Hainaut, qui sert d'interprète aux Anglais, s'efforce en vain de concilier les deux parties. Les Anglais engagent leur roi à ne pas procéder plus avant sans avoir consulté le parlement qui doit se réunir à la Saint-Michel au palais de Westminster. Sur leurs instances, Édouard III fait hommage de bouche et de parole seulement, sans mettre ses mains entre les mains du roi de France ; et il exprime le désir d'attendre, pour parfaire le serment, son retour en Angleterre où il examinera à loisir et pièces en main la question pendante, en s'aidant des conseils et des lumières de son parlement. Philippe de Valois consent d'autant plus volontiers à accorder ce délai qu'il nourrit dès lors un projet de croisade auquel il espère associer le roi d'Angleterre. L'entrevue se passe en fêtes et divertissements de tout genre. Édouard III retourne au château de Windsor où il raconte à la reine Philippe sa femme la merveilleuse réception qu'il a trouvée en France où l'on s'entend à faire les honneurs mieux qu'en nul autre pays du monde. P. 95, 96, 306 et 307.

CHAPITRE XI.

1330 et 1331. Nouvelle ambassade envoyée a Londres par Philippe de Valois, et prestation de foi et hommage au roi de France par le roi d'Angleterre. (§§ 46 et 47.)

1330. Philippe de Valois envoie en Angleterre l'évêque de Chartres[1], l'évêque de Beauvais[2], Louis de Clermont duc de Bourbon, Jean IV comte de Harcourt et Jean II sire de Tancarville[3], pour recevoir l'hommage lige qui n'a pas été prêté à Amiens. Les envoyés français assistent à Londres aux parlements réunis par Édouard III pour délibérer sur la question de l'hommage auquel il est tenu comme duc de Guyenne. L'opinion circule déjà parmi le peuple que le roi d'Angleterre a plus de droits à la couronne de France que Philippe de Valois, mais Édouard III et ses conseillers ne font pas encore attention à ces rumeurs. P. 96 et 97.

1331. Après avoir passé tout l'hiver à Londres sans pouvoir obtenir une réponse définitive, les ambassadeurs de Philippe de Valois reçoivent enfin, le 30 mars 1331, des lettres patentes d'Édouard III, scellées de son grand sceau, où le roi d'Angleterre se reconnaît l'homme lige du roi de France et lui fait prestation de foi et hommage lige. Voici en substance la teneur de ces lettres. P. 97.

Le roi d'Angleterre rappelle que naguère, à Amiens, il s'est refusé à la prestation de foi et hommage lige, et qu'il n'a fait hommage au roi de France que par paroles générales, en disant qu'il entendait faire seulement ce que ses prédécesseurs avaient

1. Pierre de Chappes, fait cardinal en 1327, fut évêque de Chartres de 1326 à 1336.

2. Jean Ier, frère du célèbre Enguerrand de Marigny, fut évêque de Beauvais de 1313 à 1347, année où il fut promu à l'archevêché de Rouen.

3. Froissart désigne ce seigneur par le titre de comte de Tancarville, mais ce titre ne fut conféré à Jean de Melun qu'en 1352.

fait; mais aujourd'hui il n'hésite pas, après plus ample information, à se reconnaître l'homme lige du roi de France, et à déclarer lige l'hommage prêté jadis à Amiens, tant pour le duché
de Guyenne que pour les comtés de Ponthieu et de Montreuil.
Édouard III promet en outre, en son nom et au nom de ses successeurs, ducs de Guyenne, de faire hommage désormais, soit
pour le duché de Guyenne, soit pour les comtés de Ponthieu et de
Montreuil, selon les formules de l'hommage lige qui sont textuellement énoncées. Enfin, le roi d'Angleterre termine en disant
que ses successeurs, ducs de Guyenne et comtes de Ponthieu et
et de Montreuil, seront tenus de renouveler ces présentes lettres,
toutes les fois qu'ils entreront en l'hommage du roi de France.
P. 97 à 99.

CHAPITRE XII.

**1331 à 1334. BANNISSEMENT DE ROBERT D'ARTOIS QUI, APRÈS AVOIR
SÉJOURNÉ EN BRABANT ET DANS LE MARQUISAT DE NAMUR, SE RÉFUGIE
EN ANGLETERRE. (§§ 48 et 49.)**

1331. Robert d'Artois, marié à la sœur de Philippe de Valois
qu'il a contribué plus que tout autre à faire arriver au trône de
France, jouit d'un très-grand crédit pendant les trois premières
années du règne de son beau-frère. Robert fabrique, dit-on, une
fausse charte, espérant gagner par ce moyen un procès pendant
entre lui et Jeanne II, femme d'Eudes IV, duc de Bourgogne,
au sujet du comté d'Artois. Philippe de Valois, sollicité par la
méchante reine Jeanne de Bourgogne sa femme, sœur de l'adversaire du comte d'Artois, prend parti contre ce dernier.
La charte est reconnue fausse et cancellée en séance du Parlement, une demoiselle Divion, complice de Robert, est brûlée, et
le comte d'Artois n'échappe à la mort qu'en vidant le royaume[1].
P. 100, 307 et 308.

1. En mai 1332, Philippe de Valois donne à son fils Jean, duc de
Normandie, comte d'Anjou et du Maine, « .... la maison qui fu Robert
d'Artoys et toutes les appertenances d'icelle assise à Paris en la rue de
Saint-Germain des Prés devant l'ostel de Navarre » confisquée ainsi
que tous les biens du dit Robert par arrêt du Parlement. (Arch. de
l'Empire, JJ 66, p. 659, f° 275.)

Première rédaction. 1331 à 1334. — Robert se rend d'abord à Namur auprès de Jean II, son neveu, fils de sa sœur. A cette nouvelle, Philippe de Valois fait mettre en prison la femme et les deux enfants du fugitif. Bientôt même le jeune [marquis] de Namur, menacé d'une guerre par Adolphe de la Marck, évêque de Liége, tout dévoué au roi de France, est obligé de congédier son oncle. P. 101.

Robert se réfugie alors auprès du puissant duc de Brabant, son cousin, qui l'accueille avec empressement et le réconforte dans son malheur. La haine de Philippe de Valois poursuit son ennemi dans ce nouvel asile, et le duc Jean III, craignant de s'attirer une mauvaise affaire avec le roi de France, tient son cousin caché au château d'Argenteul (Argenteau-sur-Meuse, selon Lancelot[1]). La cachette est découverte par les émissaires de Philippe de Valois dont l'irritation ne connaît plus de bornes et qui soudoie à grands frais le roi de Bohême ainsi que plusieurs seigneurs des marches d'Allemagne pour qu'ils aillent défier le duc de Brabant. Ces seigneurs auxquels refuse de s'associer le jeune marquis de Namur, malgré l'invitation du roi de France, après avoir reçu un grand renfort de gens d'armes commandés par le comte d'Eu, pénètrent en Brabant en passant à travers le Hesbaing (pays de Liége) et s'avancent jusqu'à Hanut; ils ravagent à deux reprises le pays environnant et brûlent tout sur leur passage. P. 101, 102, 310 et 311.

Le comte Guillaume de Hainaut envoie en France Jean de Beaumont, son frère, ainsi que sa femme, sœur de Philippe de Valois, négocier une trêve entre les belligérants. Le roi de France n'accorde cette trêve qu'à grand peine, et le duc de Brabant doit prendre l'engagement de subir toutes les conditions qui lui seront faites, tant par son adversaire que par les alliés de celui-ci, et de mettre dans un délai fixé Robert d'Artois hors de ses États. P. 102 et 103.

1334. D'après le conseil du duc de Brabant, Robert d'Artois, traqué en France et dans l'Empire, passe en Angleterre, sous un déguisement de marchand. Édouard III l'accueille avec bienveillance, le retient à sa cour et de son Conseil et lui assigne en fief le comté de Richmond. P. 105.

Seconde rédaction. 1331 à 1334. — Robert d'Artois, chassé

---

1. *Mémoires de l'Académie des inscriptions*, t. X, p. 622.

de France, se rend à Valenciennes auprès du comte Guillaume de Hainaut. Le comte fait le meilleur accueil au fugitif, et il charge Jean son frère et l'évêque de Cambrai d'aller en France implorer la clémence du roi en faveur du prince exilé. Cette dé—marche reste infructueuse, et Philippe menace Guillaume de toute sa colère s'il continue de prêter main forte à Robert d'Artois. P. 308.

Les barons de Hainaut engagent leur comte à ne pas se mettre pour ce sujet en guerre avec le roi de France. Robert, avant de quitter Valenciennes, est comblé de présents en vêtements, chevaux et joyaux, et six mille vieux écus lui sont remis pour payer ses dépenses par le comte Guillaume. Robert d'Artois va voir à Namur sa sœur, le jeune Jean II son neveu et les frères de celuici, Guillaume, Robert et Louis, encore fort jeunes.

Les menaces du roi de France forcent Jean II à congédier son oncle qui va chercher un asile à Leeuw [1] auprès de Jean III, duc de Brabant, son cousin. Ce dernier répond à Philippe de Valois, qui réclame l'expulsion du fugitif, que les obligations d'une parenté très-rapprochée lui font un devoir de venir en aide à Robert d'Artois, et que d'ailleurs il n'est pas convaincu du tout de la culpabilité de son cousin. P. 309, 311.

1334. Philippe déclare alors la guerre au duc Jean qui n'obtient la paix qu'à la condition de mettre hors de son pays l'ennemi du roi de France. Congédié ainsi par le duc de Brabant après avoir reçu six mille vieux écus pour payer ses frais, Robert d'Artois s'embarque pour l'Angleterre à Anvers et arrive à Sandwich. Il se met en marche pour rejoindre Édouard III qui fait alors la guerre en Écosse. Il passe par Stamford, Lincoln, Doncaster et parvient à York, qu'on dit Ebruich, où il trouve la reine Philippe, sa nièce, enceinte d'un fils [qui fut nommé plus tard Guillaume de Hatfield.] La reine fait fête à son oncle et le retient près d'elle environ une semaine ; la joie de Philippe est encore accrue par la nouvelle, qu'elle reçoit en ce moment-là même, de la reddition du château d'Édimbourg. Entouré d'une escorte de trois cents archers dont Henri de Beaumont est le chef, Robert d'Artois se rend à Berwick en Écosse où il passe trois jours. Là, il apprend qu'Édouard III, après avoir établi garnison au château

---

1. Sans doute Leeuw-Saint-Pierre, Belgique, province de Brabant, à 13 kilomètres de Bruxelles.

d'Édimbourg, est allé mettre le siége devant Stirling, et il se dirige vers cette ville. P. 313 et 314.

Prévenu de l'arrivée de Robert d'Artois par Henri de Beaumont qui a pris les devants, Édouard III envoie quelques-uns de ses barons à la rencontre de son oncle qu'il reçoit avec magnificence. Robert d'Artois raconte ses malheurs, l'emprisonnement d ses deux fils Jean et Charles, la confiscation de ses biens, enfin son bannissement : il n'est plus nulle part en sûreté sur le continent; et il n'est ni comte de Hainaut ni duc de Brabant ni [marquis] de Namur qui consente à lui donner asile, par crainte du roi de France. P. 314.

Le roi d'Angleterre relève le courage de Robert d'Artois et lui dit : « Bel oncle, nous avons assez pour nous et pour vous. Soyez sans inquiétude et sans crainte, car si le royaume de France est trop petit pour vous, celui d'Angleterre vous sera tout grand ouvert. » — « Monseigneur, reprend Robert d'Artois, toute mon espérance gît en Dieu et en vous, et je confesse ici que j'ai eu tort et que j'ai péché en prêtant les mains naguère à votre exhérédation. J'ai contribué pour ma part à faire celui-là roi de France qui ne m'en sait aucun gré et qui n'y a pas autant de droit que vous, car vous êtes plus rapproché d'un degré de feu Charles, le dernier roi : Philippe n'est que son cousin germain et vous êtes son neveu. » Édouard III devient tout pensif en entendant ces paroles qui ne laissent pas toutefois de lui être agréables, mais pour lors il n'y donne point d'autre suite, se réservant d'y revenir, quand il croira le moment venu. P. 314 et 315.

Troisième rédaction. 1331 à 1334. — Robert d'Artois, après avoir séjourné successivement à Namur et en Brabant, vient en Hainaut trouver le comte Guillaume son beau-frère. La comtesse de Hainaut et Jean de Hainaut entreprennent inutilement un voyage en France afin de fléchir Philippe de Valois et de le réconcilier avec Robert. Ce que voyant, le comte d'Artois, désespéré, jure qu'il honnira tout et plongera la France en de telles luttes et divisions que les suites s'en feront encore sentir dans deux cents ans. Il reçoit du comte de Hainaut tout l'argent nécessaire pour payer ses dépenses, et il prend la résolution de passer en Angleterre; mais auparavant il retourne auprès du duc de Brabant qui, après l'avoir retenu à sa cour en lui promettant de le défendre envers et contre tous, est bientôt contraint de céder aux menaces du roi de France. P. 309 et 310.

1334. Robert d'Artois s'embarque à Anvers pour l'Angleterre et il se rend auprès d'Édouard III au moment où ce prince, qui l'accueille courtoisement, se dispose à entrer en campagne contre les Écossais. Au retour de cette campagne, le roi d'Angleterre fait proposer en séance du parlement d'assigner une dotation à Robert d'Artois, l'un des plus hauts et plus nobles seigneurs qu'il y ait au monde. Philippe de Valois a mis en prison la femme, les enfants, il a confisqué les biens de son ennemi, après l'avoir banni de son royaume. C'est justice, maintenant que Robert d'Artois fait partie du conseil d'Angleterre, de le dédommager dans son pays d'adoption de ce qu'il a perdu en France. La proposition d'Édouard III est agréée, et l'on assigne à Robert le comté de Bedford dont le revenu est évalué trois mille marcs. Robert d'Artois remercie son neveu et les seigneurs, et devient ainsi l'homme lige du roi d'Angleterre pour le comté de Bedford. P. 315 et 316.

CHAPITRE XIII.

1332 et 1333. PRÉLIMINAIRES DE LA REPRISE DES HOSTILITÉS ENTRE LES ANGLAIS ET LES ÉCOSSAIS (§§ 49 et 50).

Première et seconde rédaction. 1332. — Un an environ après l'expiration de la trêve conclue pour trois ans entre Édouard III et Robert Bruce, le roi d'Angleterre envoie des ambassadeurs auprès de David Bruce, fils et successeur de Robert, sommer ce prince de lui livrer Berwick et de reconnaître sa suzeraineté sur le royaume d'Écosse. David Bruce, après avoir consulté son conseil, répond aux envoyés d'Édouard III que les rois ses prédécesseurs n'ont jamais fait hommage aux rois d'Angleterre, et, quant à Berwick, que Robert Bruce son père, après l'avoir loyalement conquise, la lui a léguée comme légitime héritage, et qu'il est bien résolu à ne s'en point dessaisir. Le roi d'Écosse ajoute qu'il a lieu d'être surpris de voir son beau-frère d'Angleterre, en qui il devrait trouver un défenseur, vouloir ainsi s'approprier injustement le bien d'autrui. Une telle réponse est loin de satisfaire Édouard III qui convoque à un parlement à Londres, pour délibérer sur cette question, tous les barons, chevaliers et conseillers des bonnes villes de son royaume. P. 103 à 105, 313.

Première rédaction. 1333. — Édouard III fait exposer devant les représentants des trois Ordres la réponse négative rapportée par les ambassadeurs qu'il vient d'envoyer vers David Bruce. L'avis unanime du parlement est qu'il faut contraindre par la force des armes le roi d'Écosse à faire hommage et à donner satisfaction au roi d'Angleterre, son légitime suzerain. P. 105 et 106.

Édouard III, ravi de trouver ses gens aussi bien disposés, les invite à faire leurs préparatifs pour entrer en campagne et leur donne rendez-vous, au jour fixé, à Newcastle. En même temps, il députe encore une fois des ambassadeurs auprès de son beau-frère pour le sommer de nouveau et ensuite pour le défier, si David Bruce persiste dans ses premières dispositions. P. 106 et 107.

Seconde rédaction. — 1333. Édouard III, quoique mécontent de la réponse faite à ses ambassadeurs par son beau-frère, est assez disposé à en rester là, mais ses conseillers ne lui épargnent aucune remontrance pour le pousser à la guerre. Ils lui représentent surtout que les Écossais ne cessent de menacer Newcastle, Brancepeth, Percy, Arcot et les autres châteaux voisins. P. 316 et 317.

Grandes fêtes et joutes magnifiques à Londres ; Jean de Hainaut y vient assister en compagnie de douze chevaliers du continent. Le prix des chevaliers étrangers est décerné au sire de Fagnolles, et le prix des écuyers à Frank de Halle qui fut fait chevalier cette même année en Écosse aux côtés du roi d'Angleterre. Ces fêtes et ces joutes, qui durent huit jours, attirent un grand concours de dames et de damoiselles. Après ces fêtes, Édouard III convoque un parlement. L'évêque de Lincoln y expose au nom du roi le refus fait par David Bruce de livrer la cité de Berwick, la forteresse de Roxburgh et de faire hommage pour son royaume d'Écosse. P. 317.

Le parlement consulté est unanime à déclarer que tous les torts sont du côté de David Bruce. Il est évident, disent les conseillers anglais, que les rois d'Écosse faisaient autrefois hommage à nos rois, car leur pays n'a jamais formé une province distincte : ce n'est qu'une enclave de la province d'York qui est un archevêché d'Angleterre. De plus, ils fabriquent leurs monnaies d'après nos usages et ordonnances, ils ont les mêmes lois et les mêmes coutumes que les Anglais, et ils parlent la même langue. D'où il appert que le royaume d'Écosse est une dépendance de celui d'Angleterre. Il convient d'envoyer une nouvelle ambassade à David Bruce, et, s'il s'obstine, de le défier et de lui déclarer la guerre. P. 318.

L'évêque de Durham, les seigneurs de Percy, de Mowbray, de Felton sont chargés de cette ambassade. Édouard III ne s'en prépare pas moins à entrer en campagne et il fixe le rendez-vous général de son armée à Newcastle. Retour de Jean de Beaumont en Hainaut. P. 318 et 319.

Troisième rédaction. — Les Anglais n'aiment pas, n'ont jamais aimé et n'aimeront jamais les Écossais : ils ont vu avec un profond déplaisir le mariage de la sœur de leur roi avec le jeune David Bruce; et quand la trêve conclue pour trois ans avec l'Écosse est expirée, ils ne souffrent pas qu'on la renouvelle, car ils veulent avoir la guerre. Telle est la nature des Anglais : ils ne savent pas, ils ne peuvent pas, ils ne veulent pas rester longtemps sans guerroyer; ils demandent à se battre, peu leur importe sous quel prétexte, et ils n'ont que trop la passion et le génie des combats. Ils ne pardonnent pas aux Écossais de leur avoir pris et d'avoir gardé Berwick, et c'est pour cela surtout que le comte de Kent s'est rendu naguère si impopulaire en consentant au mariage de la princesse [Jeanne] d'Angleterre avec le roi d'Écosse. P. 311 et 312.

A l'expiration de la trêve, les Écossais députent à Londres, pour renouveler cette trêve, une ambassade composée des évêques de Saint-Andrews et d'Aberdeen, de Robert de Vescy, d'Archibald[1] de Douglas, de Simon Fraser et d'Alexandre de Ramsay. Édouard III et la reine Philippe tenaient à cette époque leur cour, tantôt à Windsor, tantôt à Eltham. Les ambassadeurs d'Écosse se rendent à Eltham où la cour se trouvait alors, désireux de conclure une longue trêve ou même un traité de paix, car c'en est fait de la puissance de l'Écosse, depuis que Robert Bruce, [Jacques] de Douglas et le comte de Murray sont morts. P. 312.

Édouard III fait aux seigneurs écossais l'accueil courtois qui est dû à des ambassadeurs de son beau-frère. Il leur promet de soumettre leur demande aux délibérations de son parlement, et d'user de toute son influence en faveur de la paix. Sur ce, les envoyés du roi d'Écosse retournent à Londres. P. 312 et 313.

---

1. Ce prénom est encore porté aujourd'hui et s'est conservé dans l'onomastique française sous la forme *Archambaud* ou *Archambauld.*

Le parlement est convoqué à Westminster, car rien ne peut ni ne doit se faire sans son concours. L'évêque de Saint-Andrews y porte la parole au nom du roi d'Écosse. L'archevêque de Canterbury répond au nom du roi d'Angleterre en demandant du temps pour délibérer sur les propositions de David Bruce. Sur ces entrefaites, Édouard III s'en vient demeurer en son hôtel de Sheen sur la Tamise, à peu de distance de Westminster, et les Écossais passent plus d'un mois à Londres avant de pouvoir obtenir une réponse. P. 319 et 320.

La crainte de voir le jeune Édouard III s'amollir dans l'oisiveté comme son père Édouard II jointe au désir de reprendre Berwick, Dunbar, Dalkeith, Édimbourg, Stirling et tout le pays jusqu'au détroit de Queensferry, détermine le parlement à refuser de renouveler les trêves et de conclure la paix avec l'Écosse tant qu'elle n'aura pas restitué les dites villes à l'Angleterre. Les envoyés de David Bruce quittent le palais de Westminster aussitôt qu'ils ont reçu cette réponse qui est une déclaration de guerre déguisée ; ils cheminent au long de Londres et viennent à Saint-John's-lane en Gracechurch où ils sont descendus, et de là ils retournent en Écosse. P. 320.

Les plus sages entre les Écossais disent en apprenant les nouvelles apportées à Édimbourg par l'évêque de Saint-Andrews : « Nous aurons la guerre, et nous ne sommes pas prêts. Cette fois-ci, les Anglais nous abattront, ou nous les abattrons eux-mêmes. Notre roi est jeune, et aussi le leur. Il faut qu'ils s'essayent. Il n'y a pas sous le soleil de peuple plus orgueilleux et plus présomptueux que le peuple anglais. » Les jeunes chevaliers et écuyers d'Écosse, au contraire, qui aiment les armes et ont à cœur de s'avancer, sont au comble de la joie. P. 321.

CHAPITRE XIV.

GUERRE D'ÉCOSSE ; CAMPAGNE DE 1333 : SIÉGE ET PRISE DE BERWICK
(§§ 51 et 52).

Première rédaction. — Édouard III vient avec le gros de son armée à Newcastle où il reste quatre jours, attendant ceux de ses gens qui ne l'ont pas encore rejoint. Le quatrième jour, il se dirige du côté de Berwick, en traversant les terres des seigneurs de Percy et de Nevill, deux grands barons de Northumberland, qui, comme les seigneurs de Ross, de Lucy et de Mowbray, font frontière aux Écossais. P. 107.

Édouard III passe la Tweed qui sépare l'Angleterre de l'Écosse et, sans s'arrêter devant Berwick, il ravage et incendie quantité de villes du plat pays entourées seulement de fossés et de palissades, il s'empare du fort château d'Édimbourg et y met garnison. Puis, il passe la seconde rivière d'Écosse sous Stirling [le Forth]. Les Anglais courent tout le plat pays des environs et s'avancent jusqu'à Saint-Johnston (Perth) et Aberdeen. Ils brûlent et pillent Dunfermline ; l'abbaye seule est épargnée sur l'ordre exprès du roi. Ils poussent leurs incursions jusqu'à Dundee et Dumbarton où le roi et la reine d'Écosse se sont réfugiés. Les Écossais fuient devant les envahisseurs sans leur opposer de résistance et mettent leurs personnes et leurs biens en sûreté dans les forêts de Jedburgh impraticables pour quiconque ne connaît pas le pays. P. 107 et 108.

Le roi David Bruce et Guillaume de Douglas, neveu de [Jacques] de Douglas mort en Espagne, ont quinze ou seize ans ; le comte de Murray est encore plus jeune : l'Écosse, privée de ses plus braves et de ses plus habiles capitaines, est livrée sans défense aux attaques victorieuses des Anglais. P. 108.

Après avoir pris le château de Dalkeith, à cinq lieues d'Édimbourg, qui appartient au comte de Douglas, le roi d'Angleterre vient mettre le siége devant Berwick, cité bien fortifiée, située aux confins de l'Écosse et du *royaume* de Northumberland, environnée d'un bras de mer et pourvue d'une bonne garnison. Ce n'est tous les jours, pendant la durée du siége, qu'assauts, hutins, escarmouches et apertises d'armes. Les Écossais font plusieurs fois des sorties, soit de jour, soit de nuit, pour réveiller et surprendre les assiégeants ; mais chaque fois ils trouvent les Anglais prêts à les recevoir et ils sont repoussés après avoir essuyé des pertes plus ou moins graves. Les assiégés, menacés de famine, demandent et obtiennent une trêve d'un mois, promettant de se rendre si le roi d'Écosse ne leur envoie aucun secours dans cet intervalle. Robert d'Artois, qui voudrait voir Édouard III tourner tout l'effort de ses armes contre la France, contribue beaucoup à décider le roi d'Angleterre à accorder cette trêve. P. 109 à 111.

Reddition de la ville et du château de Berwick. Les bourgeois se soumettent à Édouard III auquel ils prêtent serment de foi et hommage. Le roi d'Angleterre fait son entrée solennelle à Berwick au son des trompes et des nacaires ; il quitte cette ville après y avoir séjourné quinze jours, y laissant une garnison de jeunes chevaliers et écuyers sous les ordres d'Édouard Baillol. Après quoi, il donne congé à ses gens et retourne à Windsor. Robert d'Artois, qui l'accompagne partout, ne cesse de l'exhorter à faire valoir ses droits à la couronne de France. P. 111 et 112.

Seconde rédaction. — Édouard III, arrivé avec le gros de son armée à Newcastle, y reçoit la nouvelle que ses prétentions sont repoussées par les Écossais ; il se met aussitôt en marche pour assiéger Berwick. Précédé de ses maréchaux, le comte de Suffolk et Thomas Wager, il va coucher à Arcot[1], château et ville qui appartient au seigneur de Percy : les Écossais avaient pillé la ville sans pouvoir prendre le château. Le lendemain, le roi d'Angleterre vient dîner à Percy (Alnwick). P. 321 et 322.

L'armée anglaise ne compte pas moins de dix mille hommes à cheval et de vingt mille hommes à pied, archers et gallois, sans compter la ribaudaille. Siége de Berwick. Les machines et pierriers des assiégeants abattent les officines et même les combles des salles et des chambres, et bientôt il ne reste plus aux assiégés que deux grosses tours où ils se réfugient. Les Écossais demandent et obtiennent une trêve de quinze jours, promettant de se rendre et de vider le château, sauf leur vie et leurs biens, s'ils ne reçoivent pas de secours dans l'intervalle. En même temps, ils dépêchent un écuyer, chargé de réclamer ce secours, à Saint-Johnston (Perth), une bonne ville située sur un bras de mer, où se tiennent alors auprès de leur roi et de leur reine le jeune comte de Murray, le jeune Guillaume de Douglas, neveu de [Jacques] de Douglas, Robert de Vescy, Simon Fraser et une foule d'écuyers et de bacheliers d'Écosse. David Bruce marche au secours de Berwick en passant par son château d'Édimbourg. Le lendemain de son départ de cette dernière ville, à une heure

1. Froissart appelle cette localité *Urcol*. Arcot, avec lequel nous identifions Urcol, est un village situé dans le sud du Northumberland, au nord de Newcastle, à peu de distance de l'ancienne route de Londres à Édimbourg, qui passait par Newcastle et par Percy ou Alnwick. Cette identification serait à peu près sûre, s'il était établi qu'il y avait à Arcot un château au quatorzième siècle. Il appartient aux savants anglais de nous renseigner sur ce point.

d'après-midi, le roi d'Écosse vient camper avec son armée près d'une grande abbaye de moines noirs (bénédictins), nommée au temps du roi Arthur la Noire Combe, à cause de sa situation dans une vallée et sur le bord d'une Noire [1] Rivière qui sépare l'Écosse de l'Angleterre. Cette abbaye jouit du privilége d'immunité dans les guerres entre les deux pays en vertu de chartes et de bulles qui lui ont été conférées. Elle est située à neuf lieues anglaises de Roxburgh et à dix-huit de Berwick. P. 329 et 330.

La nuit même qui suit leur arrivée près de cette abbaye, au coucher du soleil, le jeune Guillaume de Douglas, le jeune comte de Murray, Robert de Vescy et Simon Fraser partent avec quatre cents armures de fer pour réveiller les Anglais. Ils chevauchent à travers des landes désertes et arrivent vers minuit assez près de Berwick, à une petite lieue de l'armée anglaise. Ils tombent à l'improviste sur leurs ennemis qui ont à peine le temps de se reconnaître, en tuent ou blessent plus de deux cents, en font prisonniers plus de quarante, puis ils regagnent sains et saufs le camp écossais en traversant les bois par où ils sont venus. P. 331 et 332.

Deux jours après cette escarmouche dont le succès l'enhardit, le roi d'Écosse prend la résolution de joindre les Anglais. Son armée se compose d'environ seize mille hommes tous à cheval selon l'usage, les chevaliers et écuyers montés sur bons coursiers et gros roncins, les autres sur haquenées bien disposes et endurcies à la fatigue. Parvenus à deux lieues anglaises de Berwick, les Écossais se divisent en deux batailles : la plus petite bataille doit prendre les devants pour réveiller et escarmoucher les Anglais, tandis que la bataille la plus nombreuse formera la réserve en s'étendant sur les ailes, pour se porter où besoin sera. Les Anglais, avertis par leurs sentinelles, s'arment en toute hâte et conviennent de laisser l'ennemi s'avancer jusque dans leur camp, sans avoir l'air de se douter de rien et sans opposer tout d'abord aucune résistance. Les Écossais, témoins de cette immobilité, soupçonnent quelque ruse, ils ne tardent pas à s'apercevoir que les Anglais se sont mis à l'abri d'une surprise. Ils se postent alors sur une petite montagne à côté d'un bois qui sert de pâtu-

---

1. Ces mots de *Noire Rivière* désignent sans doute la *Blackadder*, un des affluents de la Tweed. L'abbaye de bénédictins dont parle Froissart était peut-être l'un des deux monastères dont on voit encore aujourd'hui les ruines sur le Herrit's Dykke près de Greenlaw.

rage à leurs chevaux. L'escarpement de cette montagne en défend l'abord d'un côté, et les Écossais, après avoir fortifié le seul côté par où elle reste accessible à l'aide de troncs d'arbres abattus, en font garder l'entrée par leurs maréchaux. P 333 et 334.

Le roi d'Angleterre envoie un de ses hérauts offrir la bataille au roi d'Écosse ou, à défaut de bataille, un combat partiel entre un nombre limité de chevaliers pris dans les deux armées. David Bruce, après avoir consulté son conseil, refuse d'accepter cette proposition. P. 334.

Un détachement, composé de cinq cents hommes d'armes au centre avec cinq cents archers sur chaque aile, va par l'ordre d'Édouard III escarmoucher les Écossais, qui sont chauds et bouillants, pour les exciter et les décider à accepter la bataille. Les seigneurs de Willoughby, de Bradeston, de la Ware, Édouard Spenser, fils du favori d'Édouard II, le seigneur de Greystock, Gautier de Mauny et Guillaume de Montagu, les deux frères d'armes, sont faits chevaliers à cette occasion de la main du roi d'Angleterre; mais l'escarmouche reste sans résultat, et l'on ne réussit pas à entraîner l'ennemi hors de ses positions. P. 335.

Les Écossais veulent prendre leur revanche en réveillant vers minuit les Anglais, ils sont repoussés à leur tour. Ils voient bien qu'ils ne sont pas de force à engager la lutte contre un ennemi très-supérieur en nombre, ils aiment mieux perdre Berwick que de tenter l'aventure, et ils effectuent leur retraite pendant la nuit. Le lendemain matin, les Anglais s'aperçoivent que les Écossais ont décampé. Depuis la veille, la trêve accordée aux habitants de Berwick est expirée. Édouard III envoie quatre chevaliers sommer les assiégés de tenir leur parole. Les clefs de Berwick sont apportées au roi d'Angleterre, qui fait son entrée dans la ville et le château le 7 juillet 1333. P. 336.

Troisième rédaction. Vers la Saint Jean-Baptiste [1333], le roi et la reine d'Angleterre viennent à York chasser aux cerfs, daims et chevreuils. Le rendez-vous général de l'armée qui doit marcher contre l'Écosse est fixé pour le 1ᵉʳ août. D'York Édouard III se rend à Durham, puis à Newcastle où il attend les hommes d'armes des lointaines marches qui ne l'ont pas encore rejoint. P. 322.

A cette nouvelle, les Écossais s'empressent de mettre leurs villes et châteaux en état de défense, surtout la cité de Berwick dont la garnison a pour capitaine Alexandre de Ramsay. David Bruce et la reine sa femme se tiennent en la marche d'Édimbourg. *Les*

Écossais, qui ne se sentent pas en force pour soutenir une lutte ouverte contre les Anglais, se décident à faire une guerre de partisans. P. 322.

Sur ces entrefaites, Robert d'Artois, traqué de tous côtés par le roi de France, vient implorer l'appui du roi d'Angleterre qui l'accueille avec bienveillance comme son proche parent. P. 323.

Édouard III, après avoir passé douze jours à Newcastle où il réunit sous ses ordres six mille hommes d'armes, chevaliers et écuyers, et cinquante mille archers, passe la Tyne sur le pont de cette ville, et, prenant la direction, non de Berwick, mais de Roxburgh, il arrive à Alnwich dans la terre du seigneur de Percy. P. 323.

A Alnwich, un héraut d'Écosse nommé Dundee sollicite et obtient du roi d'Angleterre des lettres de sauf-conduit pour sept ambassadeurs envoyés par David Bruce, deux prélats et cinq chevaliers. Ces ambassadeurs partent de Moreham et viennent trouver le beau-frère de leur roi à Alnwich. Édouard III leur souhaite la bienvenue dans sa propre langue qui diffère très-peu de la langue écossaise. P. 323 et 324.

Ces sept ambassadeurs sont les évêques de Saint-Andrews et d'Aberdeen, le frère de [Jacques] de Douglas qui porta le cœur de Robert Bruce en Grenade où il mourut, Archibald de Douglas son fils, le comte de Carrick, Robert de Vescy et Simon Fraser. L'évêque de Saint-Andrews prie le roi d'Angleterre, au nom des liens d'étroite parenté qui l'unissent au roi d'Écosse, son beau-frère, de vouloir bien nommer quatre prélats et autant de barons de son royaume chargés de s'entendre avec un égal nombre de prélats et de barons écossais pour renouveler les trêves et conclure une paix durable. P. 324 et 325.

Édouard III consulte son conseil. Renaud de Cobham, père du chevalier du même nom qui se rendit depuis si fameux par ses prouesses conseille de n'accorder la paix aux Écossais qu'à deux conditions. La première est la prestation de l'hommage dû par David Bruce au roi d'Angleterre pour tout le royaume d'Ecosse, excepté certaines îles situées du côté de l'Irlande et de la Norvége, dites les *Sauvages Escos*, dont le seigneur a nom Jean des Adultilles[1] et n'est tributaire que du roi d'Écosse. La seconde

---

1. Peut-être Jean des Athol-îles ou Jean d'Athol, suivant une conjecture un peu hardie, mais ingénieuse, de Buchon.

condition est la reddition de Berwick et de tout le pays jusqu'à la mer d'Écosse. P. 325.

Les ambassadeurs écossais, à la demande desquels Renaud de Cobham est chargé de répondre, déclarent qu'ils ne peuvent prendre sur eux d'accepter de pareilles conditions. P. 326.

Ils quittent Alnwich et retournent vers le roi d'Écosse auquel ils transmettent la réponse hautaine et orgueilleuse des Anglais. Ils font remarquer que le roi d'Angleterre n'a nulle puissance en toutes ces choses et que c'est le peuple anglais lui-même qui prend fait et cause pour la revendication d'hommage et le recours à la force ; ils ont bien vu que, quand même Édouard III voudrait renoncer à cette revendication, ses gens n'y consentiraient pas. La guerre est inévitable : il ne reste plus qu'à s'y préparer. P. 327.

Le roi d'Angleterre quitte Alnwich à la tête de cent mille chevaux, y compris les sommiers qui portent les provisions et les bagages. Les Anglais prennent le chemin de Roxburgh et de Melrose. Melrose est une abbaye de Saint-Benoît, située sur une petite rivière qui sépare l'Écosse de l'Angleterre. Ils laissent pour le moment Berwick à leur droite sans s'y arrêter et passent outre, car ils ne cherchent que la bataille et ils veulent voir s'ils trouveront à qui parler. Ils portent le ravage et l'incendie par tout le plat pays d'Écosse. P. 327.

Il y a très-peu de villes fortifiées en Écosse ; en revanche, les châteaux y abondent, quoiqu'ils soient dix fois moins nombreux qu'en Angleterre. Les Écossais ont pour principe, dans leurs guerres contre les Anglais, de se tenir en rase campagne. Les seigneurs eux-mêmes ne s'enferment point dans leurs châteaux ; ils disent qu'un chevalier, dès lors qu'il est ainsi enfermé, cesse de valoir plus que le premier venu. Les envahisseurs, contre leur attente, ne trouvent pas à Édimbourg, qui est le Paris de l'Écosse, le roi David Bruce ; celui-ci s'est retiré avec la reine sa femme dans la partie la plus sauvage de son royaume. Ainsi ont fait les chevaliers et écuyers du pays dont les meubles, les objets précieux et l'immense bétail ont été mis en sûreté dans les inaccessibles forêts de Jedburgh[1]. P. 328.

1. L'ancien nom de Jedburgh est Jedweorth ou Jedwarth. On voit encore sur les bords de la Jed, rivière qui a donné son nom à Jedburgh. des grottes à trois compartiments qu'on suppose avoir servi de refuge aux habitants du pays durant les invasions des Anglais.

Édouard III fait son entree dans Édimbourg, ville grande, plantureuse et dépourvue de fortifications. Il va se loger à l'abbaye de Sainte-Croix. Prise du château d'Édimbourg après quinze jours de siége. Prise de Dalkeith, château des Douglas, situé à cinq petites lieues d'Édimbourg. Les Anglais ravagent et brûlent toute l'Écosse jusqu'à Saint-Johnston (Perth.) P. 328.

Le roi d'Angleterre occupe une belle petite ville qu'on appelle Dunfermline. Il y a dans cette ville une abbaye de moines noirs (bénédictins) qui est très-grande et belle ; cette abbaye contient les sépultures de la plupart des rois d'Écosse. Les Anglais mettent le feu à la ville, mais Édouard III leur défend de toucher à l'abbaye où il est logé. Le roi, voyant que la mauvaise saison s'approche, se dispose à retourner en Angleterre ; il suit un autre chemin que celui par lequel il est venu en Écosse.. Il côtoie le rivage de la mer, car il veut aller mettre le siége devant Berwick. C'est en vain que sur la route il essaye de prendre Dunbar ; cette ville maritime résiste pendant cinq jours à tous les assauts des Anglais. P. 329.

Édouard III assiége Berwick dont la garnison a pour capitaine Alexandre de Ramsay. Les Anglais posent leur camp le long de la Tweed, rivière qui se jette dans la mer sous Berwick ; il s'y trouve un port par où ils reçoivent des approvisionnements. Le pays des environs est fertile et bien pourvu de toute sorte de grains et de fourrages ; et l'on y trouve du gibier et des volailles en abondance. Le roi d'Angleterre s'y livre au plaisir de la chasse avec ses chiens et ses oiseaux ; et pendant qu'il prend ainsi ses ébats, le comte de Northampton, connetable d'Angleterre, surveille l'ennemi à la tête de cinq cents lances et de mille archers. P. 337.

Certes, ce n'est pas du temps de Robert Bruce ni de [Jacques] de Douglas mort en Grenade, ni de Jean de Murray, que le roi d'Angleterre eût ainsi osé prendre ses ébats en Écosse avec ses chiens et ses oiseaux. Mais les Écossais commencent à redouter Édouard III et disent qu'il a la mine et les allures d'un brave. Les Anglais excitent et entretiennent la bravoure de leur roi, et ils font bien, car qui veut tenir terre et régir peuple doit être de hardies et grandes emprises. Les Écossais conviennent entr'eux que le roi d'Angleterre, beau-frère de David Bruce, est tenu de faire en toutes choses les volontés du peuple anglais, sous peine d'avoir le sort de son pere Édouard II, P. 337 et 338.

Cette opinion des Écossais est partagée par tous ceux qui connaissent le caractère des Anglais, car il n'y a pas sous le soleil de peuple plus difficile à gouverner et plus révolutionnaire : ils sont de bonne compagnie et ils ont de beaux dehors ; mais il ne faut pas trop s'y fier, si l'on est sage. P. 338.

Alexandre de Ramsay, capitaine de Berwick, craignant de se voir bientôt contraint de livrer cette ville aux Anglais, sollicite et obtient des assiégeants une trêve de quinze jours ; il promet de se rendre s'il ne reçoit pas de secours dans cet intervalle. En même temps, il fait demander des renforts à David Bruce par deux chevaliers qu'il expédie à Aberdeen où se tient alors le roi d'Écosse. David Bruce répond qu'il est dans l'impossibilité de secourir Berwick. Ce que voyant, Alexandre de Ramsay prend le parti de se rendre. Édouard III fait son entrée en grande pompe dans la ville et le château de Berwick et il y tient sa cour en compagnie de la reine Philippe alors enceinte. Il établit garnison dans le château dont il confie la garde au seigneur de Percy. Puis il revient à Newcastle dont il fait le seigneur de Nevill capitaine, et il va passer deux jours au château de Brancepeth qui appartient au seigneur de Percy [1]. Robert d'Artois accompagne partout le roi et la reine d'Angleterre qui, après s'être arrêtés trois jours à Durham, arrivent à York où ils restent jusqu'à la Pâque de l'année suivante [1334]. P. 338 à 341.

CHAPITRE XV.

GUERRE D'ÉCOSSE ; CAMPAGNES DE 1334 A 1336 : SIÉGE ET PRISE DE ROXBURGH, DE DALKEITH ET DE STIRLING. (§ 53.)

Première rédaction. — Guillaume de Montagu et Gautier de Mauny, chargés de garder la frontière d'Angleterre du côté de l'Écosse, se couvrent de gloire. Guillaume de Montagu fait de Roxburgh, qui n'était auparavant qu'une bastille, une forteresse de premier ordre. Édouard III le crée comte de Salisbury en récompense de ses services et lui procure le mariage le plus bril-

---

1. Il y a lieu de croire que Froissart ajoute ici une confusion de nom aux autres erreurs dont ce récit abonde : Brancepeth, près de Durham, semble avoir toujours appartenu aux Nevill, non aux Percy.

lant. Gautier de Mauny, de son côté, est fait chevalier et devient un des conseillers intimes du roi d'Angleterre. Ces deux chevaliers sont en butte aux incursions continuelles des ennemis réfugiés dans les forêts marécageuses de la sauvage Écosse, et Guillaume de Montagu perd un œil dans une de ces escarmouches. P. 112 et 113.

1306. C'est aussi dans ces marais et ces forêts que Robert Bruce, père de David, avait jadis cherché un refuge lorsqu'il avait été contraint de fuir devant les armes victorieuses d'Édouard I ; et c'est de là qu'il s'était élancé pour reconquérir par cinq fois son royaume. P. 113 et 114.

1307. Édouard I, à la nouvelle de l'un de ces retours offensifs, s'était mis en marche pour combattre le roi d'Écosse ; mais il avait été surpris par la mort à Berwick. Avant de mourir, il fit appeler en présence de toute sa cour son fils aîné qui lui succéda sous le nom d'Édouard II et lui fit jurer sur des reliques que, sitôt qu'il serait mort, on mettrait son corps à bouillir dans une chaudière jusqu'à ce qu'il ne restât que les os ; et, toutes les fois que son fils irait en guerre contre les Écossais, il devrait emporter ces os : tant qu'il les aurait avec lui, il battrait toujours ses ennemis. Édouard II ne tint pas la promesse qu'il avait faite à son père : aussi fut-il défait à Stirling et dans une foule d'autres rencontres. P. 114.

Seconde rédaction. — Après la prise de Berwick, Édouard III va mettre le siége devant le château de Roxburgh, situé à douze lieues de là aux confins de l'Angleterre et de l'Écosse ; la garnison de ce château a pour capitaine un écuyer écossais nommé Alexandre de Ramsay. P. 341.

Pendant ce temps, l'armée écossaise, qui s'est retirée devant l'armée anglaise, prend position sur une petite rivière appelée dans le pays *la Boée*[1]. Là, on décide que le jeune roi d'Écosse se mettra en sûreté dans Dumbarton, un très-fort château de la sauvage Écosse, tandis que Guillaume de Douglas, les comtes de Murray et de Sutherland, Robert de Vescy et Simon Fraser met-

---

1. Peut-être, puisque Froissart avertit qu'il donne le nom local, la *White* ou la *Blanche*, aujourd'hui *Whiteadder*, petite rivière située au N. O. de Berwick, qui, après avoir fait sa jonction avec la *Blackadder*, vient se jeter dans la Tweed. Froissart a dû écrire le nom de cette rivière, tel qu'il l'a entendu prononcer par les habitants du pays : *Voee* ou Boée, *Vethe* ou Bethe.

tront à profit les retraites impénétrables des forêts de Jedburgh pour faire aux Anglais une guerre de partisans. Les Écossais se contentent de mettre des garnisons à Édimbourg, à Saint-Johnston (Perth), à Aberdeen, à Dundee, à Dalkeith, à Saint-Andrews ; et, après avoir ravagé eux-mêmes le plat pays pour n'y rien laisser à prendre aux envahisseurs, ils se retirent dans les profondeurs inaccessibles de leurs forêts. P. 342.

Le siége du château de Roxburgh est signalé par un combat singulier entre Alexandre de Ramsay, capitaine du dit château et Guillaume de Montagu, gentilhomme anglais fait nouvellement chevalier. Cet exploit d'armes n'est point consigné dans les Chroniques de Jean le Bel, mais il fut raconté à Froissart par les seigneurs du pays pendant son voyage en Écosse. Guillaume de Montagu propose ce combat singulier, et, pour être plus sûr de le faire agréer, il promet de se racheter au prix de mille nobles si Alexandre de Ramsay est vainqueur. Le capitaine de Roxburgh accepte la proposition. P. 343.

Le roi d'Angleterre accorde à cette occasion une trêve à la garnison de Roxburgh pendant tout le jour que le combat doit avoir lieu et le lendemain jusqu'à soleil levant. Ce combat singulier se livre en plaine, à peu de distance du château, en présence d'Édouard III et des gens d'armes tant anglais qu'écossais. Les deux champions, montés sur leurs chevaux, après avoir rompu d'abord leurs glaives, puis leurs épées, en échangeant des coups, finissent par se prendre à bras le corps, sans parvenir à se désarçonner l'un l'autre. Ce que voyant, le roi d'Angleterre fait cesser le combat. P. 344.

La garnison de Roxburgh se rend, après avoir soutenu un siége qui dure depuis l'entrée d'août jusqu'à la Toussaint. Les gens d'armes qui composent cette garnison, libres d'aller où bon leur semble, se retirent, les uns à Dumbarton, les autres dans les forêts de Jedburgh avec Guillaume de Douglas, le comte de Murray et autres chevaliers d'Écosse qui réveillent et harcèlent les Anglais. P. 345.

Après avoir passé huit jours à Roxburgh et y avoir fêté la Toussaint, Édouard III chevauche vers Édimbourg, très-beau château et fort situé près de la mer au sommet d'un rocher d'où l'on découvre tout le pays environnant. Les maréchaux de l'armée anglaise font des incursions par tout le comté de March et le long du rivage de la mer, au sud, jusqu'à Dunbar et Ramsay, au nord, jusqu'à Saint-Andrews ; ils pillent et brûlent la ville de Queensferry sur le détroit de ce nom et ils viennent attaquer Dunfermline. Le comte de Suffolk, Édouard Spenser, Thomas Biset et Eudes de Pontchardon sont blessés au siége de cette ville qui, grâce au seigneur de Lindsay, résiste à tous les assauts des Anglais. Les maréchaux, ainsi repoussés de Dunfermline, vont rejoindre Édouard III qui a mis le siége devant Dalkeith, un château des Douglas, situé à cinq lieues d'Édimbourg. P. 345 et 346.

Ce château de Dalkeith n'est pas très-grand, mais il est bien aménagé et il a une grosse tour carrée et voûtée à l'épreuve des machines ; il est bâti sur un petit rocher à pic entouré d'une riviere [Esk] qui ne devient un peu forte que quand il tombe des pluies en abondance. La garnison de Dalkeith se compose de trente-six compagnons dont le capitaine, nommé Patrick d'Orkney, s'arme d'argent à trois clefs de sable. P. 346.

Le siége de Dalkeith dure tout l'hiver. Au printemps, une ruse de guerre livre ce château aux Anglais. Les comtes de Lancastre, de Pembroke, de Hereford, de Warwick, les seigneurs de Percy, de Greystock, de Nevill et de Felton s'avisent de faire endosser leurs armures à huit de leurs valets et de les envoyer à l'assaut ; et pendant que les assiégés, qui ont fait une sortie, sont occupés à repousser ces valets, les chevaliers anglais, auteurs du stratagème, pénètrent dans le château par le pont-levis qui reste abaissé et se rendent ainsi maîtres de Dalkeith. P. 346 et 347.

Après la prise de Dalkeith, Édouard III attaque le château d'Édimbourg. Il se loge dans une abbaye de moines noirs (bénédictins) voisine de la ville et à laquelle les Écossais ont mis le feu, afin que l'ennemi ne puisse s'en servir. Édimbourg résiste aux efforts et aux machines des assiégeants, mais le pays des environs a été tellement dévasté, soit par les habitants, soit par les envahisseurs, que les Anglais sont réduits à faire venir leurs vivres d'Angleterre, par mer. P. 348.

Le roi d'Angleterre va mettre alors le siége devant Stirling. Stirling est un beau et fort château assis au sommet d'un rocher escarpé de tous côtés sauf un seul, à vingt lieues d'Édimbourg, à douze de Dunfermline, à trente de Saint-Johnston (Perth). Cette forteresse était appelée *Smandon* au temps du roi Arthur ; et c'est là que se réunissaient les chevaliers de la Table-Ronde, ainsi qu'il fut dit à Froissart sur les lieux mêmes, lorsqu'il alla passer trois jours au château de Stirling en compagnie du

roi David d'Écosse. A l'époque de ce voyage, le château de Stirling appartenait à Robert de Vescy qui avait aidé à le reprendre
aux Anglais. P. 348 et 349.

Le siége de Stirling est poussé avec vigueur malgré les conseils de Robert d'Artois qui ne cesse de dire à Édouard III :
« Laissez ce pauvre pays; que le feu d'enfer le brûle, et ne
songez qu'à revendiquer le trône de France, votre légitime héritage ! » Pendant ce temps, la reine Philippe, qui réside à York,
met au monde un fils qui reçoit le nom d'Édouard comme son
père et son parrain Édouard Baillol. C'est ce fils qui devint depuis si fameux sous le titre de prince de Galles[1], mais il mourut
du vivant de son père, comme on le verra ci-après. P. 349.

La garnison de Stirling demande et obtient une trêve de
quinze jours pendant lesquels elle attend en vain des renforts; elle rend le château à l'expiration de cette trêve. P. 349
et 350.

Après la reddition de Stirling, Robert d'Artois exhorte plus
que jamais le roi d'Angleterre à revendiquer le trône de France.
Les comtes de Lancastre, de March, de Suffolk, de Hereford,
de Warwick et le seigneur de Percy conseillent à Édouard III de
se rendre à Londres et de soumettre la question, soulevée par
Robert d'Artois, aux délibérations du parlement. Avant de quitter
l'Écosse, le roi d'Angleterre met de bonnes garnisons à Berwick,
à Dalkeith, à Roxburgh, à Dundee, à *Astrebourch*, à *la bastide de
March*, *au fort Saint-Pierre*, à Édimbourg et à Stirling; en même
temps, il place tout le pays conquis sous le commandement et
sous la garde de Guillaume de Montagu et de Gautier de Mauny.
Après quoi, il congédie ses barons à Roxburgh, en leur assignant
rendez-vous à un parlement qui doit se réunir prochainement à
Londres. Puis il va rejoindre la reine sa femme à York, en passant par Arcot. Percy (Alnwich), Newcastle-on-Tyne et Durham.
De retour à Londres, il fait célébrer aux Augustins de cette ville
un office solennel pour l'âme de Jean d'Eltham son frère, ré-

1. Quoique la rectification des erreurs historiques de Froissart doive
faire l'objet d'une publication spéciale, la méprise commise ici est tellement grossière qu'il est impossible de ne la pas relever. Notre chroniqueur parait avoir confondu dans ce passage la naissance d'Édouard,
depuis prince de Galles, qui eut lieu le 16 juin 1330, avec celle de
Guillaume, que la reine Philippe mit au monde à Hatfield en 1336,
pendant la guerre d'Écosse.

cemment mort, et il tient sa cour tantôt à Westminster, tantôt à Sheen, tantôt à Eltham. P. 350 et 351.

Les Écossais profitent du départ d'Édouard III pour faire aux gens d'armes anglais qu'il a laissés dans le pays conquis une guerre de partisans. Les chevaliers des deux royaumes se livrent des escarmouches dont l'honneur revient principalement, du côté des Écossais, à Guillaume de Douglas, à Robert de Vescy, au comte de Murray, à Simon Fraser, et, du côté des Anglais, à Gautier de Mauny et à Guillaume de Montagu. Ce dernier devint dans la suite comte de Salisbury par son mariage avec Alix, héritière de ce comté, qui dans sa jeunesse avait fait partie de la maison de Philippe, reine d'Angleterre. P. 351 et 352.

CHAPITRE XVI.

1336. VOYAGE DE PHILIPPE DE VALOIS A AVIGNON ET PRÉPARATIFS D'UNE CROISADE PROJETÉE PAR CE PRINCE (§§ 54 et 55).

1336. Éclat de la cour de Philippe de Valois. C'est un roi magnifique en toute chose, et qui sait bien ce que c'est que bachelerie, car il a été bachelier et homme d'armes à gages dans sa jeunesse, en Lombardie, du vivant du comte de Valois son père. Il tient sa cour tantôt à Paris, tantôt au bois de Vincennes. Noms des principaux grands seigneurs qui fréquentent cette cour. P. 353.

Philippe de Valois, voyant ses chevaliers impatients de l'inaction où la paix les condamne, entreprend d'occuper leur activité en les menant à la croisade délivrer la Terre Sainte; il part pour Avignon en compagnie des rois de Bohême et de Navarre, afin de prier le pape Benoît XII de prêter son appui à cette croisade et de la publier par toute la chrétienté. Arrivé à Lyon après avoir traversé la Bourgogne, il s'embarque sur le Rhône pour voyager plus commodément, tandis que ses gens continuent leur route par terre, et il vient se loger avec sa suite à Villeneuvelès-Avignon. Il est reçu avec joie par le pape et par le roi Pierre d'Aragon[1]. Benoît XII donne plusieurs fois à dîner à Philippe de

---

1. Au lieu du roi d'Aragon, le manuscrit de Rome nomme le roi Robert de Naples, comte de Provence, qui serait venu exprès de Sicile

Valois et aux autres rois dans son palais qui n'était pas alors si beau ni si considérable qu'il est maintenant. P. 114, 115, 353, 354.

Le pape prêche la croisade et accorde une indulgence plénière à tous ceux qui en feront partie. Les rois présents, plusieurs cardinaux et plus de deux cents grands seigneurs prennent la croix. P. 114, 115, 354.

Philippe de Valois retourne à Paris en passant par Montpellier, par l'Auvergne, le Berry, la Beauce et le Gâtinais. Le royaume de France était alors florissant, populeux et plantureux, ses habitants étaient riches et pourvus de grands biens, et l'on n'entendait parler de nulle guerre. P. 116 et 117.

Philippe de Valois fait pour la croisade les plus grands et les plus beaux préparatifs que l'on eût vus depuis le temps de Godefroi de Bouillon. On rassemble à Marseille, à Aigues-Mortes, à Lattes et dans les ports qui avoisinent Montpellier et Narbonne, des approvisionnements de toute sorte en biscuit, en vins, en eau douce, en salaisons, avec un nombre suffisant de vaisseaux, d'huissiers, de caraques, de galées, de barques, pour transporter trente mille ou même soixante mille hommes. Le comte de Narbonne et Charles Grimaldi[1] de Gênes sont préposés à cette flotte de transport. P. 117, 354 et 355.

Le roi de Hongrie, le vaillant Hugues IV de Lusignan, roi de Chypre Robert roi de Naples informent Philippe de Valois qu'ils sont disposés à livrer passage aux pèlerins de Dieu à travers leurs États. Le grand prieur de France, à qui les Templiers obéissent, est chargé de préparer des vivres et des approvisionnements dans l'île de Rhodes. Les Génois et les habitants de la rivière de Gênes fournissent quantité de galées et de barques toutes prêtes à prendre la mer. Les Vénitiens garnissent l'île de Crète, une de leurs possessions, de concert avec les chevaliers de Saint-Jean de Jérusalem. Bref, plus de trois cent mille personnes prennent la croix ; mais les Sarrasins ne s'en porteront pas plus mal, car le roi de France ne donne pas suite à son projet. P. 118 et 357.

et de Pouille pour se rencontrer avec le roi de France ; et un autre manuscrit ajoute le roi de Majorque.

1. En novembre 1339, Philippe de Valois fit don à son amé et féal conseiller Charles Grimaldi, chevalier, de 1000 livres tournois de rente annuelle et perpétuelle sur la claverie (douane) d'Aigues-Mortes. (Arch. de l'Empire, JJ 74, p. 70, f° 41.)

A la demande de Philippe de Valois, Louis V de Bavière, mari de Marguerite de Hainaut et empereur de Rome malgré les Romains, accorde aux croisés le voyage sur son territoire jusqu'en Hongrie, en promettant de les fournir de vivres pendant ce voyage.

1328. Froissart raconte à ce propos l'expédition de Louis de Bavière en Italie et son couronnement à Rome, mais il place à tort ces événements sous le pontificat de Benoît XII, tandis qu'ils eurent lieu sous celui de Jean XXII. Louis de Bavière, que ce dernier pape refuse de reconnaître, traverse la Lombardie à la tête d'une puissante armée et vient à Milan dont il donne le gouvernement à l'archevêque moyennant un tribut annuel ; puis il se rend à Rome où il fait avec la connivence des Romains douze cardinaux et un pape qui le couronne empereur. Au moment où il vient de quitter Rome, les Allemands qui servent sous ses ordres, et auxquels il n'a point donné de solde, restent un peu en arrière et se payent eux-mêmes en livrant au pillage la ville éternelle. Quand ils se sont gorgés de dépouilles, d'or, d'argent et de joyaux, ils vont rejoindre Louis de Bavière qui les attend à Viterbe. Après un tel guet-apens, l'amour des Romains pour l'Empereur fait place à la haine ; et le pape et les cardinaux créés par Louis se soumettent au pape d'Avignon. P. 355 et 356.

CHAPITRE XVII.

1337. ÉDOUARD III ENVOIE DES AMBASSADEURS SUR LE CONTINENT CHARGÉS DE NÉGOCIER UNE ALLIANCE CONTRE LA FRANCE AVEC LE COMTE DE HAINAUT, LE DUC DE BRABANT ET LES SEIGNEURS DES MARCHES D'ALLEMAGNE (§§ 56 à 58).

Première rédaction. — Robert d'Artois redouble d'efforts pour décider Édouard III à revendiquer le trône de France. Le roi d'Angleterre prendrait volontiers ce parti, mais il est retenu par la crainte d'encourir le blâme en faisant valoir ses prétentions, sans être prêt à les appuyer par la force des armes ; or il ne s'estime pas assez fort pour engager seul la lutte contre le grand royaume de France : il éprouve le besoin de s'assurer auparavant, à prix d'or, l'alliance de seigneurs puissants en l'Empire et ailleurs. Il consulte son conseil sans le concours duquel il ne veut rien entreprendre. P. 119.

L'opinion du conseil est qu'on envoie des ambassadeurs sur le continent demander l'avis du comte de Hainaut et de Jean de Hainaut son frère, qui doivent inspirer pleine confiance et sont plus en mesure que tous autres d'indiquer les seigneurs dont il convient de rechercher l'alliance. P. 120.

Édouard III charge de cette mission l'évêque de Lincoln et lui adjoint deux chevaliers bannerets et deux clercs en droit. Les envoyés anglais débarquent à Dunkerque, traversent la Flandre et arrivent à Valenciennes où ils sont comblés de fêtes et d'honneurs par Guillaume, comte de Hainaut, et par Jean son frère. Le comte de Hainaut souffre tellement de la goutte et de la gravelle qu'il garde le lit sans pouvoir faire aucun mouvement. Les ambassadeurs anglais exposent l'objet de leur mission. P. 120 et 121.

Après avoir donné des éloges à la prudence du roi d'Angleterre, le comte de Hainaut déclare qu'il a plus à cœur le succès d'Édouard III, son gendre, que celui de Philippe de Valois, son beau-frère. Ce dernier a mis obstacle au mariage de l'une des filles du comte, nommée Isabelle, avec le jeune duc de Brabant à qui il a fait épouser sa propre fille[1]. Guillaume de Hainaut ajoute que son gendre peut compter entièrement sur son aide ainsi que sur celle de Jean son frère, mais Hainaut est un bien petit pays en comparaison du royaume de France, et l'Angleterre est bien loin pour défendre un allié. L'évêque de Lincoln prie alors Guillaume de Hainaut d'indiquer les seigneurs dont il convient de rechercher l'alliance. Le comte nomme le duc de Brabant, l'évêque de Liége, le duc de Gueldre, l'archevêque de Cologne, le marquis de Juliers, Arnoul de Blankenheim et le seigneur de Fauquemont. Ce sont seigneurs très-belliqueux, qui peuvent bien mettre sur pied huit ou dix mille armures de fer, pourvu qu'on les paye à proportion, car ils vendent volontiers leurs services. Si jamais le roi d'Angleterre parvient à acheter l'alliance de ces seigneurs, il pourra bien aller au delà de l'Oise offrir la bataille à Philippe de Valois. P. 121 à 123.

Les ambassadeurs anglais retournent dans leur pays et re-

---

1. Marie, fille de Philippe de Valois et de Jeanne de Bourgogne, mariée à Jean de Brabant. duc de Limbourg.

viennent à Londres où ils rapportent à leur souverain les conseils du comte de Hainaut et de Jean de Hainaut. Édouard III reçoit ces conseils avec déférence et se promet bien d'en faire son profit. P. 123.

Pendant ce temps, on apprend en France que le roi anglais se dispose à réclamer ses droits à la couronne. A cette nouvelle, Philippe de Valois suspend les préparatifs de la croisade qu'il a entreprise ; il contremande les officiers et les approvisionnements jusqu'à ce qu'il sache sur quel pied le roi d'Angleterre veut danser[1]. P. 123.

Édouard III, de son côté, renvoie à Valenciennes l'évêque de Lincoln en compagnie de dix chevaliers bannerets et de quarante chevaliers jeunes bacheliers pour traiter avec les seigneurs de l'Empire indiqués par le comte de Hainaut et pour faire tout ce que Guillaume et Jean de Hainaut conseilleront. Plusieurs des bacheliers, qui font partie de cette ambassade, ont un œil recouvert d'un morceau d'étoffe, ce qui les empêche de voir de cet œil. On dit qu'ils ont juré aux dames de leur pays qu'ils ne verront jamais que d'un œil, tant qu'ils n'auront pas accompli en France certaines prouesses dont ils refusent de s'ouvrir à ceux qui les interrogent. P. 124.

Ces ambassadeurs vont d'abord, d'après le conseil du comte de Hainaut, trouver le duc de Brabant. Celui-ci promet de soutenir dans son pays le roi ainsi que les gens d'armes d'Angleterre et de leur livrer passage ; il promet même, moyennant une certaine somme de florins, que si Édouard III, son cousin ger-

---

1. Les hostilités sourdes commencèrent entre le roi de France et le roi d'Angleterre dès le mois de juin 1337. (V. de Camps, portef. 83, f° 190.) Par un mandement en date du 24 août 1337, Philippe de Valois enjoint à Gérard de Picquigny, à Bernard de Moreuil et à Renaud d'Aubigny de convoquer les gens d'armes de l'Amiénois dans la quinzaine de la Nativité pour repousser les ennemis qui inquiètent les frontières sans avoir déclaré la guerre (de Camps, portef. 83, f° 156). Par acte donné à Gisors le 7 mai 1337, Philippe de Valois décide que tous les bourgeois, marchands ou non marchands domiciliés en la ville et les faubourgs de Paris, « nous feront en ceste presente année, eu nostre host que nous entendons à avoir à l'ayde de Dieu, ayde de quatre cens hommes de cheval par l'espace de six mois, se nous alons ou dit host en nostre propre personne, ou par l'espace de quatre mois, se nous n'y alons et la guerre estoit, » laquelle aide cesserait « se il avenoit par aventure que il convenist que le commun des gens de la dicte ville alast ou dit host par manière de arrère ban ou autrement. » Arch. de l'Empire, JJ 70, p. 371, f° 179.

main, a soin de défier en bonne forme le roi de France et parvient à acquérir l'alliance des seigneurs d'Allemagne ci-dessus nommés, il défiera lui aussi Philippe de Valois et marchera sous la bannière d'Angleterre à la tête de mille armures de fer. Cette promesse fut bien mal tenue, comme on le verra ci-après. P. 125.

Les envoyés anglais reviennent à Valenciennes où l'or et l'argent du roi d'Angleterre attirent le duc de Gueldre, beau-frère d'Édouard III, le marquis de Juliers, qui vient tant en son nom qu'au nom de son frère Valerand, archevêque de Cologne, enfin le seigneur de Fauquemont. Ces seigneurs, gagnés par l'appât de grosses sommes de florins promises à eux et à leurs gens, s'engagent à se joindre au roi d'Angleterre pour défier le roi de France et à servir leur allié à la tête d'un certain nombre de gens d'armes à heaumes couronnés. On parlait alors de heaumes couronnés; et les seigneurs ne tenaient nul compte des gens d'armes, s'ils n'étaient à heaumes et à timbres couronnés. Aujourd'hui, on a changé tout cela; et l'on ne parle que de lances, de glaives et de jacques. P. 125 et 126.

Les envoyés anglais essayent de gagner Adolphe [de la Marck], évêque de Liége, mais toutes leurs démarches restent infructueuses. Cet évêque ne veut rien entendre ni rien entreprendre contre le roi de France dont il est devenu l'homme lige et à qui il a prêté serment de foi et hommage. Aucune tentative n'est faite auprès du roi de Bohême que le mariage de Bonne, sa fille, avec Jean, duc de Normandie, attache par un lien si étroit au parti du roi de France. P. 126.

Seconde rédaction. — Édouard III réunit à Londres un grand parlement; Robert d'Artois y expose les droits du roi d'Angleterre à la Couronne de France. P. 359.

L'opinion du parlement est qu'avant de prendre une résolution définitive il importe de sonder les dispositions et de savoir l'avis du comte de Hainaut, de Jean de Hainaut, du duc de Brabant et du comte de Gueldre. En conséquence, Édouard III députe vers ces princes les seigneurs de Beauchamp, de Percy, de Stafford et de Cobham. P. 360 et 361.

Arrivés à l'Écluse en Flandre, les envoyés du roi d'Angleterre se dirigent d'abord vers le Hainaut et viennent à Valenciennes où ils se logent sur le marché, chacun dans un hôtel différent. Ils se rendent ensuite à la Salle, résidence du comte de Hainaut auquel ils soumettent l'objet de leur mission. P. 361 et 362.

Le comte de Hainaut promet son alliance aux ambassadeurs d'Angleterre et leur conseille d'acquérir à tout prix celle du duc de Brabant, du comte de Gueldre, du pays de Flandre et de Louis de Bavière, empereur d'Allemagne. P. 367.

C'est que les messagers d'Édouard III arrivent dans un moment où le comte de Hainaut a plusieurs raisons d'être fort mal disposé envers le roi de France. D'abord, celui-ci a empêché le mariage d'Isabelle, fille du comte, avec le fils aîné du duc de Brabant auquel il a fait épouser sa propre fille. Puis, ayant appris que Guillaume de Hainaut vient d'acheter le château de Crèvecœur sur la frontière du Cambrésis et du Hainaut ainsi que le château d'Arleux en Palluel aux confins du pays de Douai et de l'Ostrevant, Philippe de Valois a fait rompre le marché et au moyen d'une surenchère a acheté pour son propre compte ces deux châteaux qu'il a donnés au duc de Normandie, son fils[1]. Depuis lors, le comte de Hainaut ne cherche qu'une occasion de se venger de ces mauvais procédés. P. 365 et 366.

Après avoir passé six jours à Valenciennes, les envoyés anglais vont à Leeuw trouver le duc de Brabant, cousin germain d'Édouard III, qui se reconnaît tenu par les obligations de la parenté de faire tout ce que voudra le roi d'Angleterre. A la suite d'un voyage dans le comté de Gueldre, les ambassadeurs d'Angleterre obtiennent le même engagement du souverain de ce comté. Ils retournent alors auprès d'Édouard III auquel ils rendent compte du résultat de leur mission. P. 368.

Sur ces entrefaites, Philippe de Valois est informé des prétentions et des menées du roi d'Angleterre. Il s'en préoccupe assez peu, car il n'estimait guère alors les Anglais et leur puissance. Toutefois, il renonce à ses projets de croisade; et après dispense et même sur l'ordre exprès du saint-père, les préparatifs faits à Marseille, à Aigues-Mortes, à Narbonne, et à Lattes reçoivent une autre destination. P. 368.

Le roi d'Angleterre, d'après l'avis de ses conseillers, dépêche

---

1. Un échange fut fait à Paris, en août 1337 « *pour le profit de Jehan de France, duc de Normandie*, du chastel et de la chastellenie de Chauny-sur-Oise appartenant au roy de France contre *les chastiaus de Crievecuer et de Alleus et la chastellenie de Cambrai avecques leurs appartenances* appartenant à nostre chère et feale cousine Beatrix de Saint-Pol, dame de Neele. » (Arch. de l'Empire JJ 70, p. 322, f° 146.) Béatrix de Saint-Pol était mariée à Jean de Nesles, sire d'Offémont.

vers Louis de Bavière, empereur d'Allemagne, l'évêque de Lincoln, Richard de Stafford, les seigneurs de la Ware et de Multon. Ces envoyés s'embarquent au havre de la Tamise à Londres, débarquent à Dordrecht en Hollande, où ils se reposent deux jours, et se rendent à Coblenz auprès de l'empereur et de Marguerite de Hainaut, impératrice d'Allemagne. P. 369 et 370.

Louis de Bavière, qui n'aime pas le roi de France, promet son alliance aux messagers d'Édouard III et les charge d'inviter leur maître à le venir voir en Allemagne. Le marquis des Meissen et d'Osterland, le marquis de Brandebourg, les archevêques de Mayence et de Cologne, font les mêmes promesses qui sont rapportées au roi d'Angleterre par ses ambassadeurs. P. 369.

Le comte Louis de Flandre se tient alors à Gand. Le roi de France lui recommande instamment de se faire aimer des Flamands, ce à quoi le comte fait ce qu'il peut, et de bien garder les côtes de Flandre à l'encontre des Anglais. Ce Louis de Flandre est bon et loyal Français[1]. Il aime beaucoup, et pour de bonnes raisons, le roi Philippe de Valois qui l'a réintégré les armes à la main dans le comté de Flandre, après avoir battu les Flamands à Cassel. P. 369.

Le roi d'Angleterre apprend que le comte de Flandre arme des pirates et écumeurs de mer qui infestent les côtes de son royaume et s'emparent des navires isolés qu'ils rencontrent; il fait donner la chasse à ces écumeurs. De plus, Édouard III défend d'exporter des laines anglaises en Flandre, afin que les Flamands ne puissent fabriquer de drap faute de matière première. Cette défense ruine les Flamands qui vivent de l'industrie du tissage : ils émigrent en Hainaut, en Artois et en Cambrésis et sont réduits à la mendicité. Le roi d'Angleterre leur fait savoir qu'il ne leur rendra leur gagne-pain que s'ils consentent à entrer dans son alliance. Il y a des Flamands qui sont favorables à cette alliance, car leur pays a plus d'avantages à en retirer que de celle de la

---

1. Un traité d'alliance offensive et défensive fut conclu en l'abbaye du Moncel lez Pont Sainte-Maxence, le 16 août 1337 entre Philippe de Valois et Louis, comte de Flandre, de Nevers et de Réthel, « considerans la bonne voulenté qu'il (le comte de Flandre) a nous servir en nostre presente guerre qui est en apparent encontre le roy d'Engleterre, le Bavaire (l'empereur Louis de Bavière), leurs complices et leurs adherens. » Arch. de l'Empire, JJ 70, p. 337 et p. 207.

France. Mais le comte de Flandre s'oppose à toutes les propositions qui sont faites dans l'intérêt général, en tant qu'elles sont contraires à la Couronne de France. P. 370.

Les deux rois ne se sont encore adressé aucun défi ; il n'y a que des bruits et des soupçons de guerre. Le roi d'Angleterre, comte de Ponthieu de par sa mère et grand feudataire en Gascogne et en Normandie, hésite, malgré les excitations de Robert d'Artois, à renvoyer son hommage et à défier le roi de France. P. 370 et 371.

A l'instigation du roi de Bohême, du duc de Lorraine, des comtes de Bar et de Namur, de Jeanne de Valois, comtesse de Hainaut, de la comtesse de Soissons, femme de Jean de Hainaut, de la dame de Varenne[1] sœur du comte de Bar, mariée en Angleterre au comte de Pembroke, qui craignent de voir éclater la guerre entre leurs parents des deux pays, le pape d'Avignon Benoît XII envoie deux cardinaux à Paris en leur donnant mission de s'entremettre pour le maintien de la paix entre les rois de France et d'Angleterre. Grâce aux démarches et sur les pressantes instances de ces légats, il est convenu qu'un certain nombre d'ambassadeurs, tant d'un pays que de l'autre, se réuniront à Valenciennes avec pleins pouvoirs de régler, après avoir pris l'avis du comte de Hainaut, les différends des deux rois P. 371.

Les évêques de Lincoln et de Durham se rendent à Valenciennes, de la part du roi d'Angleterre, en compagnie de dix chevaliers bannerets et de dix simples chevaliers. Le comte de Hainaut fait Guillaume son fils chevalier, à la Salle, en présence de ces seigneurs ; grandes fêtes et joutes à cette occasion. Le fils du comte se marie bientôt après à Jeanne, fille aînée du duc Jean de Brabant. P. 371 et 372.

Cependant, on attend en vain les délégués que Philippe de Valois a promis d'envoyer à Valenciennes. Le comte de Hainaut, à la prière des ambassadeurs anglais, charge la comtesse sa femme et Jean de Hainaut son frère de se rendre auprès du roi de France pour lui rappeler sa promesse et le prier de la mettre à exécution. Philippe de Valois déclare à la comtesse de Hainaut

---

1. Jeanne, mariée à Jean de Varenne, comte de Sussex, sœur d'Édouard Ier, comte de Bar, mort dans l'île de Chypre à Famagouste en 1337.

sa sœur et au seigneur de Beaumont qu'après avoir consulté à plusieurs reprises les conseillers en qui il a le plus de confiance, il est décidé, toute réflexion faite, à n'envoyer personne à Valenciennes et à ne point entrer en pourparlers avec les Anglais. En consentant à se faire représenter dans une conférence où devrait être débattue la question en litige, il donnerait lieu de supposer qu'il ne considère pas les prétentions de son adversaire comme dépourvues de fondement. Cette réponse est transmise aux envoyés du roi d'Angleterre qui prient alors le comte de Hainaut de mander à Valenciennes, tant en son nom qu'au leur, les seigneurs de l'Empire dont il importe de se ménager l'alliance. P. 373 et 374.

Les comtes de Gueldre et de Mons, les marquis de Juliers et de Brandebourg, l'archevêque de Cologne, les seigneurs de Fauquemont, de Duvenvoorde et de Blankenheim, le seigneur de Cuyk de la part du duc de Brabant se rendent à l'invitation qui leur est adressée et viennent à Valenciennes où ils restent trois semaines. Les princes et seigneurs d'Allemagne expriment le vœu qu'Édouard III passe la mer et débarque à Anvers, afin qu'ils puissent le voir et s'entendre avec lui. P. 377.

Troisième rédaction. — Robert d'Artois ne cesse d'exhorter Édouard III à revendiquer le trône de France. Le roi d'Angleterre a trois avantages qui doivent assurer le succès de cette revendication. D'abord, il a de bonnes finances; puis, son peuple est remuant et belliqueux. Enfin, il trouvera sur le continent des alliés prêts à le seconder, car les Allemands ne désirent rien tant que d'avoir un prétexte de guerroyer contre la France, pour abattre le grand orgueil de ce pays et se partager ses richesses. Bientôt même Robert d'Artois parvient à déterminer dans ce sens un mouvement de l'opinion populaire. P. 357 à 359.

Édouard III convoque un parlement solennel au palais de Westminster. La plus grande salle de ce palais est remplie de prélats, de nobles et de conseillers des bonnes villes. On fait asseoir les assistants sur des escabeaux, afin qu'ils puissent voir plus à l'aise le roi qui siége sur son trône avec les vêtements royaux, la couronne sur la tête et le sceptre en main. Deux degrés plus bas se tiennent les prélats, comtes et barons, et encore un degré au-dessous plus de six cents chevaliers. Sur ce dernier rang siégent aussi les représentants des cinq ports, des cités et bonnes villes d'Angleterre. Un clerc, licencié en droit canon et civil, qui sait le latin, le français et l'anglais, prononce en anglais, pour être mieux compris de tout le monde, un discours dont la teneur a été concertée à l'avance entre lui, le roi d'Angleterre et Robert d'Artois. Henri de Lancastre, chargé de répondre au nom du parlement, conseille d'envoyer des ambassadeurs sur le continent pour demander l'avis du comte de Hainaut et de Jean de Hainaut. Le parlement se réunira de nouveau au retour de ces ambassadeurs et prendra une décision d'après la réponse qu'ils transmettront. P. 359 et 360.

L'évêque de Lincoln, l'évêque élu d'Oxford, docteur en droit canon et civil, maître Robert Weston, Renaud de Cobham et Richard de Stafford sont chargés de cette ambassade. P. 361.

Ces ambassadeurs s'embarquent à Douvres et abordent à Wissant; ils se rendent de là à Valenciennes, en passant par Alquines, Thérouanne, Aire, Béthune, Lens et Douai. Arrivés à Valenciennes, ils se logent dans trois hôtels situés sur le Marché, au Cygne, à la Bourse et à la Clef. Ils vont à l'hôtel de Hollande rendre visite au comte de Hainaut, alors alité et très-souffrant de la goutte. L'évêque de Lincoln expose au comte au nom de ses collègues l'objet de leur mission. Le comte de Hainaut, après avoir entendu l'évêque de Lincoln, frappe de la main sur la poignée de son fauteuil, réfléchit un moment et finit par demander aux envoyés du roi d'Angleterre trois ou quatre jours pour leur répondre. Ces quatre jours se passent en fêtes, dîners et réceptions. Le cinquième jour, Guillaume de Hainaut déclare aux messagers d'Édouard III que le bon droit est du côté de leur maître pour le succès duquel il fait des vœux, qu'il est prêt à aider son gendre et à lui prêter main forte en toutes choses, mais qu'avant de rien entreprendre il convient de s'assurer l'alliance du duc de Brabant, du comte de Gueldre, du marquis de Juliers et en général des princes d'Allemagne. Les ambassadeurs anglais, dont on croit que le voyage à Valenciennes n'a pas d'autre cause que la maladie du comte, retournent en Angleterre et rapportent à Édouard III la réponse de Guillaume de Hainaut, son beau-père. P. 364 et 365.

L'année même que cette ambassade vint à Valenciennes, les terres de Crèvecœur en Cambrésis et d'Arleux en Palluel, sur la rivière de la Sensée, avaient été mises en vente. Le comte de Hainaut était en marché pour les acheter et les deniers pour les payer étaient tout prêts, lorsque Jean, duc de Normandie et dauphin de Viennois, intervint par ordre du roi son père pour faire casser ce marché et acheta les dites terres. Le comte de Hainaut gardait de cette affaire une sourde rancune contre Philippe de Valois, lorsqu'il reçut la visite des envoyés anglais. Aussi, loin de chercher à les calmer, il les avait plutôt excités, et quelques-uns voient dans cette attitude de Guillaume de Hainaut la cause principale de la guerre qui éclata entre la France et l'Angleterre; mais il y a des événements qui doivent arriver fatalement et qu'on ne saurait empêcher. P. 366 et 367.

Édouard III envoie sur le continent une seconde ambassade composée des évêques de Lincoln et de Durham, des comtes de Salisbury, d'Arundel, de Northampton et de Warwick, de Renaud de Cobham, de Richard de Stafford et des seigneurs de Felton et de Sulli. Cette ambassade, qui a pour mission de traiter avec le duc de Brabant et les princes d'Allemagne, emporte avec elle cent mille florins, car on connaît la cupidité excessive des Allemands qui ne font rien que pour de l'argent. Les envoyés anglais, après avoir relâché à Gravesend, débarquent à Dordrecht et se rendent à Valenciennes. Ils tiennent dans cette ville si grand état qu'on dirait que l'argent leur tombe des nues, et ils achètent toutes choses le prix qu'on leur fait. Afin de prévenir les abus, les échevins de Valenciennes établissent une taxe et un tarif raisonnable pour la vente de tous les objets, ce dont les Anglais sont très-reconnaissants. L'évêque de Lincoln est logé aux Jacobins, et l'évêque de Durham aux frères Mineurs. D'après le conseil du comte de Hainaut, les messagers d'Édouard III se rendent à Louvain auprès du duc Jean de Brabant qui leur fait bon accueil, parce qu'ils viennent de la part du roi d'Angleterre son cousin germain, et aussi parce qu'il est alors en démêlés avec le roi de France. Le duc s'engage à recevoir l'armée anglaise dans son pays, et si Édouard III passe la mer en personne, à le servir à la tête de mille heaumes couronnés, moyennant une certaine somme de florins pour lui et pour ses gens. P. 374 à 376.

Gagnés aussi par l'argent d'Angleterre, les seigneurs allemands dessus nommés[1] et plusieurs chevaliers des bords du Rhin fort grossiers viennent à Valenciennes; et là, en présence du comte et de Jean de Hainaut, ils s'engagent à défier le roi de

---

1. Voyez plus haut, p. cxc.

France de concert avec Édouard III et à servir le roi anglais
avec un certain nombre de heaumes couronnés, car alors il n'é-
tait pas encore question de lances ni de bassinets, on ne parlait
que de heaumes. Aucunes démarches ne sont tentées auprès du
roi de Bohême; et celles qui sont faites auprès de l'évêque de
Liége échouent. Le roi de France est informé de ces menées
d'Édouard III, mais il n'en tiendrait nul compte si elles ne le
forçaient à différer sa croisade. Philippe de Valois montre surtout de l'irritation contre le comte de Hainaut et il dit : « Mon
frère de Hainaut est en marché pour faire mettre son pays à feu
et à sang ! » P. 377.

CHAPITRE XVIII.

1337 à 1339. GUERRE EN GASCOGNE ENTRE LES FRANÇAIS ET LES AN-
GLAIS. SIÉGE ET PRISE DE SAINT-MACAIRE, DE CIVRAC ET DE BLAYE
PAR LES ANGLAIS. (Fin du § 58.)

Seconde rédaction. — A une cour plénière tenue par le roi d'Angleterre à Westminster le 13 avril 1338, le [lundi] de Pâques, on
voit arriver un héraut anglais nommé Carlisle; ce nom a été
donné à celui qui le porte par Édouard III pendant les guerres
d'Écosse. Carlisle est absent d'Angleterre depuis cinq ans qu'il
a passés à parcourir le monde; il est allé en Prusse, en *Iffland*,
au Saint-Sépulcre, et il est revenu par les États Barbaresques et
par l'Espagne; le roi de ce dernier pays lui a remis une lettre
pour Édouard III. De là, il s'est rendu en Navarre et en Gascogne, et il vient de trouver les seigneurs de ces provinces en
grande guerre les uns contre les autres. P. 377 et 378.

Au nombre des seigneurs du parti français figurent Jean I, comte
d'Armagnac, Gaston II comte de Foix, Jean comte de Comminges, Jean comte de Clermont dauphin d'Auvergne, Ai-
meri VII [vicomte] de Narbonne, [Pierre de la Palu] sénéchal de
Toulouse, [Pierre Flotte] dit Flotton de Revel, les seigneurs de
Tournon[1], de Baix et de Chalançon[2]. Les Français assiégent à la

1. Louis et Hugues de Tournon servirent en Gascogne de 1338 à
1340; mais il s'agit sans doute ici de Gilles, sire de Tournon. De
Camps, portef. 83, f⁰ 224 v⁰.

2. Il est sans doute question ici d'Aymar de Poitiers, cinquième fils
d'Aymar IV du nom, comte de Valentinois, et de Sibille de Baux. Ay-

fois Penne [1] et Blaye. Ils menacent Bordeaux et se sont rendus maîtres du cours de la Gironde. En présence de forces supérieures, les seigneurs du parti anglais renoncent à tenir la campagne et sont réduits à s'enfermer dans les forteresses. Ces seigneurs, notamment ceux de Bordeaux, ont remis des lettres à Carlisle et l'ont chargé de demander du secours au roi d'Angleterre. Le héraut s'est embarqué à Bayonne, ville anglaise; et, après une traversée de cinq jours et quatre nuits, il est arrivé à Southampton d'où il est venu en un jour et demi à Londres. P. 378 et 379.

Édouard III prend connaissance des lettres apportées par Carlisle; il apprend par ces lettres que ses affaires vont mal en Gascogne et il invite le héraut à fournir de vive voix de plus amples détails. Carlisle répond que le seigneur de *Noyelles*, Poitevin, ayant été reconnu par jugement du Parlement de Paris créancier du roi d'Angleterre pour une somme de trente mille écus hypothéqués sur la ville et châtellenie de Condom, commission générale a été donnée de percevoir les revenus des terres anglaises en Gascogne jusqu'à concurrence de cette somme, et un procureur du roi nommé maître Raymond Foucaut[2] a été chargé de mettre à exécution la sentence du Parlement. Mais Raymond

---

mar, nommé aussi parfois Amé ou Aymaret, porta d'abord le titre de seigneur de Chalançon, puis celui de seigneur de Veyne. D'un autre côté, Jean Eynard, seigneur de Chalançon, est mentionné comme servant en Guyenne dans le parti anglais, le 1er juillet 1337. Voyez Rymer, *Fœdera*, t. II, pars II, p. 981.

1. Penne, Lot-et-Garonne, arrondissement de Villeneuve-sur-Lot, sur la rive gauche du Lot. Par acte daté de la Penne en Agenais le 1er avril 1339 confirmé en mai de la même année, le Galois de la Baume, maître des arbalétriers, capitaine et gouverneur ès parties de Gascogne, donne au comte de Foix, pour le récompenser et le dédommager des frais et dépenses de la présente guerre, *notamment en la prise de la ville et château de la Penne*, la ville et château de Sorde (Landes, arr. Dax, canton Peyrehorade) sur la frontière de sa terre de Béarn. (Arch. de l'Empire, JJ 71, p. 238.)

2. Par acte donné à la Penne d'Agenais (auj. Penne) le 3 janvier 1339 (n. st.), Gaston, comte de Foix, vicomte de Béarn, délivre des lettres de quittance générale à Raymond Foucaut, jadis procureur du roi en la sénéchaussée de Carcassonne et de Béziers, qui est au service royal depuis environ quarante ans, et qui, après avoir exercé le dit office de procureur pendant vingt-deux ans, est trop brisé par la fatigue et par l'âge pour continuer de le remplir. Ces lettres de quittance irent confirmées à Melun-sur-Seine le 27 avril 1339 et au bois de Vincennes, en décembre de la même année. (Arch. de l'Empire, JJ 73, p. 73, fo 57.)

Foucaut s'étant présenté en compagnie du seigneur de *Noyelles* à Condom, le châtelain de cette ville a assené au procureur un tel coup de bâton qu'il lui a fracassé la tête, et il a mis en prison le seigneur de *Noyelles*. A la suite de cet incident, le roi de France a frappé de confiscation toutes les possessions anglaises du continent. Les Français ont déjà pris *Prudère*, Sainte-Bazeille[1], Saint-Macaire[2]; et au moment du départ de Carlisle, ils assiégeaient Penne et Blaye. P. 379 et 380.

1338. Robert d'Artois est mis à la tête de l'expédition qui doit se rendre en France pour porter secours aux Gascons du parti anglais. Les principaux seigneurs qui font partie de cette expédition, sont avec Robert d'Artois les comtes de Huntingdon, de Suffolk et de Cornouailles, Thomas d'Agworth, Thomas de Holland, Richard de Pembridge, Édouard Spenser, le seigneur de Ferrers, beau-frère de Spenser, les seigneurs de Milton, de Bradeston et de Willoughby. Les Anglais, au nombre de cinq cents armures de fer et de trois mille archers, s'embarquent à Southampton et arrivent à Bordeaux où ils sont accueillis avec joie par les habitants de la ville et par les deux frères Jean et Hélie de Pommiers. P. 380 et 381.

Après avoir passé trois jours à Bordeaux, Robert d'Artois entreprend de forcer les Français à lever le siége de Penne, et il se dirige vers ce château à la tête de huit cents hommes d'armes, de trois mille archers à cheval et de quatre mille fantassins; le comte de Suffolk est maréchal de son armée. P. 381.

A la nouvelle de l'arrivée prochaine des Anglais et des Gascons, Gaston II, comte de Foix, Arnaud d'Euze, [vicomte] de Caraman, Roger Bernard, comte de Périgord, Jean de Lévis, ma-

---

1. Sainte-Bazeille, Lot-et-Garonne, arrondissement et canton de Marmande, sur la rive droite de la Garonne. Sainte-Bazeille est surtout célèbre par le siége que la garnison anglo-gasconne qui occupait ce château soutint contre Jean de Marigny, évêque de Beauvais, lieutenant du roi de France ès parties de langue d'oc et de Saintonge. Ce siége mémorable dura au moins depuis le 20 août 1342 (Arch. de l'Empire, JJ 74, p. 143) jusqu'au 14 décembre de la même année (JJ 74, p. 125).

2. Saint-Macaire, Gironde, arrondissement de la Réole, sur la rive droite de la Garonne. Par une lettre datée du 20 mars 1337, Édouard remercie les habitants de Saint-Macaire de leur fidélité et les félicite du courage qu'ils déploient dans la défense de leur ville contre les Français. Rymer, *Fœdera*, t. II, pars 2, p. 963. Autre lettre d'Édouard III au châtelain et aux jurés de Saint-Macaire, datée du 25 juin 1337. Rymer, p. 976.

réchal de Mirepoix, *le comte de Quercy*, [Pierre Flotte] dit Flotton de Revel et les autres seigneurs français, qui assiégent le château de Penne, réfléchissent qu'ils se sont trop éloignés de Blaye où se tient le gros de leur armée dont ils sont séparés par la Dordogne; et dans la crainte qu'on ne leur coupe la retraite, ils se décident à lever le siége. Les Anglo-Gascons arrivent à Penne un jour après le départ des Français. Après avoir fait reposer ses gens dans ce château pendant deux jours, Robert d'Artois va mettre le siége devant Saint-Macaire, un autre château occupé par les Français. P. 381 et 382.

Prise de Saint-Macaire après une résistance énergique des assiégés qui sont tous passés au fil de l'épée, excepté les femmes, les enfants et les vieillards. Deux chevaliers, les seigneurs de *Ponpeestain* et de *Zedulach*[1] et six écuyers sont faits prisonniers. P. 382.

Après la prise de Saint-Macaire, les Anglais assiégent *Sebilach*[2], un château très-fort et défendu contre le gré des habitants par une garnison de bidaux et de Génois sous les ordres d'un écuyer nommé Begot de Villars. Les assiégeants se font ravitailler de Bordeaux, par terre et par eau. P. 383.

1. Une charte datée du 15 avril 1339 mentionne un écuyer nommé Jean de Pons, seigneur de Saint-Aubin de Cadelech, de Lubersac et *co-seigneur de Sadillac* (Dordogne, arr. Bergerac, canton Eymet). Fait prisonnier par les Anglais en combattant pour le roi de France, ce malheureux écuyer fut réduit pour se racheter à vendre à Hélie de la Roche, sous forme d'échange, les belles seigneuries de Sadillac et de Saint-Aubin dans le diocèse de Sarlat, limitées par le Drot, la seigneurie d'Eymet, la Gordonète, la seigneurie de Puyguilhem, celle de Castillonnès et enfin celle de Roquepine. (Arch. de l'Empire, JJ 73, p. 201). Ce Jean de Pons, seigneur de Sadillac, pourrait bien être le seigneur de *Zedulach* de Froissart.

2. Probablement Civrac-de-Dordogne, Gironde, arrondissement de Libourne, canton de Pujols, sur la rive gauche de la Dordogne. Le *Sebilach* de Froissart devait être situé sur un des affluents de la Garonne, puisque les assiégeants purent se faire ravitailler de Bordeaux *par eau*; en outre, cette forteresse, après avoir été prise par les Français sur les Anglais, fut reprise par les Anglais sur les Français. Or, ces deux circonstances conviennent à la localité appelée tantôt *Sievrac* (Arch. de l'Empire, JJ 72, p. 212), tantôt *Syorac sur Dourdonne* (JJ 72, p. 566), à cause de sa situation sur la rive gauche de la Dordogne. Cette place forte, après avoir été emportée d'assaut vers la fin de 1337 par les Français que commandait Raoul, comte d'Eu, connétable de France, retomba au pouvoir des Anglais à une date que l'on ne saurait préciser, mais certainement entre 1337 et 1340.

Sur ces entrefaites, les habitants de Blaye, pressés par la famine, implorent le secours de leurs amis de Bordeaux ; et ceux-
ci à leur tour mandent à Robert d'Artois la dure extrémité où la
garnison de Blaye est réduite. Robert d'Artois répond en enga-
geant les Bordelais à venir eux-mêmes en aide à la ville assiégée :
pour lui, il travaille à reconquérir les forteresses enlevées aux
Anglais qu'il trouve sur son chemin ; aussitôt après la prise de
Sebilach, il ira délivrer les habitants de Blaye. C'est alors que les
Français, campés devant cette place, s'avisent d'un stratagème qui
leur en ouvre les portes. Une centaine de sommiers, chargés de
provisions, sont amenes sur un tertre situé près de Blaye à por-
t'e de la vue des assiégés, après que trois individus, qui se
donnent pour des marchands, sont venus annoncer à l'une des
portes l'arrivée d'un fort convoi de vivres expédié par les habitants de Miramont, de Bordeaux, de Cognac et des autres forteresses du parti anglais. P. 383 et 384.

Les assiégés, qui sont accourus en très-grand nombre à la
rencontre du convoi annoncé, se disposent à rentrer dans la ville
en conduisant devant eux les sommiers, lorsqu'ils voient tout à
coup fondre sur eux deux mille ennemis placés non loin de là en
embuscade sous les ordres du comte dauphin d'Auvergne et du
maréchal de Mirepoix. En même temps, le conducteur des sommiers renverse trois mulets tout chargés sous la porte, afin qu'on
ne puisse la fermer. P. 384.

Les habitants de Blaye[1] se défendent bravement, mais ils ne
peuvent résister aux forces supérieures des Français. Ils sont
presque tous tués ou faits prisonniers. Les plus heureux se jettent dans des barques avec leurs femmes et leurs enfants et ils
se rendent avec la marée par la Gironde à Bordeaux.

La ville est livrée au pillage ; au moment où l'on va y mettre
le feu, les seigneurs français se décident à y tenir garnison ; ils
confient le commandement de cette garnison à *Jean Fouquère* et
à *Guillaume Tyris*[2]. Puis, ils partent de Blaye pour aller assié-

---

1. Par acte daté du 20 mars 1337, Édouard III recommande à Olivier de Ingham, son sénéchal de Gascogne, d'employer Berard de
Labret à la défense du château de Blaye, sauf à prendre toutes les
mesures nécessaires pour mettre en sûreté les biens du dit chevalier.
Rymer, t. II, pars 2, p. 963.

2. Par acte daté de Compiègne en septembre 1339, Philippe de
Valois donne à Jean de Melun, sire de Tancarville, chambellan de

ger Miramont, château situé sur les bords de la Dourdoine[1].
P. 385.

Les Anglais sont toujours devant Sebilach. Begot de Villars,
capitaine de ce château, est un brave écuyer, bien né, avisé,
hardi et très-bon compagnon ; mais il aime trop le jeu de dés ;
et, quand il perd, il est mauvais joueur. A la suite d'une que-
relle de jeu, Begot tue un jour un des plus riches jeunes gens
de la ville nommé Simon Justin ; et Clément Justin, frère de la
victime, livre par vengeance le château de Sebilach aux Anglais.
Begot de Villars et tous les gens d'armes de la garnison sont passés au fil de l'épée. Ce n'est pas le premier malheur qui a été
amené par le jeu de dés, et ce ne sera pas le dernier. Maudit
soit ce jeu de dés : c'est chose pernicieuse de tout point. P. 386.

Après la prise de Sebilach, Robert d'Artois, qui veut à tout
prix reprendre Blaye aux Français, retourne à Bordeaux. Là il
fait appareiller ses navires qui dorment à l'ancre et les fait pourvoir de toute artillerie ; puis un soir il met à la voile et arrive
avec la marée, un peu après minuit, devant Blaye dont le flot de
la mer bat les murs haut et fort. La ville est bientôt prise malgré
la courageuse défense de la garnison que les Français y ont lais-
sée. Les deux capitaines de cette garnison se retranchent dans
une église très-forte, située à l'une des extrémités de la ville
dont ils barricadent les portes et les fenêtres ; et là ils prolon-
gent encore leur résistance un jour et une nuit, et ils ne se rendent qu'après avoir obtenu la vie sauve. P. 386 et 387.

Les Français, qui assiégent Miramont, se repentent de n'avoir
pas mis le feu à Blaye, lorsqu'ils apprennent que les Anglais ont
réussi à y rentrer. Robert d'Artois fait réparer les murs et re-
faire les fossés de Blaye ; il repeuple cette ville en y rappelant
les hommes, femmes et enfants qui en étaient partis et la remet
en bon état. P. 387.

Normandie et à ses frères, « depuis que noz gens prindrent par force
d'armes le chastel et la ville de Blaive, » le dit château et la dite ville
avec toute la châtellenie qui appartient au dit Jean et à ses frères de
droit héritage, comme il a été déclaré « contre le roy d'Engleterre par
arrest de nostre parlement. » (Arch. de l'Empire, JJ 73, f° 15.) Les frères de Melun vendirent Blaye à Renaud de Pons, seigneur de Ribérac.

1. Miramont ou Miremont, selon l'orthographe ancienne, canton de
Lauzun, arrondissement de Marmande, Lot-et-Garonne, sur la Dourdoine, petit ruisseau qui se jette dans le Drot lequel est lui-même un
des affluents de la Garonne, à droite de ce fleuve.

Pendant le séjour de Robert d'Artois à Blaye et le siége de Miramont par les Français, les évêques de Saintes et d'Angoulême s'entremettent avec tant de succès auprès des deux partis qu'ils parviennent à décider les rois de France et d'Angleterre à conclure une trêve qui doit durer un peu plus d'une année. C'est pourquoi les Français lèvent le siége de Miramont, et Robert d'Artois retourne en Angleterre. P. 387 et 388.

CHAPITRE XIX.

1337 et 1338. RÉVOLTE DES FLAMANDS CONTRE LEUR COMTE ; INFLUENCE DE JACQUES D'ARTEVELD (§ 59).

Première rédaction[1]. — Les Flamands se révoltent contre leur comte qui ose à peine rester en Flandre où il n'est plus en sûreté. Il surgit alors à Gand un homme qui a été brasseur de miel. Il est entré si avant dans les bonnes grâces et la faveur populaires qu'on fait toutes ses volontés d'un bout de la Flandre à l'autre. Les plus puissants n'osent enfreindre ses ordres ni le contredire. Il se fait suivre à travers les rues de Gand par une nombreuse escorte de valets armés parmi lesquels se trouvent quelques sicaires prêts à tuer les plus hauts seigneurs sur un signe de leur maître. P. 126, 127, 395 et 396.

Plusieurs grands personnages sont mis à mort de cette manière. Aussi, l'auteur de ces meurtres est tellement redouté que personne n'ose le contredire ni même en concevoir la pensée. Il se fait reconduire à son hôtel par sa bande de valets qui ne le quittent qu'aux heures des repas; après le dîner, ces valets reviennent et ils flânent dans la rue jusqu'à ce qu'il plaise à leur maître d'aller se promener et s'amuser par la ville. [La nuit, ils font le guet devant l'hôtel de leur chef qui a de bonnes raisons de penser qu'il n'est pas aimé de tout le monde et surtout du comte de Flandre]. Chacun de ces mercenaires reçoit une solde

---

1. Le récit qui va suivre est la reproduction littérale du texte de Jean le Bel, du moins dans la première rédaction. Froissart a maintenu ce récit dans la seconde rédaction des Chroniques, en y ajoutant seulement par-ci par-là quelques traits nouveaux que nous mettons entre parenthèses pour les distinguer du reste.

de quatre compagnons ou gros de Flandre par jour, et ils sont régulièrement payés de semaine en semaine. Cet homme a ainsi par toutes les villes et châtellenies du comté gens à ses gages chargés d'exécuter ses ordres et de dénoncer les personnes qui pourraient dire ou tramer quelque chose contre lui. S'il se trouve dans une ville un récalcitrant, il ne saurait échapper longtemps à la mort ou au bannissement. Le même sort attend tous les personnages marquants, chevaliers, écuyers, bourgeois des bonnes villes, qui se montrent favorables au comte en quelque manière : ils sont bannis de Flandre, et la moitié de leurs biens est confisquée ; l'autre moitié est réservée pour l'entretien de leurs femmes et de leurs enfants. La plupart de ces bannis, qui sont en très-grand nombre, se réfugient à Saint-Omer où on les appelle *avolés* et *outre-avolés*. P. 127, 128 et 396.

Bref, on ne vit jamais en Flandre ni ailleurs comte, duc, prince ni autre, tenir à ce point un pays à sa discrétion. L'homme qui exerce cette toute-puissance [et qui devait l'exercer environ neuf ans] s'appelle Jacques d'Arteveld. Il fait lever par toute la Flandre les rentes, tonlieus, vinages, droitures et autres revenus ainsi que les maltôtes qui appartiennent au comte : il les dépense à son caprice et les distribue sans en rendre nul compte ; [il en[1] dépense la moitié selon son bon plaisir et met l'autre moitié en trésor.] Et quand il lui plaît de dire que l'argent lui manque, on l'en croit sur parole, et il faut bien l'en croire, car on n'ose le contredire. Et quand il veut emprunter une somme à quelque bourgeois, il n'est personne qui ose refuser de lui prêter cette somme. P. 128, 129 et 396.

Abrégé de 1477 *ou ms.* B6. — Les Gantois prennent tellement en haine leur seigneur que celui-ci n'ose plus rester à Gand et s'en vient demeurer à Termonde. P. 388.

Édouard III n'a rien plus à cœur que de se faire aimer des Flamands et de les attirer dans son alliance ; il sait que des exécutions terribles ont rendu le comte de Flandre odieux à ses sujets, surtout à ceux de Gand : c'est pourquoi, il mande aux habitants de cette ville que, s'ils veulent contracter alliance avec l'Angleterre, il rétablira à leur profit l'exportation et la vente

---

1. Cette variante est fournie par un abrégé du premier livre des Chroniques, rédigé en 1477 et désigné sous la rubrique B6 dans les variantes de cette édition.

des laines sans laquelle ils ne peuvent vivre et dont la suppression expose leur commune, qui perd ainsi son gagne-pain, aux plus grands dangers. P. 393.

C'est alors que se révèle et surgit un bourgeois de Gand nommé Jacques d'Arteveld, homme habile et d'une haute intelligence ; il ne tarde pas à gagner la confiance de ses concitoyens qui lui donnent plein pouvoir de faire, défaire, ordonner et entreprendre tout ce qu'il veut. Ce Jacques d'Arteveld est doué d'une éloquence merveilleuse. Il fait beaucoup de discours et si pleins de persuasion qu'il décide les Flamands à chasser leur comte hors de leur pays. Il ne cesse de répéter dans le commencement à ses compatriotes que l'alliance anglaise leur est plus avantageuse que l'alliance française, car c'est d'Angleterre ou à la merci de l'Angleterre que leur viennent les denrées et matières premières excellentes dont ils tirent profit et qui leur sont indispensables, comme la laine, par exemple, pour la fabrication du drap; or cette fabrication sustente la Flandre qui sans cette industrie et sans le commerce ne pourrait le plus souvent pas vivre. P. 394.

Ce Jacques d'Arteveld, en peu de temps, s'élève à un si haut degré de faveur et de popularité que, quoi qu'il lui plaise de décider et d'ordonner, on fait aussitôt sa volonté par toute la Flandre. Il parle si bien, avec une éloquence si judicieuse et si vive, que les Gantois, gagnés par le charme de sa parole non moins que par l'ascendant de la vérité, se rangent à son opinion. Ils le font les premiers maître et souverain seigneur de leur ville d'où son autorité s'étend ensuite par tout le comté, car Bruges, Ypres et Courtrai refusent d'abord de tremper dans l'insurrection. Mais les habitants de Gand, investis de tout temps de la suprématie sur le reste de la Flandre, forcent les autres villes à se joindre à eux et à Jacques d'Arteveld qui prend en main le gouvernement du pays tout entier. Le comte Louis, chassé de Flandre, se réfugie auprès du roi Philippe de Valois son cousin qui assure au prince exilé et à sa femme les moyens de vivre et de tenir leur rang, car leur comté, tant que vécut Arteveld, leur fut de fort peu de ressource. P. 394.

Seconde rédaction. — Le roi d'Angleterre fait garder tous les ports et les côtes de son royaume et défend de rien exporter en Flandre, surtout les laines et agnelins. Cette prohibition frappe les Flamands de stupeur, car la draperie est l'industrie principale dont ils vivent. et une foule de bons bourgeois et de riches marchands en sont bientôt réduits à la pauvreté. Il leur faut vider le pays, hommes et femmes, eux que le travail de la draperie faisait vivre auparavant dans l'aisance ; ils viennent en Hainaut et ailleurs, là où ils espèrent trouver des moyens d'existence. Cette situation soulève un grand mécontentement par tout le pays de Flandre, et spécialement parmi les habitants des bonnes villes. Ils disent qu'ils expient au prix d'amers et pénibles sacrifices l'attachement de leur seigneur pour les Français, car c'est leur comte qui attire sur eux ce désastre et la haine d'Édouard III ; ils ajoutent que l'intérêt général de tout le pays de Flandre est de faire alliance avec le roi d'Angleterre plutôt qu'avec le roi de France. P. 388 et 389.

Il est vrai qu'il leur vient de France blés de toute sorte ; mais s'ils n'ont pas de quoi les acheter et les payer, parce qu'ils ne gagnent pas d'argent, ils n'en sont pas moins à plaindre, car avec de l'argent on est sûr d'avoir du blé, malheur à qui n'a pas d'argent. Mais c'est d'Angleterre que leur viennent ces laines, qui sont pour eux la source de tant de profits, et qui les font vivre dans l'aisance et dans la joie. Quant au blé, leur alliance avec le Hainaut suffit pour assurer leur consommation. P. 389.

Ces considérations et beaucoup d'autres, tirées de l'intérêt public, excitent souvent des murmures en Flandre et surtout à Gand, car c'est de toutes les villes flamandes celle où l'on fabrique le plus de drap, et qui peut le moins se passer de cette industrie, celle aussi par conséquent qui souffre le plus du chômage. Les Gantois font des rassemblements sur les places, et là ils tiennent les propos les plus outrageants, ainsi qu'il est d'usage entre gens du peuple, sur le compte de Louis leur seigneur. Ils disent entre eux que cette situation est intolérable et que, si cette misère dure longtemps, les plus grands, les plus riches eux-mêmes en seront atteints, et le pays de Flandre sera menacé d'une ruine complète. P. 389.

Le comte de Flandre n'ignore pas ces plaintes que ses sujets elèvent contre lui. Il fait ce qu'il peut pour les apaiser et leur dit : « Mes bonnes gens, cela n'aura qu'un temps, je le sais d'une manière sûre par des amis que j'ai en Angleterre. Apprenez que les Anglais sont encore plus furieux contre leur roi, qui les empêche de faire argent de leurs laines, que vous n'êtes impatients d'acheter ces laines. Ils ne peuvent les vendre et en trafiquer ailleurs qu'en Flandre, ou alors ce n'est pas sans grande perte. Prenez patience, car j'aperçois plusieurs moyens de remédier au mal, qui vous donneront satisfaction pleine et entière, et gardez-vous de rien penser et dire contre ce noble pays de France d'où tant de biens vous abondent. » P. 389 et 390.

Le comte de Flandre tient ce langage à ses sujets pour les consoler et leur faire prendre patience. Mais les Flamands, qui sont presque tous sous le coup d'une pauvreté sans cesse croissante, ne veulent rien entendre; car, quoi qu'on leur dise, ils ne voient rien qui leur donne lieu d'espérer le retour de leur ancienne prospérité. C'est pourquoi, le trouble et l'agitation augmentent de jour en jour et de plus en plus. Mais personne n'est assez hardi pour prendre l'initiative, par crainte du comte. P. 390.

Il se passe un certain temps pendant lequel on se borne à se réunir par petits groupes sur les places et aux carrefours. A Gand où les habitants accourent ainsi de divers endroits et de plusieurs rues de la ville pour conférer ensemble, quelques compagnons sont frappés de la sagesse d'un bourgeois qui prend la parole dans ces réunions : ce bourgeois s'appelle Jacques d'Arteveld, et il est brasseur de miel. Ces compagnons remarquent les discours d'Arteveld entre tous les autres et ils le proclament un très-habile homme. Ils lui entendent dire que, si on le veut écouter et croire, il se fait fort de remettre promptement la Flandre en situation de recouvrer son ancienne prospérité; il promet en outre d'assurer à la fois à son pays l'alliance du roi de France et celle du roi d'Angleterre. Ces paroles sont répétées avec empressement, et elles circulent si bien de l'un à l'autre que presque tous les habitants de Gand en ont connaissance, notamment les petites gens et le peuple que le manque de travail fait le plus souffrir. On voit alors les attroupements recommencer de plus belle par les rues et les carrefours. P. 390.

Il arrive qu'un jour [de [1] fête] après dîner, il se forme un rassemblement de plus de cinq cents compagnons; ils marchent à la file, s'appellent de maison en maison et disent : « Allons, allons entendre le conseil du sage homme! » Ils parviennent ainsi jusqu'à la maison de Jacques d'Arteveld qu'ils trouvent au seuil de

1. Le récit du manuscrit de Valenciennes contient quelques variantes et même certaines additions intéressantes que nous intercalons dans ce sommaire, en les mettant entre parenthèses.

sa demeure. Du plus loin qu'ils l'aperçoivent, ils ôtent leurs chaperons, le saluent et lui disent : « Ha! cher sire, pour Dieu merci,
veuillez nous entendre. Nous venons vous demander conseil, car
on nous dit que le grand bien de vous remettra le pays de Flandre en bon point. Veuillez nous dire comment : vous ferez aumône, car nous avons bien besoin que vous ayez égard à notre
pauvreté. » Jacques d'Arteveld s'avance alors et dit : « Seigneurs
compagnons, il est très-vrai que j'ai dit que, si l'on veut m'écouter et me croire, je mettrai Flandre en bon point, sans que notre
seigneur le comte en soit lésé en rien. » Tous alors de l'embrasser à qui mieux mieux et de le porter en triomphe en s'écriant :
« Oui, vous serez cru, écouté, craint et servi. » — [« Seigneurs
compagnons, ajoute Arteveld, je suis natif et bourgeois de cette
ville et j'y ai le mien. Sachez que de tout mon pouvoir je vou
drais vous venir en aide et à mon pays. Et s'il y a un homme qui
soit décidé à assumer le fardeau, je suis prêt à exposer ma vie
et ma fortune pour marcher à ses côtés; ou si vous autres me
voulez être frères, amis et compagnons en toutes choses et faire
cause commune avec moi, je me chargerai volontiers, malgré mon
indignité, de la besogne.] Il convient que j'expose d'abord mes
projets devant la plus saine partie de la population de Gand, et
il faut que vous, qui êtes ici, et les vôtres et ceux qui se réuniront à vous, me juriez de m'appuyer et de me prêter main-forte
en toute circonstance jusqu'à la mort. » [Les assistants répondent
tout d'une voix : « Nous vous promettons loyalement d'être avec
vous en toutes choses et d'y aventurer corps et biens, car nous
savons que dans tout le comté de Flandre il n'y a personne autre
que vous qui soit à la hauteur de la tâche. »] Jacques d'Arteveld donne alors rendez-vous à ses affidés pour le lendemain
matin sur la place de la Biloke où il veut exposer devant tous les
projets qu'il a formés dans l'intérêt commun. P. 390 et 391.

Ces nouvelles se répandent à Gand et se propagent dans les
trois parties de la ville. Le lendemain matin toute la place de la
Biloke se remplit de gens, ainsi que la rue où demeure Jacques
d'Arteveld. Porté sur les bras de ses partisans, Jacques fend la
foule qui se compose de gens de toutes les classes et arrive à la
Biloke : il prend place sur une belle estrade préparée pour le recevoir. Et là il se met à parler avec tant d'éloquence et de sagesse qu'il gagne tous les cœurs à son opinion. Il conseille à ses
compatriotes de tenir leur pays ouvert et prêt à recevoir le roi

d'Angleterre et les siens, s'ils veulent y venir, car on n'a rien à gagner et l'on a tout à perdre dans une guerre contre les Anglais. [Quant au roi de France, il a tant d'affaires sur les bras qu'il n'a pouvoir ni loisir de nuire à la Flandre. Édouard sera ravi d'avoir l'amitié des Flamands, et le roi de France finira lui aussi par rechercher cette amitié. Arteveld ajoute que l'alliance de l'Angleterre assurera à la Flandre celle du Hainaut, du Brabant, de la Hollande et de la Zélande.] Les Gantois approuvent les projets de Jacques d'Arteveld, ils jurent de le tenir desormais pour leur seigneur et de ne rien faire que par son conseil, puis ils le reconduisent à son hôtel. Ces événements se passent vers la Saint-Michel 1337. P. 391 et 392.

Le roi de France est vivement contrarié en apprenant ces nouvelles. Il comprend que, si les Flamands deviennent ses ennemis, ils peuvent lui être très-nuisibles en permettant au roi d'Angleterre de passer à travers leur pays pour envahir la France. Il engage le comte de Flandre à aviser aux moyens de se débarrasser de Jacques d'Arteveld qui menace d'enlever le comté à son seigneur légitime. P. 392.

[Le comte mande auprès de lui Jacques d'Arteveld qui va au rendez-vous avec une escorte si nombreuse qu'on n'ose rien tenter contre lui. Louis de Nevers invite Arteveld à user de son influence pour maintenir le peuple en l'amour du roi de France; il fait en outre à son ennemi les plus belles offres, et il entremêle le tout de paroles de soupçon et de menace. Jacques ne se laisse point intimider par ces menaces, et au surplus il aime du fond du cœur les Anglais. Il répond qu'il tiendra ce qu'il a promis au peuple en homme qui n'a point de peur, et, s'il plaît à Dieu, il espère venir à bout de son entreprise. Puis il prend congé du comte de Flandre.] P. 393.

Louis de Nevers met alors dans ses intérêts quelques personnes qui appartiennent aux plus grandes familles de Gand; il a d'ailleurs dans son parti les jurés qui lui ont prêté serment de fidélité. Les amis du comte dressent à plusieurs reprises des piéges et des embûches à Jacques d'Arteveld; mais toute la communauté de Gand est si dévouée à son chef qu'avant de faire mal à celui-ci, il faudrait avoir raison de trente ou quarante mille hommes. Arteveld est entouré de gens de toute sorte, qui n'ont d'autre occupation que d'exécuter ses ordres et de le défendre en cas de besoin. P. 392 et 393.

Troisième réduction. — A l'époque dont je parle, il s'élève un grand débat entre le comte de Flandre et les Flamands. Ce comte Louis, marié à Marguerite d'Artois, ne sait se maîtriser ni se contenir ni vivre en paix avec ses sujets dans son comté; aussi les Flamands ne purent jamais l'aimer. Il est forcé de vider le pays définitivement, de partir de Flandre et de venir en France avec sa femme; il se tient à Paris à la cour de Philippe de Valois, qui pourvoit de ses deniers à l'entretien du comte et de la comtesse. Ce comte était très-chevaleresque, mais ses sujets disaient qu'il était trop français et qu'ils n'avaient nul bien à en attendre. P. 388.

Les habitants de Gand donnent les premiers le signal de la révolte, et ils entreprennent de soulever tout le reste du pays de Flandre; ils s'assurent l'alliance de Termonde, d'Alost et de Grammont. Sur ces entrefaites, et pendant que les ambassadeurs d'Angleterre entament des négociations à Valenciennes, il apparaît à Gand un bourgeois qui se nomme Jacques d'Arteveld, homme d'une audace, d'une capacité et d'une astuce extraordinaires; ce bourgeois acquiert une telle influence que toute la ville de Gand le prend pour chef et se soumet à ses volontés. Les ambassadeurs anglais, qui sont venus à Valenciennes, se décident, par le conseil du comte de Hainaut et de son frère, à envoyer des délégués auprès de Jacques d'Arteveld pour inviter les Gantois à faire alliance avec le roi d'Angleterre et les prier d'accorder à Édouard III et à son armée le libre passage à travers la Flandre. L'évêque de Durham, le comte de Northampton et Renaud de Cobham sont chargés de cette mission. P. 394 et 395.

Les délégués anglais reçoivent à Gand un accueil magnifique et sont comblés d'attentions, d'honneurs et de festins. Un traité est conclu grâce aux actives démarches de Jacques d'Arteveld qui déteste le comte de Flandre; et ce traité, ratifié par la commune de Gand, stipule que, si le roi d'Angleterre passe la mer et veut traverser la Flandre, avec ou sans gens d'armes, en payant comptant tout ce dont il se fera besoin sur la route, il trouvera le pays ouvert. Il est vrai que Bruges, Ypres et Courtrai restent hostiles aux confédérés, mais les Gantois comptent bien s'y prendre de telle sorte que, sous bref délai, le pays tout entier ne fera qu'un avec eux. P. 395.

Les délégués anglais sont ravis de joie d'avoir obtenu ce traité qui est scellé du sceau aux causes de la ville de Gand; ils retournent à Valenciennes annoncer l'heureux résultat de leur mission au comte de Hainaut et aux autres ambassadeurs d'Angleterre. Guillaume de Hainaut dit alors aux envoyés d'Edouard III : « Vos affaires sont en très-bonne voie, si vous avez l'alliance de la Flandre et du Brabant. Dites à mon fils d'Angleterre que ce lui sera d'un grand secours et que sa guerre en sera plus belle ; mais il faut qu'il passe la mer au printemps prochain pour apprendre à connaître les seigneurs et les pays qui voudront faire alliance avec lui. Quand vous serez de retour en Angleterre, décidez-le à se rendre sur le continent avec force gens d'armes et archers et avec grandes sommes d'argent, car les Allemands sont d'une cupidité sans égale, et ils ne font rien si on ne les paye d'avance à beaux deniers comptants. » P. 393.

CHAPITRE XX.

1337. ARRESTATION ET EXÉCUTION DE SOHIER DE COURTRAI ; MORT DE GUILLAUME I, COMTE DE HAINAUT (§ 60).

Le comte de Hainaut conseille aux ambassadeurs d'Angleterre, qui sont venus à Valenciennes, de profiter de la mésintelligence survenue entre le roi de France et le comte de Flandre, d'une part, et les Flamands, de l'autre, pour rechercher l'amitié de ces derniers, et surtout de Jacques d'Arteveld dont l'influence peut seule assurer le succès de leurs démarches. Les envoyés anglais suivent ce conseil et ils se partagent la tâche ; ils vont les uns à Bruges, d'autres à Ypres, le plus grand nombre à Gand ; ils mènent si grand train qu'on dirait que l'argent leur tombe des nues. Ils donnent de beaux dîners dans les bonnes villes où ils passent, et ils répandent le bruit dans le pays que, si les Flamands font alliance avec le roi d'Angleterre, ils seront très-riches, vivront en paix et auront lainages et draperie à profusion. L'évêque de Lincoln[1] et ceux de ses collègues, qui sont allés à Gand, réussissent, par belles paroles et autrement, à se faire bien venir des Gantois ; ils gagnent l'amitié de Jacques d'Arteveld et aussi celle d'un vieux, brave et riche chevalier de Gand, très-aimé des ha-

---

1. *Troisième rédaction* : l'évêque de Durham.

bitants de cette ville où il prend plaisir à traiter magnifiquement tous les étrangers, spécialement les barons et chevaliers d'honneur et de nom. Ce chevalier banneret, nommé [Sohier] de Courtrai, est tenu pour le plus preux de Flandre, et il a toujours servi ses seigneurs avec un courage sans égal. P. 129, 130, 396.

Ce Sohier de Courtrai tient compagnie et prodigue les honneurs aux ambassadeurs d'Angleterre, ainsi qu'un galant homme doit toujours le faire, selon ses moyens, à des chevaliers étrangers. Ces nouvelles parviennent à la connaissance du comte de Flandre qui se tient à Compiègne avec la comtesse sa femme. Le comte est irrité de ne plus toucher les revenus de son comté et de voir les Flamands incliner de jour en jour davantage à l'alliance des Anglais ; il mande secrètement en France auprès de lui Sohier de Courtrai. L'infortuné chevalier se rend sans défiance à l'appel de son seigneur qui lui fait trancher la tête[1]. Sohier de Courtrai, entouré de l'estime et de l'affection générales, est profondément regretté de tous les Flamands qui sentent redoubler leur haine contre le comte, auteur de cet attentat. P. 130, 397.

Jacques d'Arteveld réunit à plusieurs reprises les représentauts des bonnes villes de Flandre pour leur soumettre les propositions d'alliance apportées par les ambassadeurs d'Angleterre. Les Flamands consentent à accorder au roi anglais et à son armée le libre passage à travers leur pays ; mais ils ont de telles obligations au roi de France qu'ils ne le pourraient attaquer ni entrer en son royaume, sans avoir à payer une somme de florins si forte qu'ils sont hors d'état de la fournir. En conséquence, ils désirent que la conclusion d'une alliance offensive soit remise à une autre fois. Les ambassadeurs d'Angleterre, qui ne se sentent plus en sûreté en Flandre depuis le meurtre de Sohier de Courtrai, se tiennent pour satisfaits d'avoir obtenu cette réponse et retournent à Valenciennes. Ils envoient souvent des messages à Édouard III pour le tenir au courant de toutes les phases des négociations, et le roi d'Angleterre leur expédie en retour or et argent en abondance pour payer leurs frais et faire des largesses à ces seigneurs d'Allemagne qui n'ont souci d'autre chose. P. 130, 131, 397.

Sur ces entrefaites, le comte Guillaume de Hainaut meurt le 7 juin 1337. Sa mort excite beaucoup de regrets, car il était large,

----

1. L'exécution de Sohier de Courtrai, arrêté à la suite du voyage des ambassadeurs anglais en Flandre, n'eut lieu que le 21 mars 1338.

noble, preux, hard , courtois, avenant, humain et bon pour tout
le monde. Il est pleuré amerement par ses enfants. Le roi et la
reine d'Angleterre prennent le deuil aussitôt qu'ils ont reçu la fa-
tale nouvelle , et font célebrer un service à leur résidence de
Windsor. Le comte de Hainaut est enterré aux Cordeliers à Valenciennes, et c'est là qu'ont lieu ses obsèques. La messe est chan-
tée par Guillaume III d'Auxonne, évêque de Cambrai. Une foule
de ducs, de comtes et de barons assistent à la cérémonie. Le
comte laisse un fils qui succède à son père sous le nom de Guillaume II dans les comtés de Hainaut, de Hollande et de Zélande.
Ce fils avait épousé Jeanne, fille de Jean III, duc de Brabant, qui
apporta en dot à son mari la belle et riche terre de Binche.
Jeanne de Valois, veuve de Guillaume I et mère de Guillaume II,
va finir ses jours à Fontenelles, abbaye de dames située sur l'Escaut près de Valenciennes. Guillaume I laisse en outre quatre filles dont trois sont mariées. L'aînée Marguerite, femme de Louis
de Bavière, est reine d'Allemagne et impératrice de Rome. La
seconde Jeanne, mariée à Guillaume V, est [marquise] de Juliers[1].
La troisième Philippe, la bonne et noble compagne d'Édouard III,
est reine d'Angleterre. La plus jeune Élisabeth reste à marier, et
ce n'est que longtemps après la mort de son père qu'elle épouse
Robert de Namur et devient ainsi dame de Renais en Flandre et
de Beaufort sur Meuse. P. 131 et 132, 397 et 398.

CHAPITRE XXI.

**1337. RETOUR DES ENVOYES ANGLAIS DANS LEUR PAYS ; PRÉPARATIFS
DE GUERRE ET ÉCHANGE DE DÉFIS ENTRE LES ROIS DE FRANCE ET
D'ANGLETERRE (§ 62).**

Première rédaction. — Le duc de Brabant, qui vient de s'engager à prêter son appui effectif au roi d'Angleterre, craint de
s'attirer l'inimitié du roi de France. Il craint qu'en cas d'échec
des Anglais, Philippe de Valois ne le fasse payer pour les autres.
C'est pourquoi, il prend soin de se justifier à l'avance vis-à-vis
du roi de France auprès duquel il envoie l'un de ses conseillers

---

1. Le comté de Juliers fut érigé en marquisat et principauté par
Louis de Bavière en faveur de Guillaume V en 1336.

nommé [Léon] de Crainhem, chevalier d'un très-grand sens : il
se défend d'être entré dans aucune coalition contre son puissant
voisin ; seulement, il n'a pu se dispenser d'accorder au roi
d'Angleterre, son cousin germain, le libre passage à travers
son duché ; mais du reste il ne fera rien qui soit de nature à
déplaire au roi de France. Philippe de Valois se tient pour satisfait de ces excuses. Ce qui n'empêche pas le duc de Brabant de
recruter à ce moment-là même, dans son pays et ailleurs, le
nombre de gens d'armes qu'il a promis de fournir au roi d'Angleterre. P. 133.

Sur ces entrefaites, l'évêque de Lincoln[1], Renaud de Cobham
et les autres envoyés anglais quittent le Hainaut et reprennent le
chemin de leur pays. Ils s'embarquent à Dordrecht[2] en Hollande,
pour éviter de passer près de l'île de Cadsand, car ils craignent
de tomber entre les mains d'une bande d'écumeurs qui occupent
cette île à la solde du roi de France et du comte de Flandre. Le
roi d'Angleterre accueille avec joie la nouvelle des alliances qui
ont été conclues avec le comte de Hainaut, le duc de Brabant et
un certain nombre de seigneurs des marches d'Allemagne.
P. 134, 407, 408.

Seconde rédaction. — Les ambassadeurs d'Angleterre quittent
Valenciennes après neuf mois de séjour et retournent dans leur
pays. Ils annoncent qu'en présence du refus de Philippe de Valois
d'entrer en pourparlers avec eux, ils se sont assuré l'appui d'un
certain nombre de seigneurs d'Allemagne qui prient le roi d'Angleterre de passer la mer et de venir s'entendre avec ses alliés
du continent. Ils préviennent aussi Édouard III que le comte de
Flandre tient dans l'île de Cadsand une garnison dont les Anglais
ont beaucoup à souffrir. P. 400 et 401.

Le roi d'Angleterre convoque à Londres les représentants des
trois Ordres de son royaume pour la Saint-Michel 1337. Ce parlement se tient à Westminster hors Londres et dure trois semaines. Les évêques de Lincoln et de Durham et les autres seigneurs
qui ont été envoyés en ambassade à Valenciennes exposent devant la haute assemblée le résultat de leur mission. Le parlement, après mûre délibération, est d'avis que le roi d'Angleterre

1. L'évêque de Lincoln dont il s'agit ici est le célèbre Henri de
Burghersh, mort à Gand en 1340, dont la passion pour la chasse a
donné lieu à une légende populaire.
2. *Troisième rédaction*: à Anvers. P. 407.

doit renvoyer son hommage et défier le roi de France. L'évêque de Lincoln est chargé de porter le défi. P. 401 et 402.

Le même parlement édicte et arrête les mesures suivantes. 1° Il est ordonné que, pour venir en aide au roi, on payera double imposition par chaque sac de laine, tant que durera la guerre. Sur la proposition de six bourgeois, deux de Londres, deux d'York et deux de Coventry, la somme annuelle allouée au roi pour sa dépense, est augmentée de trois cent mille nobles, ce qui porte cette somme à six cent mille nobles payables en trois termes. 2° Il est défendu, sous peine de mort, par tout le royaume d'Angleterre, de se divertir à un autre jeu que celui de de l'arc à main et des flèches, et il est fait remise de leurs dettes à tous les ouvriers qui fabriquent des arcs et des flèches. 3° Les chevaliers, écuyers et compagnons, qui prendront part à la guerre, recevront des gages du roi ; mais ils s'entretiendront à leurs frais, chacun selon son état, pendant six mois de l'année, et ils feront leur profit de tous les prisonniers qui pourront tomber entre leurs mains ainsi que du butin. 4° Les habitants de la presqu'île de Cornouaille, des îles de Guernesey, de Wight, de Southampton et de Sheppy sont déclarés exempts de toute levée et semonce ; mais il leur est imposé de garder leurs marches et frontières, d'habituer leurs enfants à manier les armes et à tirer de l'arc. 5° Il est enjoint aux gens de toute condition de faire apprendre la langue française à leurs enfants, afin que ceux-ci soient plus capables de se renseigner et moins dépaysés à la guerre. 6° Il est interdit de transporter des chevaux d'un point quelconque des côtes d'Angleterre sur le continent, sans la permission du chancelier. P. 402.

Le parlement décide aussi qu'une expédition sera dirigée contre la garnison flamande de l'île de Cadsand ; Guillaume de Montagu, qui vient de se couvrir de gloire ainsi que Gautier de Mauny dans la guerre contre les Écossais, reçoit pour prix de ses exploits la main d'Alix de Salisbury, une des plus belles jeunes dames du monde, dont le roi tient la terre en sa main et en sa garde. La session du parlement est à peine terminée que chacun rentre chez soi et s'empresse de faire ses préparatifs, afin d'être en mesure d'accourir au premier signal. De son côté, l'évêque de Lincoln se rend sur le continent pour défier le roi de France. P. 403.

L'envoyé du roi d'Angleterre arrive à Paris pour la Toussaint de l'an 1337 au moment où les rois de Bohême et de Navarre et une foule de grands seigneurs se trouvent à la cour de Philippe de Valois. Il présente au roi de France la lettre de défi datée de Westminster le 19 octobre 1337. Froissart reproduit la teneur de cette lettre d'après le témoignage du seigneur de Saint-Venant[1] présent à l'entrevue. Philippe de Valois ne fait que rire des menaces d'Édouard III et se contente de dire au porteur du message que la lettre du roi d'Angleterre ne mérite point de réponse. Il transmet copie du défi qu'il vient de recevoir à plusieurs seigneurs, en France et hors de France, notamment au comte de Hainaut et au duc de Brabant. Il somme ces deux princes de ne contracter aucune alliance avec le roi d'Angleterre sous peine de voir leur pays mis à feu et à sang, il adresse la même invitation au comte de Bar et au duc de Lorraine, mais il est sans inquiétude du côté de ces derniers qui sont bons et loyaux Français. En même temps, il fait renforcer ses garnisons sur les frontières de l'Empire, car il se défie des Allemands ; et il mande aux habitants de Tournai, Lille, Béthune, Arras et Douai, de mettre ces villes, ainsi que les châteaux et châtellenies d'alentour, en état de défense. P. 404 et 405.

Des gens d'armes sont envoyés sur toutes les frontières pour les garder. Énumération des principaux points de ces frontières au nord, à l'ouest, au sud et à l'est. Godemar du Fay[2] est mis en garnison à Tournai, et le seigneur de Beaujeu à Mortagne sur Escaut. Une flotte de Normands et de Génois, armée en course sous les ordres de Hue Quieret, de [Nicolas] Behuchet et de Barbavera, fait des descentes et porte le ravage sur les côtes d'Angleterre. Enfin, le comté de Ponthieu est donné avec toutes ses dépendances à Jacques de Bourbon. P. 405 et 406.

Après avoir terminé ses préparatifs, sur mer comme sur terre, Philippe de Valois mande confidentiellement au comte de Flandre de faire tous ses efforts pour se concilier l'affection de ses sujets,

1. Robert de Wavrin, sire de Saint-Venant, sénéchal de Flandre. Au mois de novembre 1336, Louis comte de Flandre avait donné à ce chevalier et à son héritier mâle la sénéchaussée de Flandre avec une somme de 500 livres une fois payée. (Arch. du Nord, *Invent. de la Chambre des Comptes*, t. I, p. 130)

2. Godemar du Fay fut en effet nommé en 1337 gouverneur de Tournai et des frontières avec 120 hommes d'armes sous ses ordres. De Camps, portef. 83. f° 217.

afin de les empêcher de s'allier avec les Anglais. En outre, il charge le comte de Vendôme et le seigneur de Montmorency de porter de sa part en Flandre des propositions d'amitié et de bon voisinage : il promet aux Flamands de leur tenir ouverts les passages de Tournai, de Béthune, d'Aire, de Saint-Omer et du Warneton sur le Lis et de fournir leur pays de blés et de tous grains à volonté[1]. Ces propositions sont accueillies presque partout avec une extrême froideur, car les tisserands de Flandre ont bien plus besoin des laines d'Angleterre, source de leurs profits dans la draperie, que de blés et d'avoines dont leurs marchés sont remplis. Toutefois, les envoyés français réussissent à ramener Louis de Nevers à Gand et à le faire assez bien venir de Jacques d'Arteveld et des Gantois, mais cette bonne entente ne dure pas longtemps. P. 406 et 407.

CHAPITRE XXII.

1337. VICTOIRE DE CADSAND REMPORTÉE PAR LES ANGLAIS SUR LES FLAMANDS (§§ 61 à 64).

Deux cents chevaliers ou écuyers et quatre ou cinq mille combattants vont, par l'ordre du comte de Flandre, occuper l'île de Cadsand[2] d'où ils capturent les navires et infestent les côtes d'Angleterre. Cette garnison de Cadsand tient à sa discrétion l'entrée du port de l'Écluse et intercepte les communications entre l'Angleterre et la Flandre. Elle rend impossible toute exportation de laines anglaises sur le continent, ce dont l'industrie flamande souffre beaucoup, et spécialement la draperie. La situation devient

---

1. Philippe de Valois, ayant vu ses propositions d'alliance repoussées par les Flamands, fit défense d'exporter hors du royaume « vivres, armeures ne quelconques autres choses des quelles noz anemis pourroient estre confortez, par les bailliages d'Amiens, de Vermendois, de Vitry et de Chaumont. » Le 22 janvier 1340, une enquête fut ordonnée contre Jehan de Kievresis et Jehan de Tiergeville, députés à la garde des dits bailliages et accusés « d'avoir laissé passer par corruption, faveurs ou negligance, vins, blés et autres choses hors de nostre royaume, les quèles choses nous desplaisent moult forment. » (Arch. de l'Empire, JJ 72, p. 285, f° 207.)

2. Ile située entre la ville de l'Écluse et l'île de Walcheren en Zélande.

bientôt intolérable et soulève des plaintes par toute la Flandre.
Jacques d'Arteveld et les Gantois, alliés du roi d'Angleterre, s'as-
socient de grand cœur au mécontentement des villes de l'Écluse,
de Damme, de Bruges, du Franc de Bruges, d'Ypres, de Courtrai; et l'habile Jacques d'Arteveld, heureux de trouver une occasion d'entraîner les habitants de ces villes dans le parti anglais,
presse Édouard III de venir au secours des Flamands et de les
délivrer de la piraterie des gens d'armes à la solde de Louis de
Nevers. Cet appel est entendu, et un corps d'armée de cinq ou
six cents lances et de deux mille archers est envoyé contre la
garnison de Cadsand sous les ordres du comte de Derby[1]. Les
principaux seigneurs qui prennent part à cette expédition sont le
comte de Suffolk, le sire de Berkeley, Guillaume Fitz-Waren,
Louis et Roger de Beauchamp, Renaud de Cobham, Richard de
Stafford, Gautier de Mauny nouvellement revenu d'Écosse et fait
conseiller du roi en récompense de ses services. Les Anglais
s'embarquent sur la Tamise; et après deux stations à Gravesend
et à Margate, ils viennent jeter l'ancre de nuit devant Cadsand,
la veille de la Saint-Martin d'hiver (10 novembre) 1337. P. 132
à 135, 398 à 400, 407 à 409.

Les gens d'armes de Cadsand reconnaissent les Anglais aux
léopards des bannières qui flottent sur les navires. La garnison
de l'île se compose d'environ cinq mille hommes choisis entre les
plus braves. Gui, bâtard de Flandre, frère du comte Louis, Jean
dit le *duckere* (seigneur), de Halluin, Jean de Rhode, Gilles de
Le Trief, Simon et Jean de Brigdamme, Pierre d'Englemoustier,
Pierre d'Ypres, Louis Vilain, Baudouin Barnage, Robert Maréchal, Arnoul de Vorst combattent à la tête des chevaliers flamands. Ils se rangent en ordre de bataille sur le rivage pour
s'opposer au débarquement des Anglais. Ils font très-bonne con-
tenance et déploient un grand courage; mais leurs arbalétriers
ne peuvent riposter au tir beaucoup plus rapide des archers
d'Angleterre qui lancent sur l'ennemi, de l'avant de leurs navires,
une grêle de flèches. Les assaillants réussissent à prendre terre
à la suite d'une lutte acharnée, et alors on en vient à combattre

____

1. L'importante assemblée de gens d'armes qui eut lieu à Boulogne-
sur-Mer à la fin d'octobre 1337, fut sans doute provoquée par l'expédition anglaise dirigée contre Cadsand. De Camps, portef. 83, f° 214
v° à 217.

corps à corps et à se disputer le terrain pied à pied. Après quatre heures de résistance, les Flamands sont mis en pleine déroute ; ils perdent environ trois mille des leurs, dont une douzaine de chevaliers et une trentaine d'écuyers de Flandre ou d'Artois ; le duckere de Halluin[1], Jean de Rhode, les deux frères de Brigdamme et Gilles de Le Trief restent parmi les morts. Les Anglais mettent le feu à la ville, et l'île tout entière est livrée au pillage, à la grande satisfaction des habitants de Bruges, de Damme et de l'Écluse. Gui de Flandre, fait prisonnier, est amené à Londres où, séduit par les offres d'Édouard III, il passe cette année même dans le parti anglais. Henri de Lancastre le Jeune, comte de Derby, cousin germain du roi, inaugure dignement par cette victoire sa nouvelle chevalerie, et Gautier de Mauny se signale aux côtés de ce prince par des prodiges de valeur. P. 135 à 138, 409 à 411.

CHAPITRE XXIII.

1338. VOYAGE D'ÉDOUARD III A ANVERS ET POURPARLERS DE CE PRINCE ET DE SES ALLIÉS (§§ 65 à 67).

Première rédaction. — L'affaire de Cadsand a le plus grand retentissement. Les Flamands rejettent sur leur comte toute la responsabilité du désastre. Jacques d'Arteveld seul y trouve son compte et il fait prier le roi d'Angleterre de venir à Anvers s'entendre avec les bonnes villes de Flandre. P. 138 et 139.

Édouard III passe la mer à l'été suivant et arrive à Anvers qui tient le parti du duc de Brabant. Des pourparlers ont lieu dans cette ville de la Pentecôte à la Saint-Jean (du 16 mai au 24 juin) entre le roi anglais et ses alliés dont les principaux sont les ducs de Brabant et de Gueldre, le marquis de Juliers, Jean de Hainaut et le seigneur de Fauquemont. Ces seigneurs, invités à s'exécuter et à prêter aux Anglais l'appui effectif qu'ils ont promis de fournir, prennent exemple sur les atermoiements du duc de Brabant et font des réponses évasives à toutes les demandes

---

1. Le chevalier appelé ici le *duckere* (seigneur) de Halluin est Jean de Halluin fils d'Olivier de Halluin, seigneur de Henserode et de Lacken, et de Marguerite, fille de Colart de Pruines. Voyez le P. Anselme, t. III, p. 919.

d'Édouard III. Le roi d'Angleterre est forcé d'assigner à ses alliés un nouveau rendez-vous qu'il fixe à trois semaines après la Saint-Jean. Dans l'intervalle, il fait sa résidence à l'abbaye Saint-Bernard d'Anvers, tandis que le duc de Brabant, qui habite Leeuw, renouvelle au roi de France ses protestations d'amitié. P. 139 à 141.

Quand le jour du rendez-vous est arrivé, les seigneurs de l'Empire font dire au roi d'Angleterre qu'ils sont prêts à marcher à la condition que le duc de Brabant, qui ne semble faire aucuns préparatifs, leur donne l'exemple. Édouard III redouble ses instances auprès du duc son cousin, qui veut, avant de rien faire, se concerter une dernière fois avec les seigneurs d'Allemagne. Rendez-vous est pris pour le 15 août, et ce rendez-vous est fixé à Halle [1] en considération du jeune comte Guillaume de Hainaut et de Jean de Hainaut son oncle. P. 141 et 142.

Le duc de Brabant, le comte de Hainaut et les seigneurs de l'Empire, qui prennent part à l'entrevue de Halle, déclarent, après mûre délibération, qu'il leur est impossible de s'engager dans une guerre contre la France si le roi d'Angleterre ne s'assure d'abord l'alliance de l'empereur d'Allemagne et s'il ne parvient à décider Louis de Bavière lui-même à se prononcer contre Philippe de Valois. Ils ajoutent que l'achat de Crèvecœur en Cambrésis et d'Arleux en Palluel, qui sont terres d'Empire, ne peut manquer d'être aux yeux de l'Empereur un motif plus que suffisant de se joindre à ses feudataires pour défier le roi de France. Le roi d'Angleterre, forcé de contenir son dépit en présence de cette nouvelle fin de non-recevoir suggérée par le duc de Brabant, répond à ses alliés qu'il sera fait selon leur volonté. P. 142 à 144.

Abrégé de 1477 ou ms. B 6. Après la victoire de Cadsand, Édouard III renouvelle sa défense d'exporter des laines anglaises en Flandre. Les Flamands, dont la draperie est menacée d'une ruine complète, sont au comble de la désolation. Jacques d'Arteveld, dont le cœur est plus anglais que français, parvient à faire partager les mêmes sentiments à la majorité de ses compatriotes, et il invite le roi d'Angleterre à visiter les Flamands qui sont impatients de le voir. Édouard III consent alors à lever la défense d'exporter des marchandises en Flandre, et il rend à la ville de

1. *Seconde rédaction :* à Diest.

Bruges l'étaple des laines qu'il lui avait enlevée. Bientôt après, il passe la mer et vient débarquer à Anvers en compagnie de la reine sa femme et de Robert d'Artois, *comte de Richemont.* P. 412,417.

Le duc de Brabant envoie l'un de ses chevaliers souhaiter la bienvenue au roi d'Angleterre qui reçoit aussi la visite de Jacques d'Arteveld et des seigneurs des marches d'Allemagne. Il s'engage alors entre Édouard III et ses alliés de grands pourparlers auxquels le jeune comte de Hainaut refuse d'abord de prendre part, en disant qu'il entend rester Français et tenir le parti du roi son oncle. P. 417.

Sur ces entrefaites, la reine d'Angleterre met au monde un fils qui reçoit le nom de Lion et qui fut depuis duc de Clarence. Pendant que Philippe fait ses relevailles, Édouard III se rend à Gand à une entrevue qui dure quinze jours et où il a convié le duc de Brabant, le comte de Hainaut et les grands feudataires des marches d'Allemagne. Là, on décide, d'après le conseil de Jean le Mayeur, que le roi d'Angleterre doit d'abord se faire nommer vicaire de l'Empire, afin de fournir aux seigneurs allemands, qui seront tenus à ce titre de lui obéir, un prétexte légitime de marcher sous ses ordres contre le roi de France. P. 423.

Seconde rédaction. — Après la defaite de Cadsand, les Flamands envoient par le conseil de Jacques d'Arteveld douze bourgeois des principales villes de Flandre auprès du roi d'Angleterre ; ces bourgeois ont mission de disculper leurs compatriotes de toute complicité avec les gens d'armes vaincus et d'inviter le vainqueur à venir dans leur pays. Édouard III, qui reçoit ces envoyés à Eltham, leur promet de se rendre à Anvers à Noël prochain pour s'entendre avec le comte et, à défaut du comte, avec les bonnes villes du comte. En attendant son voyage, il autorise jusqu'au 1er janvier la reprise des relations entre la Flandre et l'Angleterre. P. 411 et 412.

Quand tout est prêt à Anvers pour le recevoir, le roi d'Angleterre s'embarque pour la Flandre ; il emmène avec lui la reine sa femme alors enceinte, Robert d'Artois, les comtes de Derby, de Warw'ch, de Pembridge, de Suffolk, d'Arundel et de Kent, les évêques de Lincoln et de Durham, Renaud de Cobham, Richard de Stafford, Guillaume Fitz-Waren, Gautier de Mauny, Philippe de Hastings, les seigneurs de la Ware, de Beauchamp, de Ferrers, de Basset, de Willoughby et de Bradeston. Édouard III débarque à Anvers vers la Saint-Aubert et la Sainte-Luce (13 décembre). P. 416 et 417.

Peu de temps après l'arrivée du roi anglais à Anvers, la reine sa femme met au monde un fils qui reçoit le nom de Lion ; et le comte de Hainaut, frère de Philippe, vient assister aux pompeuses relevailles de sa sœur en compagnie de Jean de Hainaut son oncle. Pressé par Jacques d'Arteveld de s'entendre avec Édouard III, le comte de Flandre déclare qu'il aime mieux perdre tous les revenus de son comté que de s'allier avec le roi d'Angleterre contre son cousin le roi de France ; et de peur qu'on ne le veuille contraindre à cette alliance, Louis de Nevers quitte la Flandre et se retire en France avec Marguerite sa femme et Louis son fils à la cour de Philippe de Valois. P. 418.

Jacques d'Arteveld se rend alors à Anvers auprès du roi d'Angleterre, accompagné de soixante bourgeois des plus grands de Flandre ; et sur les instances du chef de cette députation, ami dévoué des Anglais, Édouard III consent à rendre aux Flamands l'étaple des laines qu'ils ont perdue depuis trois ans, à la condition qu'il pourra désormais aller et venir en Flandre, avec ou sans armée, comme il lui plaira ; mais les envoyés des bonnes villes refusent de s'engager au nom de leurs compatriotes à envahir le Tournésis, les châtellenies de Lille et de Douai et à prendre les armes contre le roi de France. Après le départ de ses collègues, Jacques d'Arteveld passe son temps en allées et venues de Gand à Anvers ; il est sans cesse en visite auprès d'Édouard III auquel il promet de le rendre maître de la Flandre. Il se fait fort, quoi qu'en aient dit les autres députés flamands, de mettre sur pied au besoin cent mille combattants prêts à attaquer et à envahir la France par le côté qu'Édouard III leur désignera. C'est qu'autant Jacques d'Arteveld est prochain et ami du roi d'Angleterre, autant il est craint et redouté par toute la Flandre. Depuis le départ du comte, il y règne en souverain ; et nul n'est plus puissant que lui, principalement à Gand.... P. 419.

Édouard III convoque à Anvers ses principaux alliés, le duc de Brabant, le comte de Gueldre, le marquis de Juliers, les comtes de Clèves et de Salm, le marquis de Brandebourg, le sire de Fauquemont[1]; et le comte de Hainaut seul refuse de se rendre à l'appel de son beau-frère. P. 417.

---

1. *Fauquemont* est la traduction française de *Valkenburg*, localité qui

Mis en demeure de fournir les secours promis au roi d'Angleterre, ces seigneurs demandent du temps pour réfléchir ; et l'on convient d'une nouvelle entrevue qui doit avoir lieu trois semaines après la Saint-Jean. En attendant cette entrevue, Édouard III va habiter avec sa femme l'abbaye Saint-Bernard d'Anvers. P. 420.

En Brabant, le roi d'Angleterre compte plus de partisans que le roi de France , spécialement parmi les habitants des bonnes villes ; mais le duc, qui est prudent et avisé, ne se veut point mettre en guerre avec son puissant voisin, et il se promet bien de ne jamais être anglais, si en Hainaut et en Flandre on ne l'est encore plus que lui. Quant aux Flamands, ils inclinent de plus en plus du côté de l'Angleterre. C'est que Jacques d'Arteveld, qui est alors tout en Flandre, fait sans cesse des discours aux habitants de Gand, de Bruges, d'Ypres, de Courtrai, d'Audenarde, où il montre si bien les avantages de l'alliance anglaise que ses compatriotes sont prêts à marcher à son commandement sous la bannière d'Édouard III. Les dispositions sont les mêmes dans le Hainaut où les gens des communes surtout sont très-favorables aux Anglais ; mais le jeune comte Guillaume dit que Philippe de Valois son oncle lui est plus prochain et la France plus amie qu'Édouard III et l'Angleterre. P. 420 et 421.

Troisième rédaction. — Jacques d'Arteveld fait en sorte que les échanges ne recommencent pas entre la Flandre et l'Angleterre immédiatement après l'affaire de Cadsand. Les marchands anglais, qui ont sur le quai de Londres et ailleurs une quantité énorme de sacs de laine, ne désirent rien tant que de les vendre pour avoir de l'argent. Les drapiers de Flandre et du Brabant, de leur côté, ne désirent rien tant que de les acheter pour les employer à la fabrication du drap. Jacques d'Arteveld, qui sait tout cela, n'en écrit pas moins au roi d'Angleterre pour l'engager à ne pas lever les prohibitions jusqu'à nouvel ordre. P. 413.

Lorsque les habitants de Bruges, de Damme, de l'Écluse, d'Ypres, de Courtrai et du terroir du Franc voient que la mer n'est pas plus ouverte après l'affaire de Cadsand qu'auparavant, ils commencent à murmurer et vont se plaindre au chef populaire de la ville de Gand. On convient après de longues déli-

fait partie aujourd'hui de la Hollande et qui est située près de Maestricht.

bérations de nommer dans chaque bonne ville deux bourgeois qui iront en Angleterre avec Jacques d'Arteveld prier Édouard III de rendre aux Flamands l'étaple des laines, et on leur donne pleins pouvoirs d'adhérer au nom de toute la Flandre au traité conclu par l'évêque de Durham et les autres députés anglais avec les Gantois. Ces députés s'embarquent à l'Écluse et arrivent à Londres où ils vont loger dans la rue *de la Riole*[1]. P. 413 à 415.

Le roi d'Angleterre, après avoir fêté à Eltham les envoyés flamands et surtout Jacques d'Arteveld, réunit son conseil au palais de Westminster, et l'on y décide qu'il sera fait droit à la requête des Flamands. Ceux-ci promettent en retour de recevoir dans leur pays Édouard III et son armée et même de se joindre au duc de Brabant et aux seigneurs allemands pour marcher contre Tournai ou Cambrai, là où il plaira au roi anglais de les conduire. Les députés de Flandre sont à peine rentrés dans leur pays qu'on voit les laines anglaises affluer à l'Écluse, à Damme et à Bruges où les drapiers du Brabant et d'ailleurs viennent les acheter. P. 415 et 416.

Vers la Saint-Jean (24 juin), Édouard III laisse à Windsor la reine sa femme alors enceinte d'une princesse qui reçut le nom d'Isabelle et fut depuis dame de Coucy. Puis il s'embarque au port de Londres en compagnie de Robert d'Artois qui a inspiré et fomenté toute cette entreprise. La flotte anglaise jette l'ancre devant Anvers la nuit de la Saint-Jacques et Saint-Christophe (25 juillet). Le roi d'Angleterre ne tarde pas à recevoir dans cette ville la visite de Jean de Hainaut, puis du duc de Brabant son cousin germain, du comte de Gueldre et du marquis de Juliers. P. 416, 417 et 418.

CHAPITRE XXIV.

1332 à 1338. VOYAGES[2] ET SÉJOUR DE DAVID BRUCE, ROI D'ÉCOSSE, EN FRANCE (§ 69).

Première rédaction. — David Bruce, dépouillé de la plus

---

1. Ces expressions de Froissart : *la rue de la Riole*, désignent peut-être le Strand.
2. Nous écrivons *voyages* au pluriel, parce que, s'il parait bien établi

grande partie de son royaume, prend le parti de se retirer en France où il trouve ainsi que la reine sa femme l'accueil le plus empressé. Philippe de Valois met à la disposition du roi d'Écosse plusieurs de ses châteaux et se charge de pourvoir à tous les frais d'existence de son hôte. Par l'entremise de David Bruce, un traité d'alliance offensive et défensive est conclu entre le roi de France et les seigneurs d'Écosse partisans de David : Philippe de Valois s'engage à secourir de tout son pouvoir les Écossais qui promettent en retour de n'accorder aucune trêve aux Anglais sans le consentement de leur royal allié. Arnoul d'Audrehem, maréchal de France, et le sire de Garencières, envoyés en Écosse à la tête d'un corps d'auxiliaires, se couvrent de gloire[1]. P. 146 à 148.

Seconde rédaction. — Toutes les forteresses du plat pays d'Écosse sont tombées au pouvoir des Anglais, et Guillaume de Montagu, comte de Salisbury, occupe Édimbourg. Le comte de Murray, Guillaume de Douglas, Robert de Vescy, Simon Fraser, Alexandre de Ramsay se sont réfugiés dans les forêts de Jedburgh : le centre d'opérations de ces défenseurs de l'Écosse est le fort château de Dumbarton où le jeune David Bruce et la reine sa femme ont fixé leur résidence. Lorsque les seigneurs écossais apprennent qu'Édouard III se dispose à entrer en campagne contre le roi de France, ils chargent Guillaume de Douglas, le comte de Sutherland et Robert de Vescy d'aller en compagnie du roi d'Écosse négocier un traité d'alliance avec Philippe de Valois. David Bruce s'embarque à Aberdeen avec la reine et

que l'arrivée de David Bruce en France remonte à 1332, un voyage de ce prince en Écosse, avant l'ouverture des hostilités entre la France et l'Angleterre, n'a rien que de conforme à la vraisemblance. Certains détails de la seconde et de la troisième rédaction, notamment la rencontre des Écossais et des écumeurs normands, font supposer que ce second voyage, s'il a existé réellement, a dû avoir lieu en 1338.

1. Cette expédition dut avoir lieu en 1335. Au mois d'avril 1343, Philippe de Valois donna au comte d'Eu mille livres tournois de rente sur le Trésor à Paris « comme dès l'an de grace *mil CCC trente et cinq nous eussions ordenné à Chastelheraut de envoier en Escoce nostre amé et feal cousin le comte de Eu, connestable de France, en l'aide du roy d'Escoce contre le roy d'Engleterre;* et pour ce que nostre dit cousin, qui tenoit en Engleterre et en Yrlande certaine terre en fié du roy d'Engleterre, ne devoit ne voloit aler encontre li sanz avant li renvoier son hommage, par nostre volenté et ordenance li renvoya de lors l'ommage de la dite terre, laquelle vaut quatre mille livres tournois par années communes.... » (Arch. de l'Empire, JJ 74, p. 74, f⁰ 44.)

les seigneurs ci-dessus nommés. Pendant la traversée, les quatre navires qui portent le roi d'Écosse et sa suite, poussés par un fort vent d'est à l'embouchure de la Tamise près de Margate, tombent au milieu d'une flotte de soixante-quinze vaisseaux montés par des Normands et des Génois en croisière dans ces parages. Les Normands croient d'abord avoir affaire à des Anglais et ils commencent à donner la chasse à ces quatre navires ; mais les Écossais se font reconnaître, et aussitôt Hue Quieret[1], qui commande la croisière, s'empresse de les escorter jusqu'au port de Calais. Une fois débarqué, David Bruce passe à Thérouanne, Arras, Bapaume, Péronne et arrive à Paris. P. 429 à 431.

Philippe de Valois, qui vient de recevoir le défi d'Édouard III, accueille avec joie le roi d'Écosse ; il est heureux de trouver dans les propositions d'alliance qu'on lui vient soumettre un moyen de forcer son adversaire à détourner contre un pays autre que la France une partie des forces de l'Angleterre. Aussi, la conclusion du traité ne se fait pas attendre, et Robert de Vescy retourne en porter la nouvelle à ses compatriotes. Aussitôt qu'Édouard III est informé de cette nouvelle, il renvoie en Angleterre l'évêque de Durham, les seigneurs de Lucy et de Mowbray, et il les charge d'inviter le comte de Salisbury, les seigneurs de Percy, de Nevill, de Greystock et Édouard Baillol, capitaine de Berwick, à renforcer toutes les garnisons sur la frontière d'Écosse. P. 431 et 432.

Troisième rédaction. — Après la prise de Berwick, David Bruce, forcé de se retirer à Aberdeen et aux environs dans la Sauvage Écosse, apprend que le roi d'Angleterre, à l'instigation de Robert d'Artois, se dispose à revendiquer le trône de France ;

---

1. Hue Quieret, chevalier et conseiller du roi, son amiral en mer, fut capitaine de Douai du 28 octobre au 6 décembre 1339 (Bibl. imp., De Camps, portef. 83, f° 311). Parmi les chevaliers qui servirent sur les frontières de Flandre en 1339 et 1340, on voit figurer Hue Quieret avec un écuyer « venu de Roust-lès-Fresnemontiers » (auj. Fresmontiers, Somme, arr. Amiens, canton Conty). Le 24 avril 1340, Hue Quieret, écuyer, fils de feu Guérard Quieret, chevalier, vendit aux chapelains de Notre-Dame d'Amiens tout le fief dit de Gueraville, tenu de Gaucher de Châtillon, seigneur de la Ferté en Ponthieu et de Marie de Toutecourt sa femme et situé à Doins (auj. Doingt-Flamicourt, Somme, arr. et canton Péronne). Arch. de l'Empire, JJ 72, p. 555.

et il forme le projet de se rendre sur le continent pour négocier
un traité d'alliance avec Philippe de Valois. Ce projet reçoit l'ap-
probation des Écossais qui ont toujours été plus partisans des
Français que des Anglais. Le roi d'Écosse s'embarque au port
de Montrose en compagnie de la reine sa femme, de Guillaume de
Douglas, de vingt-six chevaliers et écuyers, des dames et damoiselles de la suite de la reine ; il confie la défense du royaume en
son absence à Archibald de Douglas, à Robert de Vescy, à Alexandre
de Ramsay et à Simon Fraser. Les Écossais abordent à l'Ecluse
où ils se font passer pour des pèlerins et pèlerines qui vont à
Saint-Maur des Fossés. De l'Écluse, ils se rendent par eau à
Bruges où ils attendent leurs chevaux et renouvellent leur équi-
page. Ils passent à Lille, à Arras, à Éclusier[1], à Lihons[2] en
Santerre, à Roye, à Canny[3], à Ressons[4] à Creil, et ils ne s'arrêtent
qu'à Luzarches[5]. Arrivés là, Guillaume de Douglas et David de
Lindsay prennent les devants pour prévenir le roi de France.
Philippe de Valois, qui tient alors sa cour à l'hôtel du bois de
Vincennes, envoie au-devant du roi et de la reine d'Écosse les
seigneurs de Montmorency et de Garencières. De Luzarches, le
cortége royal vient coucher à Saint-Denis; et l'entrevue des deux
rois et des deux reines a lieu le lendemain au Bois avant la messe.
Le séjour du roi et de la reine d'Écosse en France dura neuf ans
pendant lesquels ils habitèrent la ville et le château de Nemours
que Philippe de Valois leur avait assigné pour leur demeure
avec une rente de mille écus par mois. P. 432 à 435.

CHAPITRE XXV.

1338. INSTITUTION D'ÉDOUARD III EN QUALITÉ DE VICAIRE DE L'EMPIRE (§§ 68, 70, 71).

Le roi d'Angleterre et ses alliés décident qu'une députation se
rendra auprès de l'empereur d'Allemagne afin de solliciter le titre

1. Éclusier-Vaux, Somme, arr. Péronne, c. Bray.
2. Lihons, Somme, arr. Péronne, c. Chaulnes.
3. Canny-sur-Matz, Oise, arr. Compiègne, c. Lassigny,
4. Ressons-sur-Matz, Oise, arr. Compiègne.
5. Luzarches, Seine-et-Oise, arr. Pontoise.

de vicaire de l'Empire en faveur d'Édouard III. Cette députation
se compose du comte de Gueldre et du marquis de Juliers, qui
représentent les seigneurs allemands, de l'évêque de Lincoln, de
Renaud de Cobham et de Richard de Stafford qui sont délégués
par le roi d'Angleterre. Ces députés[1] vont trouver l'empereur à
Nuremberg[2] où leur mission, secondée par l'impératrice Marguerite de Hainaut, est couronnée d'un plein succès. Les électeurs
et les plus hauts barons de l'Empire, tels que le duc de Saxe, les
marquis de Brandebourg, de Meissen et d'Osterland, les archevêques de Cologne, de Trèves et de Mayence sont convoqués à
cette entrevue solennelle qui dure trois jours ; le duc de Brabant,
convoqué aussi, se fait excuser et remplacer par le seigneur de
Cuyk[3]. Là, devant tous ces princes et seigneurs, Louis de Bavière
érige en marquisat le comté de Juliers et en duché le comté de
Gueldre. En même temps, il fait Édouard III son vicaire par tout
l'Empire, il l'autorise à battre monnaie en son nom, et il enjoint
à tous ses sujets d'obéir au vicaire impérial comme à lui-même ;
enfin, il donne mission aux délégués tant anglais qu'allemands
de remettre de sa part au roi d'Angleterre les insignes et titres
de la nouvelle dignité dont il l'a investi. P. 144, 145, 424 et
425

Aussitôt que les habitants de Cambrai, qui est chambre et
terre de l'Empire, apprennent qu'Édouard III vient d'être nommé
vicaire de l'empereur, ils craignent que le roi anglais ne veuille
s'emparer de leur ville pour en faire un de ses avant-postes
contre la France. Et comme ils sont et veulent rester bons Français, ils chargent leur évêque Guillaume d'Auxonne, excellent patriote, originaire du Berry et de la Sologne, d'implorer pour eux,
au cas où ils seraient attaqués, l'appui du roi de France. Phi-

---

1. D'après l'abrégé de 1477 ou ms. B 6, l'entrevue eut lieu à *Coblenz*, non entre des délégués du roi d'Angleterre, mais *entre le roi
d'Angleterre lui-même et l'empereur d'Allemagne*. Cette version est la
seule qui soit de tout point conforme à la vérité historique.

2. D'après la première et aussi d'après la troisième rédaction, l'entrevue se tint à Floreberg ; mais Floreberg ou Florenberg semble provenir de quelque méprise de copiste et probablement d'une mauvaise
lecture.

3. Otton, sire de Cuyk, fils de Jean, marié à Jeanne dame de
Heverlé, puis en 1333 à Jeanne de Flandre, fille du sire de Tenre-
monde. Otton mourut sans enfants peu après 1350. Cuyk fait aujour-
d'hui partie de la Hollande.

lippe de Valois promet de venir à leur secours, et l'on verra qu'il tint sa promesse[1]. P. 427 et 428.

Rendez-vous est pris pour entendre la réponse de l'empereur Louis de Bavière. Quoique les seigneurs d'Allemagne aient désigné Utrecht comme plus à leur convenance, ce rendez-vous a lieu, sur l'insistance du duc de Brabant, à Herck[2] dans le comté de Looz le jour de la Saint-Martin d'hiver (11 novembre). La cérémonie se tient dans la grande vieille halle de la ville, magnifiquement décorée pour la circonstance. Édouard III siége, la couronne en tête, sur un étal de boucher transformé en trône. Là, devant un immense concouis de seigneurs et de peuple, il est donné lecture des lettres qui instituent le roi d'Angleterre vicaire de l'Empire et qui l'investissent de toutes les prérogatives afférentes à cette haute dignité. Édouard III et ses alliés se séparent en s'ajournant à trois semaines après la Saint-Jean pour aller mettre le siége devant Cambrai qui doit relever de l'Empire. P. 149, 150, 435 et 436.

Le roi d'Angleterre, de retour au château de Louvain, requiert à titre de vicaire de l'Empire et se fait promettre le libre passage pour lui et pour ses gens à travers le comté de Hainaut ; puis, il mande à la reine sa femme, restée en Angleterre, de passer la mer et de le venir rejoindre. Philippe s'embarque au palais de Westminster, aborde à Anvers et fait son entrée à Louvain avec une escorte de plus de deux mille hommes. Le roi et la reine tiennent leur cour pendant tout l'hiver dans le château du duc de Brabant avec beaucoup de magnificence. Ce séjour est très-onéreux pour les finances d'Édouard III qui entretient en outre à ses frais sur le continent plus de deux mille chevaliers ou écuyers et environ huit mille archers. Il faut solder tous les mois les gages de ces gens d'armes, sans compter les cadeaux destinés à gagner l'amitié des seigneurs allemands qui ne font rien, ni pour parenté ni autrement, si on ne les paye d'avance à beaux deniers

---

1. Un véritable traité d'ailliance fut conclu en novembre 1339 entre Philippe de Valois et la cité de Cambrai. Entre autres priviléges qui furent accordés aux habitants de la dite ville, le roi de France prit l'engagement d'entretenir à ses frais 300 hommes d'armes et 300 arbalétriers pour défendre Cambrai contre tous, excepté contre l'empereur de Rome, roi d'Allemagne. (Arch. de l'Empire, JJ 73, p. 244, f° 191.)

2. *Troisième rédaction :* Herck en Hesbaing (pays de Liége). — C'est aujourd'hui Herck-la-Ville, prov. de Limbourg, à 12 k. de Hasselt.

comptants. Pendant ce temps, le duc de Brabant continue de renouveler ses protestations de dévouement au roi de France par l'intermédiaire de [Léon] de Crainhem[1] délégué à cet effet auprès de Philippe de Valois. Et lorsque bientôt après les actes viennent donner un démenti à ces protestations, l'honnête et loyal représentant du duc, honteux d'avoir été l'intermédiaire d'aussi impudents mensonges, en meurt de douleur. P. 151, 436 à 439.

Manuscrit de Valenciennes. — Le samedi avant la Nativité (5 septembre), Louis de Bavière, empereur de Rome, est assis à Coblenz en siége impérial sur une estrade de douze pieds de haut ; il est vêtu d'une étoffe de soie de couleurs variées recouverte d'une dalmatique avec fanon (manipule) au bras et étole croisée par devant à la manière des prêtres, le tout blasonné aux armes de l'Empire ; il a les pieds chaussés de soie comme le reste du corps, et la tête coiffée d'une mitre ronde qui supporte une magnifique couronne d'or ; il a les mains gantées de soie blanche et aux doigts des anneaux du plus grand prix. Il tient de la main droite un globe d'or surmonté d'une croix vermeille, et de l'autre main le sceptre. A la droite de Louis de Bavière, le marquis de Meissen a la garde du globe d'or. Tout à côté de l'empereur siége le roi d'Angleterre vêtu d'une étoffe vermeille d'écarlate avec un château en broderie sur la poitrine. A la gauche des empereurs, le marquis de Juliers est le dépositaire du sceptre. Les électeurs sont deux degrés plus bas ; et le seigneur de Cuyk, représentant du duc de Brabant, qui tient en main une épée nue, a la préséance sur eux tous. Après avoir fait renouveler et confirmer par les électeurs les statuts fondamentaux de l'Empire, Louis de Bavière déclare qu'il contracte alliance, ainsi que plusieurs prélats et barons d'Allemagne, avec Édouard III là présent, et qu'il institue le roi d'Angleterre son vicaire par tout l'Empire et en toutes choses. P. 425 à 427.

1. *Abrégé de* 1477 *ou ms. B* 6 : Louis de Granchon.

CHAPITRE XXVI.

1337 à 1339. CROISIÈRES ET INCURSIONS DES NORMANDS SUR LES CÔTES D'ANGLETERRE ; SAC DE SOUTHAMPTON, PRÉPARATIFS DE GUERRE DU ROI DE FRANCE, SUR TERRE ET SUR MER (§§ 72, 74.)

1337 à 1339. Philippe de Valois arme en course et entretient sur mer une flotte composée de Normands, de Bretons, de Picards, de Génois et de Biscayens sous les ordres de Charles Grimaldi, amiral de France, de Hue Quieret, de [Nicolas] Behuchet[1] et de Barbavera[2]. Ces écumeurs, au nombre de vingt ou trente mille, ont leurs principaux quartiers depuis Dieppe jusqu'à Harfleur, et c'est de là qu'ils partent pour donner la chasse aux Anglais et aux Flamands ; ils infestent surtout les parages de Douvres, de Winchelsea, de Margate et en général les ports qui avoisinent l'embouchure de la Tamise. P. 153.

1337. Hue Quieret et ses Normands surprennent un dimanche matin vers la Nativité (8 septembre) le port de Southampton à l'heure où les habitants sont à la messe ; les écumeurs français se rendent maîtres de la ville sans coup férir et l'occupent tout un jour ; ils massacrent grand nombre de bourgeois, violent les femmes, les jeunes filles et ne reprennent la mer qu'après avoir chargé leurs navires de l'immense butin qu'ils ont pu ramasser dans cette cité, alors pleine de richesses. Pendant qu'ils pillent ainsi la ville, ils envoient quelques-uns des leurs mettre le feu aux hameaux des environs. Ce coup de main jette l'épouvante dans tout le pays, et les nouvelles en viennent à Winchester, à Salisbury, à Guildford et jusqu'à Londres. Les milices de ces

---

1. Nicolas Behuchet ou Beuchet, d'origine normande, était chevalier, trésorier et conseiller du roi (Arch. de l'Empire, JJ 74, p.154).

2. Pietro Barbavera, qualifié « sergent d'armes » était de Gênes. Le 19 décembre 1337, Philippe de Valois fit don « à son bien amé et féal sergent d'armes Pierre dit Berbevaire » de 100 livres tournois à prendre sur les émoluments de la prévôté de la Rochelle. Une seconde donation de 100 autres livres tournois de rente fut faite le 12 janvier 1341 au dit Pietro Barbavera, à la condition de « faire venir des parties de Jane (Gênes) en nostre dit royaume sa fame et ses enfanz pour y converser d'ores en avant et faire leur perpetuel résidence. » (Arch. de l'Empire, JJ 74, p. 233.)

villes accourent à cheval au secours de Southampton ; mais quand elles arrivent, les Français sont déjà partis. P. 153, 158 et à l'*addenda* les var. des p. 153 et 158.

1339. Le roi de France apprend que l'intention du roi d'Angleterre est de venir mettre le siége devant Cambrai. Il envoie aussitôt dans cette ville une garnison de deux cents hommes d'armes, tant de France que de Savoie, sous les ordres de Louis de Savoie, d'Etienne dit le Galois de la Baume, d'Amé de Genève, de Miles de Noyers, de Louis de Chalon, de Jean de Grosley, des seigneurs de Beaujeu[1], de Saint-Venant[2], de Bazentin[3], d'Aubigny[4], de Roye[5], de Vinay, de Fosseux[6], de Beaussault, de Coucy[7] et de Neuchâtel[8]. Ces seigneurs approvisionnent Cambrai de vivres et de fourrages et font enterrer trois des portes de la ville. Philippe de Valois envoie en outre au Cateau-Cambrésis Thibaud de Moreuil, le maréchal de Mirepoix[9] et le seigneur de Raineval[10]; il pourvoit à la défense de Bohain[11], de la Malmaison[12], de Crèvecœur[13], d'Arleux[14] et en général de toutes les frontières d'Artois, de Cambrésis et de Vermandois. Par l'ordre du seigneur de Coucy, le seigneur de Clary[15] va avec quarante lances

1. Édouard de Beaujeu.

2. Robert de Wavrin, sire de Saint-Venant. Robert de Wavrin, sire de la ville de Saint-Venant, chevalier banneret, servit sur les frontières de Flandre du 30 octobre 1339 au 27 septembre 1340 avec 1 bachelier et 40 écuyers. (Bibl. imp., De Camps, portef. 83, f° 314 v°.)

3. Renaud de Bazentin était venu avec 11 écuyers de Pimprez-lez-Noyon (Oise, arr. Compiègne, c. Ribecourt). De Camps, portef. 83, f° 338 v°.

4. Bernard d'Aubigny. — 5. Jean de Roye.

6. Jean de Fosseux, banneret, servit en Flandre et en Hainaut de 1337 à 1389 avec 3 chevaliers et 25 écuyers. (De Camps, portef. 83, f° 317 v°.)

7. Enguerrand, sire de Coucy, banneret, servit sur les frontières de Flandre et de Hainaut à partir du 2 mars 1339 avec 1 autre chevalier banneret, 2 bacheliers et écuyers. (De Camps, portef. 83, f° 322 v°.)

8. Louis de Neufchâtel.

9. Jean de Lévis, maréchal de Mirepoix. — 10. Raoul de Raineval.

11. Aisne, arr. Saint-Quentin, ch.-l. de c.

12. Ce château situé dans la commune d'Ors, arr. de Cambrai, appartenait aux évêques de cette ville et fut démoli sous l'épiscopat de Jean de Lens en 1428.

13. Nord, arr. Cambrai, cant. Marcoing.

14. Nord, arr. Douai, ch.-l. de c.

15. Robert, sire de Clari, servit avec 3 écuyers à Douai sous Hue Quieret en 1339. (De Camps, portef. 83, f° 311 v°).

de bons compagnons occuper Oisy en Cambrésis. En même temps, Philippe convoque tous ses gens d'armes à Compiègne, à Péronne, à Bapaume et à Arras. Avis est aussi donné de l'ouverture des hostilités à Jean, roi de Bohême, à Raoul, duc de Lorraine, à Henri IV, comte de Bar, à Adhémar de Monteil, évêque de Metz, à Adolphe de la Marck, évêque de Liége; et ces princes s'empressent d'assurer le roi de France de leur fidélité. Le jeune comte de Hainaut, prévenu comme les précédents, fait réponse à Philippe de Valois son oncle que, vassal de l'empire d'Allemagne pour une partie de sa terre, il ne peut refuser de marcher avec Édouard III, vicaire de l'empereur, autant du moins que celui-ci se tiendra dans les limites du territoire de l'Empire; mais Guillaume II proteste qu'au delà de ces limites, il est prêt à servir le roi de France contre tout homme. P. 157, 447, 448 et 452.

CHAPITRE XXVII.

1339. DÉCLARATION DE GUERRE ET OUVERTURE DES HOSTILITÉS ENTRE LA FRANCE ET L'ANGLETERRE : ASSEMBLÉES DE VILVORDE ET DE MALINES; CHEVAUCHÉE DE GAUTIER DE MAUNY EN CAMBRÉSIS ET PRISE DE THUN-L'ÉVÊQUE PAR LES ANGLAIS (§§ 72 et 73).

L'hiver se passe en préparatifs de guerre, tant du côté des Anglais que du côté des Français. Après la Saint-Jean (24 juin), Édouard III quitte le château de Louvain et vient à Vilvorde près de Bruxelles où il a donné rendez-vous à ses gens ainsi qu'au duc de Brabant et à ses alliés d'Allemagne. L'armée anglaise, composée de six cents armures de fer et de huit ou dix mille archers, tous gens d'élite, reste campée dans les belles prairies qui s'étendent entre Vilvorde et Bruxelles, depuis la Madeleine (22 juillet) jusqu'à la Nativité (8 septembre). Le roi d'Angleterre, fatigué d'attendre en vain l'arrivée des seigneurs d'Allemagne, les convoque à une entrevue qui doit se tenir à Malines [1] le jour de saint Gilles (1er septembre). Le duc de Guel-

---

1. D'après l'*abrégé de* 1477, l'entrevue définitive d'Édouard III et des seigneurs d'Allemagne se tint à Anvers. P. 443. D'après la *Troisième rédaction*, cette entrevue eut lieu d'abord à Vilvorde même, puis à Malines. P. 440 et 448.

dre, les marquis de Juliers, de Meersen et d'Otterland[1], de Brandebourg, Jean de Hainaut, les comtes de Berg, de Salm et de
Looz, le seigneur de Fauquemont, Arnoul de Blankenheim[2] et son
frère Valerand de Juliers, archevêque de Cologne et plusieurs
chevaliers, francs rustres d'Allemagne, se rendent à cette entrevue. Tous ces seigneurs s'accordent à défier le roi de France de
concert avec Édouard III. Le duc de Brabant seul refuse de faire
comme les autres ; il dit qu'il se réserve de défier le roi de
France isolément, lorsque le roi anglais et ses alliés auront mis
le siége devant Cambrai. L'évêque de Lincoln reçoit la mission
de remettre les lettres de défi à Philippe de Valois. Cet évêque,
après avoir attendu à Valenciennes le retour du héraut chargé
de lui apporter un sauf-conduit, se rend à Paris en passant par
le Cateau-Cambrésis, Saint-Quentin, Ham, Noyon, et il va loger
au Château-Fétu[3] dans la rue du Tiroir, derrière les Innocents ;
il est reçu en audience par Philippe de Valois qui habite alors
l'hôtel de Nesle outre Seine. L'envoyé du roi d'Angleterre commence par rendre au nom de son maître l'hommage tout entier,
tant pour le comté de Ponthieu que pour certaines terres de
Guyenne comprises entre Dordogne et Gironde, car le reste des
possessions anglaises sur le continent n'est point assujetti à l'hommage ; puis il remet au roi de France les lettres de défi dont il
est porteur. P. 152 à 154, 439 à 444.

Ces lettres de défi sont à peine remises que Gautier de Mauny
inaugure la guerre contre la France par deux beaux faits d'armes. Ce chevalier a fait vœu naguère en Angleterre, en présence
de dames et seigneurs, d'être le premier qui entrera en France
et y prendra château ou place forte. Jaloux d'accomplir ce vœu,
Gautier quitte Vilvorde[4], se met à la tête d'environ soixante
bons compagnons et chevauche tant, de nuit comme de jour,
qu'il parvient en Hainaut ; il traverse les bois de Blaton[5], de

1. Partie orientale de la Hollande.
2. Blankenheim ou Blankenham fait aujourd'hui partie de la Hollande, arr. Zwolle, c. Vollenhove.
3. Voyez sur le Château-Fétu et la rue du Tiroir, situés dans le voisinage de la rue Saint-Honoré et de la rue de l'Arbre-Sec, la *Topogra-
phie historique du vieux Paris*, par Berty, t. I, p. 48 à 51.
4. *Abrégé de* 1477 : Gand.   *Seconde rédaction :* Anvers. — *Troisième rédaction :* Vilvorde. Nous adoptons cette dernière version comme
la plus vraisemblable.
5 Blaton, Belgique, prov. de Hainaut, à 26 k. de Tournay.

Briffœuil[1] et de Wiers[2], et il arrive, un peu avant le lever du soleil, devant Mortagne[3] sur Escaut, à quatre lieues de Tournay. Quatre de ses hommes, habillés en paysannes avec grands paniers plats recouverts de nappes blanches comme pour aller au marché vendre du beurre ou du fromage, pénètrent dans la ville à la faveur de ce déguisement; ils se saisissent du portier et ouvrent la porte toute grande à leurs compagnons. Gautier de Mauny s'élance, enseignes déployées, à l'assaut du donjon; mais il trouve le guichet fermé et toutes les entrées bien gardées, car la sentinelle a déjà donné l'éveil. Ce que voyant, il prend le parti de se retirer, non sans avoir mis le feu à un certain nombre de maisons de Mortagne. Il revient sur ses pas jusqu'à Condé[4] où il passe l'Escaut et la Hayne, et, laissant Valenciennes à sa gauche, il vient dîner à Denain[5] dont l'abbesse est sa cousine. Après avoir passé une seconde fois l'Escaut à Bouchain, au confluent de ce fleuve avec la rivière de la Sensée, il surprend de grand matin la garnison de Thun-l'Évêque[6], fort château situé sur la rive gauche de l'Escaut et relevant de l'évêché de Cambrai. Il arrive devant cette place juste au moment où les valets du château mènent les bestiaux paître dans les prés d'alentour. La forteresse n'est pas d'ailleurs pourvue d'une garnison suffisante, car le pays ne croit pas être en guerre : le châtelain est fait prisonnier dans son lit. Gautier de Mauny met bonne garnison dans Thun-l'Évêque sous les ordres de son frère Gilles surnommé Grignart. Cette garnison causa dans la suite beaucoup d'ennuis aux habitants de Cambrai, car elle faisait trois ou quatre fois par semaine des incursions jusques sous les murs de cette ville, située à une lieue seulement de Thun-l'Évêque. Après cet exploit dont l'évêque de Cam-

---

1. Briffœuil, Belgique, dép. de Wasmes-Audemez, prov. de Hainaut, à 17 k. de Tournay.

2. Wiers, Belgique, prov. de Hainaut, à 17 k. de Tournay.

3. Mortagne, Nord, arr. Valenciennes, c. St-Amand.

4. Condé, Nord, arr. Valenciennes.

5. Denain, Nord, arr. Valenciennes, c Bouchain, autrefois siége d'un chapitre noble de chanoinesses, fondé en 764. D'après la *Troisième redaction*, G. de Mauny dine à l'abbaye de Vicogne (dép. de Raismes, c. St-Amand), et, après avoir traversé de nuit les bois de Wallers, il entre en Ostrevant et passe la Sensée entre Douai et Cambrai. P 446 et 447.

6. Thun-l'Évêque, Nord, arr. et c. Cambrai.

brai se plaint amèrement au roi de France, le vainqueur retourne
en Brabant où il reçoit les félicitations du roi d'Angleterre.
P. 154 à 156, 444 à 447.

CHAPITRE XXVIII.

1339. SIÉGE DE CAMBRAI PAR ÉDOUARD III ET SES ALLIÉS
(§§ 75 à 77).

Édouard III, dont les forces réunies à celles de ses alliés s'élè-
vent à vingt mille hommes, quitte Malines[1] et vient à Bruxelles
parler au duc de Brabant. Le roi anglais et les seigneurs allemands entrent seuls dans la ville; l'armée reste campée hors des
murs. Sommé une dernière fois par les confédérés, le duc de
Brabant promet de les rejoindre devant Cambrai à la tête de
douze cents heaumes et de vingt mille hommes des villes de son
duché. De Bruxelles, Édouard III va coucher à Nivelles; puis
il se rend à Mons où il passe deux jours en compagnie du jeune
comte et de Jean de Hainaut. On est au mois de septembre, et
l'on a partout fait la moisson. L'armée anglo-allemande se répand
dans les villages de la marche de Valenciennes où elle trouve
vivres en abondance. Les Anglais consentent à payer ce qu'ils
prennent; quant aux Allemands, ils ont l'habitude d'être, à
moins qu'on ne leur force la main, d'assez mauvais payeurs.
P. 158, 159, 448 et 449.

Après avoir couché la veille et dîné au prieuré de Saint-Saulve,
à une demi-lieue de Valenciennes, Édouard III fait son entrée
dans cette ville par la porte Montoise au milieu d'un imposant
cortége de seigneurs anglais et allemands, tandis que son armée
prend le chemin d'Haspres et va camper sur les bords de la
rivière d'Escaillon. Le comte Guillaume, escorté de son oncle,
des seigneurs d'Enghien, de Fagnolles, de Verchain et de Havré,
conduit par la main le roi anglais jusqu'à l'hôtel appelé la Salle,
décoré pour la circonstance avec une magnificence vraiment
royale. Au moment où le cortége monte les degrés du perron de
cet hôtel, l'évêque de Lincoln somme à haute voix et par trois
fois, au nom de son maître, Guillaume d'Auxonne, évêque de

1. *Première rédaction.* Vilvorde.

Cambrai, d'ouvr'r les portes de cette ville impériale au roi
d'Angleterre, vicaire de l'empereur, sous peine de forfaiture[1]. Le
comte de Hainaut, sommé à son tour et avec le même cérémo-
nial, répond qu'il est tout prêt à faire son devoir de vassal de
l'Empire, et que dans trois jours il aura rejoint son beau-frère
à la tête de cinq cents lances. Après un souper somptueux,
Édouard III passe la nuit dans l'hôtel de la Salle réservé exclusivement pour son usage par le comte et la comtesse de Hainaut
installés à l'hôtel de Hollande. Le lendemain, le comte Guillaume
fait la conduite au roi anglais jusqu'à Haspres ; et les deux
beaux-frères rendent visite sur le chemin à Jeanne de Valois,
douairière de Hainaut, leur mère et belle-mère, qui habite
l'abbaye de Fontenelles. D'Haspres où il reste deux jours,
Édouard III vient camper avec son armée à Naves[2], à Iwuy et
à Cagnoncles, et il met le siége devant Cambrai. P. 160 et 161,
450 à 452.

Le second jour du siége, le comte de Hainaut et Jean de Hainaut son oncle, à la tête de cinq cents lances, rejoignent les assiégeants ; et quatre jours après l'arrivée de ce renfort, le duc
de Brabant se rend à son tour devant Cambrai avec neuf cents
lances, sans compter les autres armures de fer ; il va occuper,
du côté de l'Ostrevant, la rive gauche de l'Escaut sur lequel les
assiégeants jettent un pont pour assurer les communications entre
leurs différents corps d'armée. Les coureurs anglais et allemands portent tous les jours le ravage dans le Cambrésis, et
ils poussent leurs incursions jusqu'à Bapaume ; mais les habitants
du pays, qui ont été prévenus à temps, ont eu soin de mettre
leurs biens en sûreté dans les forteresses, et ils ont chassé devant eux leur bétail jusqu'en Artois et en Vermandois. Jean de
Hainaut, Gautier de Mauny, le seigneur de Fauquemont et quelques chevaliers de Gueldre et de Juliers ont coutume de faire
ensemble leurs chevauchées. Un jour ces seigneurs, à la tête de

---

1. Guillaume d'Auxonne répondit à cette sommation en lançant l'interdit contre le comte de Hainaut. Au mois d'octobre 1339, appel fut
fait au Saint-Siége par Guillaume, comte de Hainaut, de l'interdit
lancé contre lui par Guillaume d'Auxonne, évêque de Cambrai, à la
suite de l'entrée à main armée du comte en Cambrésis. (Arch. du Nord,
4ᵉ cartulaire de Hainaut, p. 20.)

2. Naves, Iwuy et Cagnoncles sont des communes limitrophes situées dans le dép. du Nord, arr. et c. de Cambrai.

cinq cents lances et de mille autres combattants, vont livrer un assaut terrible au château d'Oisy[1] en Cambrésis; mais ce château est si bien défendu par la garnison, placée sous les ordres du seigneur de Coucy, que les assaillants sont repoussés après avoir perdu beaucoup de monde. P. 161 et 161, 452 à 454.

Un samedi matin, le valeureux Guillaume de Hainaut met pied à terre et vient avec ses gens assaillir la porte de Saint-Quentin. Le comte est suivi de ses maréchaux Érard de Verchain et Henri d'Antoing ainsi que des seigneurs de Ligne, de Gommegnies, de Briffœuil, de la Hamaide, de Mastaing, de Roisin, de Berlaimont et de Henri d'Houffalize. La porte est défendue par des gens d'armes de Savoie sous les ordres d'Amé de Genève et du Galois de la Baume. L'attaque de cette porte est signalée par un combat singulier qui se livre en dedans des barrières entre Jean Chandos, alors écuyer, et un vaillant écuyer nommé Jean de Saint-Dizier[2]. Après une lutte acharnée, Jean de Hainaut reste maître de l'espace compris entre la porte de Saint-Quentin et les barrières. Pendant ce temps, le duc de Gueldre, le marquis de Juliers, les seigneurs d'Enghien et de Blankenheim livrent un assaut non moins terrible à une autre porte, appelée la porte Robert, défendue par Louis de Châlon et le seigneur de Vinay, tandis que Jean de Hainaut, Thierry de Walcourt et le seigneur de Fauquemont s'efforcent d'enlever la porte de Douai confiée à la garde de Thibaud de Moreuil et du seigneur de Roye. Le comte Raoul d'Eu amène fort à propos un renfort de deux cents lances qui pénètre dans Cambrai par la porte du côté de Bapaume et relève le courage des assiégés. Après un assaut qui a duré tout un jour, les assiégeants prennent le parti de se retirer. Sur ces entrefaites, le jeune marquis Guillaume de Namur vient avec deux cents lances servir sous la bannière de Guillaume de Hainaut. Le

1. Nord, arr. et c. Valenciennes. Jean de Hordain était châtelain d'Oisy en 1339 et 1340. Voyez De Camps, portef. 83, f° 346 v°. Le château et la châtellenie d'Oisy appartenaient à Enguerrand de Coucy, fils de Guillaume, sire de Coucy, d'Oisy et de Montmirail. En 1342, le sire de Coucy fit assiette de 600 livres de terre dues à son oncle Enguerrand, vicomte de Meaux, *en la terre de Cambresis, en la chastellerie d'Oisi,...* sur ses bois d'Havraincourt (Havrincourt). (Arch. de l'Empire, JJ 74, p. 663.)

2. « Josseran, sire de Saint-Disier, » figure dans l'établie des frontières de Flandre et de Hainaut sous Mahieu de Trie du 28 juin au 27 octobre 1339. (Bibl. imp., De Camps, portef. 83, f° 445 v°.)

comte de Hainaut et le marquis de Namur déclarent, du reste, l'un et l'autre, que s'ils font cause commune avec Édouard III sur le territoire de l'Empire, ils n'en sont pas moins décidés à aller rejoindre Philippe de Valois aussitôt que le roi anglais mettra le pied en France. P. 162 et 163, 454 et 455.

CHAPITRE XXIX.

1339. CHEVAUCHÉE DE L'ARMÉE ANGLAISE EN VERMANDOIS, EN LAONNOIS ET EN THIÉRACHE : SIÉGE D'HONNECOURT ET PRISE DE GUISE PAR JEAN DE HAINAUT ; SAC DE NOUVION PAR LES ALLEMANDS (§§ 78 à 83).

Cambrai résiste depuis cinq semaines à toutes les attaques du roi d'Angleterre et de ses alliés. Pendant ce temps, le roi de France achève de rassembler ses gens d'armes à Péronne en Vermandois. Édouard III, informé de ces préparatifs, réfléchit que la ville qu'il assiége est très-forte, pourvue d'une bonne garnison et bien approvisionnée ; il voit d'ailleurs que l'hiver approche et avec l'hiver les longues nuits. C'est pourquoi, de l'avis de ses principaux conseillers, Robert d'Artois, Jean de Hainaut et le comte de Derby, il prend le parti de lever le siége de Cambrai pour entrer en France et marcher à la rencontre de Philippe de Valois. Le duc de Brabant, mis en demeure de renoncer à sa politique ambiguë et de se déclarer définitivement dans un sens ou dans l'autre, se décide à défier le roi de France tant en son nom qu'au nom des seigneurs de Cuyk, de Berg, de Bautersem, de Petersem, de tous ses feudataires et des barons de son pays. Philippe de Valois reçoit ce défi à Péronne et envoie aussitôt à Paris prévenir [Léon] de Crainhem qui ne cesse avec une parfaite bonne foi de se porter garant de la fidélité du duc de Brabant son maître. Ce brave chevalier est tellement indigné d'avoir été l'instrument d'une déloyauté. qu'il en tombe malade et finit par en mourir de chagrin. P. 163, 164, 455 à 457.

Cependant l'armée anglaise s'ébranle et se met en marche dans la direction du Mont-Saint-Martin [1] qui est de ce côté l'entrée de

1. Aisne, arr. Saint-Quentin, c. le Câtelet, c. Gouy Abbaye de Prémontrés au diocèse de Cambrai.

France. Cette marche se fait en bon ordre, par connétablies, chaque seigneur au milieu de ses gens. L'armée anglaise a pour maréchaux les comtes de Northampton, de Gloucester et de Suffolk et pour connétable le comte de Warwick. Arrivés à quelque distance du Mont-Saint-Martin, Anglais, Allemands et Brabançons passent la rivière d'Escaut qui n'est guère large en cet endroit. Avant le passage, le comte de Hainaut et le marquis de Namur prennent congé du roi d'Angleterre ; Guillaume de Hainaut annonce qu'il va servir en France Philippe de Valois dont il est le vassal pour la terre d'Ostrevant, de même qu'il a servi le vicaire de l'empereur en l'Empire. Aussitôt qu'Édouard III a passé l'Escaut et mis le pied en France, il mande auprès de lui Henri de Flandre, alors jeune écuyer, le fait chevalier et lui assigne en Angleterre deux cents livres sterling de rente annuelle. Le roi anglais vient se loger dans l'abbaye du Mont-Saint-Martin où il passe deux jours, tandis que ses gens se répandent dans le pays environnant et que le duc de Brabant occupe l'abbaye de Vaucelles[1]. P. 164 et 165, 457 et 458.

Le comte Raoul d'Eu, connétable de France, aussitôt après la levée du siége de Cambrai, revient en toute hâte à Péronne prévenir le roi de France que l'armée anglaise se dispose à envahir le Vermandois. A cette nouvelle, Philippe de Valois envoie à Saint-Quentin les comtes d'Eu et de Guines, de Blois[2] et de Dammartin[3], les seigneurs de Coucy[4], de Montmorency[5] de Hangest[6], de Canny[7], de Saucourt[8], avec cinq cents armures de fer, pour garder la ville et faire frontière contre les Anglais. Charles de Blois est chargé de défendre Laon ainsi que le pays des environs et spécialement la terre de Guise qui appartient à sa famille. Le seigneur de Roye à la tête de quarante lances occupe Ham en Vermandois ; Moreau de Fiennes est mis dans Bohain, et Eustache de Ribemont est préposé à la garde de la forteresse du même nom. Le roi de France ne tarde pas à venir lui-même camper

1. Aujourd'hui hameau de Crèvecœur, arr. de Cambrai. Abbaye de l'ordre de Cîteaux au diocèse de Cambrai.
2. Louis de Châtillon Iᵉʳ du nom, comte de Blois.
3. Charles de Trie, comte de Dammartin.
4. Enguerrand, sire de Coucy.
5. Charles, sire de Montmorency.
6. Rogue, sire de Hangest. — 7. Raoul le Flamand, sire de Canny.
8. Gilles, sire de Saucourt.

avec son armée sur les bords de la belle rivière de Somme entre Péronne et Saint-Quentin. P. 165 et 166, 458 et 459, 462.

Pendant le séjour d'Édouard III à l'abbaye du Mont-Saint-Martin, ses gens d'armes courent tout le pays des environs jusqu'à Bapaume et aux alentours de Péronne et de Saint-Quentin. Ils trouvent ce pays riche et abondant en ressources de toute espèce, car il n'y pas eu de guerre depuis longtemps. Ils avisent assez près de là un village appelé Honnecourt,[1] petit, mais bien fortifié, pourvu de portes, de murs d'enceinte et de fossés où les habitants du plat pays se sont mis en sûreté eux et leurs biens. Les seigneurs de Honnecourt[2], de Jaucourt[3], de Walincourt[4] et d'Estourmel[5] sont à la tête de la garnison. Après une tentative infructueuse d'Arnoul de Blankenheim et de Guillaume de Duvenvoorde, Jean de Hainaut dirige une nouvelle attaque contre Honnecourt à la tête de cinq cents combattants parmi lesquels on distingue les seigneurs de Fauquemont, de Berg, de Cuyk, de Wisselare, Gautier de Mauny, Gérard de Bautersem et Henri de Flandre qui veut inaugurer sa nouvelle chevalerie par quelque beau fait d'armes. A Honnecourt il y a un monastère dont l'abbé, qui est hardi et belliqueux, a fait venir à ses frais des arbalétriers de Saint-Quentin. Par les soins de cet abbé, on a construit devant la principale porte d'Honnecourt une barrière dont les poteaux n'ont qu'un demi pied d'entre-deux. Un combat singulier se livre à cette barrière entre l'abbé et Henri de Flandre. Après une lutte acharnée, l'abbé parvient à saisir le bras de son adversaire et il le tire si fort qu'il le fait entrer jusqu'aux épaules dans l'entre-deux des poteaux de la barrière. Les compagnons de Henri le tirent, de leur côté, tant et si bien que le malheureux chevalier est grièvement blessé. Son glaive reste entre les mains de l'abbé, et il a été pendant de longues années exposé dans la

1. Nord, arr. Cambrai, c. Marcoing. Abbaye de l'ordre de Cîteaux au diocèse de Cambrai.

2. Gautier de Thourotte, seigneur d'Honnecourt, était capitaine de par le roi de France, pour la garde dudit château, avec 2 bacheliers et 27 écuyers, pendant les années 1338 et 1339. (Bibl. imp., De Camps, portef. 83, f° 346 v°.)

3. Érard, sire de Jaucourt, bachelier, sert en 1339 et 1340 avec 5 écuyers; venu de Jaucourt lez Bar-sur-Aube. (De Camps, portef. 83, f° 345 v°.)

4. Jean, sire de Walincourt.

5. Raimbaud Creton, sire d'Estourmel, fils de Watier et père de Jean.

grande salle de l'abbaye d'Honnecourt. Du moins, il y était encore un jour que Froissart passa par là, et les moines le montraient comme un magnifique trophée. Les assaillants, repoussés après un assaut qui dure jusqu'à la tombée de la nuit, reviennent sur leurs pas vers Gouy-en-Arrouaise[1]. Le comte de Warwick n'est pas plus heureux le même jour dans une attaque contre le château de Ronsoy[2] qui appartient au seigneur de Fosseux[3].

L'armée du roi de France est toujours campée entre Saint-Quentin et Péronne, entre Bapaume et Lihons[4] en Santerre. Le lendemain de l'attaque d'Honnecourt, le roi d'Angleterre se déloge du Mont-Saint-Martin après avoir donné l'ordre de ne faire nul mal à l'abbaye. L'armée d'Édouard III et de ses alliés, forte de quarante mille hommes, est divisée en trois batailles. La première bataille ou avant-garde est commandée par les maréchaux d'Angleterre; la seconde a pour chefs Edouard III en personne, le duc de Brabant, Robert d'Artois, le duc de Gueldre, le marquis de Juliers et l'archevêque de Cologne. Enfin, la troisième bataille ou arrière-garde marche sous les ordres des marquis de Meissen et d'Osterland et de Brandebourg, des comtes de Berg[5], d'Elle[6], de Meurs[7], de Salm, de Jean de Hainaut, d'Arnoul de Blankenheim et de Guillaume de Duvenvoorde, des seigneurs de Cuyk et de Fauquemont.

Le roi d'Angleterre, laissant Saint-Quentin à droite, vient se loger, d'abord à l'abbaye de Fervaques[8] près de Fonsommes[9], puis à l'abbaye de Bohéries[10]. Le gros de son armée est campé

1. Aisne, arr. Saint-Quentin, c. le Catelet.
2. Somme, arr. Péronne, c. Roisel.
3. Jean de Fosseux, chevalier banneret du comté d'Artois, servit sur les frontières de Hainaut de 1337 à 1340.
4. Somme, arr. Péronne, c. Chaulnes.
5. Nous identifions « le comte de Mons » de Froissart avec le comte de Berg. Berg faisait autrefois partie du banc de Vétéravie, dans le comté de Zutphen.
6. « Le comte des Eles » de Froissart est peut-être Arnoul, seigneur d'Elle en Westphalie, feudataire du duc de Brabant. Voyez le *Livre des feudataires*, publié par M. Galesloot. Bruxelles, 1865. P. 12.
7. Le comte de Meurs, dont le comté était enclavé dans le diocèse de Cologne, figure aussi parmi les feudataires de Jean III, duc de Brabant. *Livre des feudataires*, p. 30.
8. Abbaye de femmes de l'ordre de Cîteaux au diocèse de Noyon.
9. Aisne, arr. et c. Saint-Quentin.
10. Aujourd'hui Vadencourt-et-Bohéries, Aisne, arr. Vervins, c. Guise. Abbaye d'hommes de l'ordre de Cîteaux au diocèse de Laon.

entre ces deux abbayes. La troisième bataille ou arrière-garde, qui se compose d'environ deux mille armures de fer, se forme en corps de fourrageurs sous la conduite de Jean de Hainaut, d'Arnoul de Blankenheim, des seigneurs de Cuyk et de Fauquemont ; elle passe [l'Omignon] sous l'abbaye de Vermand[1], met le feu aux faubourgs de Saint-Quentin, franchit l'Oise près de Bernot[2] et porte le ravage sur la rive gauche de cette rivière. Origny-Sainte-Benoîte[3] et son abbaye, la forteresse de Ribemont, où l'abbesse et les religieuses d'Origny, à la nouvelle de l'approche des ennemis, ont couru se réfugier avec leur reliquaire et leurs biens, la ville de Guise elle-même, quoiqu'elle ait pour seigneur le comte de Blois, gendre de Jean de Hainaut, deviennent la proie des flammes. C'est en vain que la comtesse de Blois, qui se tient dans le château de Guise, essaye de fléchir son père. « Remonte vite à ton donjon, répond Jean de Hainaut à sa fille, si tu crains que la fumée ne te fasse mal. » P. 170 à 172, 462 à 465.

Pendant ce temps, l'évêque de Lincoln, Gautier de Mauny, Renaud de Cobham, Guillaume Fitz-Waren, Richard de Stafford, les seigneurs de Felton, de la Ware et les maréchaux d'Angleterre, qui commandent l'avant-garde, vont avec cinq cents lances brûler Moy[4], Vendeuil[5], la Fère et la ville de Saint-Gobain dont le château seul est épargné ; ils s'avancent vers Saint-Lambert[6], Nizy[7], la terre du seigneur de Coucy[8] et poussent leurs incur-

---

1. Vermand, Aisne, arr. Saint-Quentin. Abbaye de Prémontrés au diocèse de Noyon. Vermand n'est pas situé sur la Somme, comme Froissart semble le croire, mais sur l'Omignon, affluent de la rive droite de la Somme.

2. Bernot, Aisne, arr. Vervins, c. Guise.

3. Aisne, arr. Saint-Quentin, c. Ribemont. Abbaye de femmes de l'ordre de Saint-Benoît au diocèse de Laon. Par une charte donnée au bois de Vincennes le mercredi avant Noël 1339, « considerans les granz dommages et aianz compassion des habitanz du dit lieu et communalté et de leur estat....., *comme la communalté de la ville de Origny Sainte-Benoite ait esté arse et destruite naguères par noz ennemis,* » Philippe de Valois fait remise auxdits habitants de quarante livres parisis de rente annuelle en quoi ils étaient tenus envers le roi de France, à la condition que chaque feu payera à l'avenir douze deniers parisis chaque année. (Arch. de l'Empire, JJ 72, p. 87.)

4. Moy ou Moy-de-l'Aisne, Aisne, arr. Saint-Quentin.

5. Aisne, arr. Saint-Quentin, c. Moy.

6. Saint-Lambert, commune Fourdrain, Aisne, arr. Laon, c. la Fère.

7. Nizy-le-Comte, Aisne, arr. Laon, c. Sissonne.

8. Coucy-le-Château, Aisne, arr. Laon.

sions jusqu'à Vaux sous Laon et même jusqu'à Bruyères[1] où ils mettent le feu. Informés soudain que le roi de France est arrivé à Saint-Quentin et qu'il s'apprête à passer la Somme, les coureurs anglais reviennent en toute hâte sur leurs pas. Au retour, ils brûlent le pont à Nouvion[2] et tous les hameaux des environs, Crécy-sur-Serre et Marle[3], et ils vont rejoindre la bataille de Jean de Hainaut sous les murs du château de Guise. P. 171, 460, 461, 465.

Sur ces entrefaites, le roi d'Angleterre se tient toujours à l'abbaye de Bohéries où il trouve vivres et fourrages en abondance, car cette chevauchée se fait au mois d'octobre, dans la plus plantureuse saison de l'année. A la nouvelle de l'approche du roi de France, le gros de l'armée anglaise quitte ses positions de Fervaques, de Vadancourt-et-Bohéries, de Montreux-les-Dames[4], de Lesquielle[5] et s'avance dans la direction de Fesmy-l'Abbaye[6], de Buironfosse[7], de la Capelle et de la Flamengrie[8]. Pendant cette marche, les Allemands d'Arnoul de Blankenheim, de Guillaume de Duvenvoorde et du seigneur de Fauquemont, qui sont revenus de leur expédition sur la rive gauche de l'Oise, livrent un assaut infructueux devant Tupigny[9] dont le beau et fort château, défendu par son seigneur[10], résiste à toutes leurs attaques; en revanche, ils pillent et brûlent Hirson[11], Boué[12] et chevauchent jusqu'au Nouvion[13] en Thiérache, grosse ville et riche qui ap-

---

1. Aujourd'hui Bruyères-et-Montbérault, Aisne, arr. et c. Laon.

2. Aujourd'hui Nouvion-et-Catillon ou Nouvion-l'Abbesse, Aisne, arr. Laon, c. Crécy-sur-Serre. La seigneurie de Pont à Nouvion appartenait à Jean de Nesles, sire d'Offémont, qui l'assigna en dot à son fils Gui de Nesles en 1342. (Arch. de l'Empire, JJ 74, p. 315.)

3. Aisne, arr. Laon.

4. Aujourd'hui Montreux, hameau de Lesquielle-Saint-Germain.

5. Aujourd'hui Lesquielle-Saint-Germain, Aisne, arr. Vervins, canton Guise.

6. Auj. Fesmy, Aisne, arr. Vervins, c. Nouvion. Abbaye de l'ordre de St-Benoît au diocèse de Cambrai.

7. Aisne, arr. Vervins, c. la Capelle. — 8. Ibid.

9. Aisne, arr. Vervins, c. Wassigny.

10. Jean de Tupigny, chevalier banneret, fut commis par le roi de France en la garde de son château en 1338 et 1339 avec 17 écuyers. Voyez De Camps, portef. 83, f° 346.

11. Aisne, arr. Vervins.

12. Aisne, arr. Vervins, c. Nouvion.

13. Le Nouvion, Aisne, arr. Vervins. Ce Nouvion ne doit pas être confondu avec Nouvion près Laon.

partient au comte de Blois. Les habitants du pays ont cherché un refuge dans la forêt du Nouvion où ils ont emporté ce qu'ils ont de plus précieux, et ils se sont cachés derrière des monceaux de branchages et de troncs d'arbres abattus. Mais les Allemands, guidés par leurs instincts cupides, parviennent à découvrir et à forcer la retraite des fugitifs; ils en tuent ou blessent plus de quarante et s'emparent d'un précieux butin. P. 172, 464, 466.

Tandis que le roi d'Angleterre et ses quarante mille hommes sont logés à la Flamengrie, le roi de France vient camper avec une armée d'environ cent mille hommes à Buironfosse, à deux petites lieues seulement de son adversaire. Le soir même de son arrivée à Buironfosse, Philippe de Valois reçoit un renfort de plus de cinq cents lances que lui amène du Quesnoy son neveu Guillaume, comte de Hainaut. Le jeune comte, après s'être excusé de son mieux auprès du roi son oncle d'avoir servi Édouard III devant Cambrai, se voit assigner par Robert Bertrand et Mahieu de Tric, maréchaux de France, les positions les plus voisines de l'ennemi. P. 173 et 174, 466 et 467.

CHAPITRE XXX.

1339. préparatifs d'une grande bataille a buironfosse suivis de la retraite des deux armées anglaise et française (§§ 84 à 88.)

Par le conseil du duc de Brabant, le roi d'Angleterre envoie un héraut du duc de Gueldre prendre jour avec le roi de France pour la bataille. On est au mercredi, et l'on convient des deux parts de livrer bataille le vendredi suivant. Philippe de Valois et les seigneurs français accueillent avec joie le héraut envoyé par Édouard III et lui font cadeau de bons manteaux fourrés pour le remercier de la bonne nouvelle qu'il apporte. P. 174 et 175, 467 et 468.

Le jeudi matin, deux chevaliers de la suite du comte de Hainaut, les seigneurs de Fagnolles et de Tupigny, montent à cheval et s'avancent en éclaireurs à très-peu de distance de l'armée anglaise. Or, il arrive que le seigneur de Fagnolles monte un coursier fougueux et ombrageux qui prend le mors aux dents et emporte son cavalier au milieu des tentes du roi d'Angleterre. Le seigneur de Fagnolles, fait prisonnier par le seigneur de Horste-

bergh, chevalier allemand, doit s'engager, pour recouvrer **sa**
liberté, à payer une rançon de mille vieux écus. Informé de cette
aventure, Jean de Hainaut invite à dîner le seigneur de Fagnolles,
son compatriote, en compagnie du seigneur de Horstebergh.
Après le dîner, il prie le chevalier allemand d'exiger une rançon
moins forte d'un prisonnier dont la capture n'est due qu'à un
heureux hasard. « Monseigneur, répond l'Allemand, j'avais bien
besoin que Dieu m'amène ce prisonnier, car hier soir j'avais
perdu tout mon argent aux dés. » Alors les chevaliers se mettent
à rire, et bientôt par suite d'un nouvel arrangement la rançon
du seigneur de Fagnolles est fixée à six cents vieux écus que
Jean de Hainaut prête à son compatriote et qu'il verse le soir
même entre les mains du seigneur de Horstebergh. Le seigneur
de Fagnolles, monté sur son coursier que Jean de Hainaut lui a
fait rendre malgré la résistance des Allemands, regagne l'armée
du roi de France et la bataille du comte Guillaume de Hainaut.
P. 175 à 177, 468 et 469.

Le vendredi au matin, les deux armées, avant d'en venir aux
mains, entendent la messe, chaque seigneur sous sa tente et au
milieu de ses gens. La plupart se confessent et communient afin
d'être prêts au besoin à mourir. Dans le camp anglais, tout le
monde met pied à terre ; on place les chevaux, les bagages et le
charroi dans un petit bois situé sur les derrières pour se fortifier
de ce côté. L'armée d'Édouard III et de ses alliés est divisée en
trois batailles. La première bataille, composée d'Allemands, a
pour chefs Renaud II, duc de Gueldre, Guillaume V marquis de
Juliers, Louis Ier de Bavière marquis de Brandebourg, Jean de
Hainaut, Frédéric II marquis de Meissen, Adolphe VIII comte
de Berg, Nicolas Ier comte de Salm, Thierry d'Heinsberg comte
de Looz, Thierry III seigneur de Fauquemont, Guillaume de Duvenvoorde et Arnoul de Blankenheim. — Jean III, duc de Brabant, est à la tête de la seconde bataille. Sous les ordres de
leur duc marchent tous les barons et chevaliers du Brabant,
les seigneurs de Cuyk [1], de Bergh [2], de Breda [3], de Rotse-

---

1. Otton, sire de Cuyk. Cuyk fait aujourd'hui partie de la Hollande,
prov. de Noord-Brabant.

2. En 1340, la seigneurie de Bergh devait appartenir à Jean, sire de
Fauquemont, du chef de sa femme Jeanne, dame de Voirne et de Bergh,
fille et héritière de Mathilde de Wesemaele et d'Albert de Voirne.

3. La seigneurie de Breda appartenait alors au richissime Guillaume,

laer [1], de Vorsselaer [2], de Bautersem [3], de Bornival, de Schoonvorst [4], de Witham [5], d'Aerschot [6], de Becquevoort [7], de Gaesbeek [8], de Duffel [9], Thierry III de Walcourt, Raes van Gavere, Jean de Kesterbeek, Jean Pylıser, Gilles de Quarouble [10], les trois frères de Harlebeke [11], Gautier de Huldenbergh [12] et Henri de Flandre dont le grand état mérite une mention spéciale. A ces Brabançons sont venus se joindre quelques chevaliers flamands : le seigneur d'Halluin [13], Hector Villain, Jean de Rhode, le seigneur de la Gruthuse [14], Vulfard de Ghistelles, Guillaume van Straten, Gossuin van der Moere. La bataille du duc de Brabant comprend vingt-quatre bannières, quatre-vingt pennons et sept mille combattants. — La troisième bataille et la plus considérable est.composée d'Anglais et commandée par le roi d'Angleterre en personne. Les principaux seigneurs de la suite d'Édouard III sont : le comte Henri de Derby, fils de Henri de Lancastre au Tors Col, les évêques de Lincoln et de Durham, le comte de Salisbury maréchal de l'armée anglaise, les comtes de Northampton, de Gloucester, de de Suffolk, de Hereford, de Warwick, de March, de Pembroke, Robert d'Artois *comte de Richemont*, Jean vicomte de Beaumont, Renaud de Cobham, Richard de Stafford, les seigneurs de Percy, de Ross, de Mowbray, Louis et Jean de Beauchamp, les seigneurs de la Ware, de Langtown, de Basset, de Fitz-Walter, Guillaume Fitz-Waren, Gautier de Mauny, Hue de Hastings, Jean de Lille, les seigneurs de Scales, de Felton, de Ferrers, de Bradeston, de

sire de Duvenvoorde, déjà nommé parmi les chevaliers allemands. Jean III, duc de Brabant, après avoir acheté en 1326 ladite seigneurie de Gérard, sire de Rassegem et de Lens, et d'Alix, dame de Lidekerke et de Breda, sa femme, fut obligé d'en laisser l'usufruit à Guillaume de Duvenvoorde, son créancier. La seigneurie de Breda fut revendue en 1350 à Jean, sire de Polaenen et de le Lecke. Voyez Butkens, t. I, p. 396 à 399.

1. Jean, sire de Rotselaer. — 2. Gérard, sire de Vorsselaer.
8. Henri, sire de Bautersem.
4. Renaud de Schoonvorst, sire de Monjoie.
5. Jean de Corsselaer, sire de Witham.
6. Jean d'Arschot de Schoonhoven.
7. Est-ce Jean de Becquevoort ou Adam, fils de Jean?
8. Guillaume de Gaesbeek.
9. Henri Berthout IV, sire de Duffel.
10. Voyez chap. IV, p. cxlvi. — 11. Ibid. — 12. Ibid.
13. Sans doute Gautier, II du nom, fils de Roland, seigneur de Halluin et de Tronchiennes.
14. Jean de la Gruthuse.

Mulleton. Le roi anglais fait là plusieurs nouveaux chevaliers et entre autres Jean Chandos, le plus vaillant chevalier qu'il y eut jamais en Angleterre. Cet illustre capitaine a dit plusieurs fois en présence de Froissart qu'il avait été fait chevalier de la main d'Édouard III le vendredi de l'assemblée de Buironfosse. La bataille du roi d'Angleterre se compose de vingt-huit bannières, de quatre-vingt-dix pennons, de six mille hommes d'armes et de six mille archers. Trois mille hommes d'armes à cheval et deux mille archers placés sur les ailes forment la réserve ; les principaux chefs de cette réserve sont Robert d'Artois, Gautier de Mauny, les seigneurs de Berkeley et de Clifford, Richard de Pembridge et Barthélemy de Burghersh. P. 177 à 179, 469 à 472.

Dans l'armée du roi de France il y a deux cent vingt-sept bannières, cinq cent soixante pennons, quatre rois, six ducs, trente-six comtes, quatre mille chevaliers et plus de soixante mille hommes de pied fournis par les communes de France. Aux côtés du roi de France se tiennent Jean de Luxembourg, roi de Bohême, Philippe d'Évreux roi de Navarre, David Bruce roi d'Écosse, Jean duc de Normandie, Eudes IV duc de Bourgogne, Jean III duc de Bretagne, Louis Iᵉʳ duc de Bourbon, Raoul duc de Lorraine, Gautier duc d'Athènes. Les comtes sont Charles II de Valois, comte d'Alençon, frère du roi de France, Louis de Nevers comte de Flandre, Guillaume II comte de Hainaut, Gui de Châtillon comte de Blois, Henri IV comte de Bar, Guigues VIII comte de Forez, Gaston II comte de Foix, Jean Iᵉʳ comte d'Armagnac, Jean dauphin d'Auvergne, Ancel sire de Joinville, Louis II comte d'Étampes, Bouchard VI comte de Vendôme, Jean IV comte de Harcourt, Jean de Châtillon comte de Saint-Pol, Raoul II comte de Guines, Philippe comte d'Auvergne et de Boulogne, Jean V comte de Roucy et de Braisne, Charles de Trie comte de Dammartin, Louis Iᵉʳ de Poitiers comte de Valentinois, Jean II de Ponthieu comte d'Aumale, Jean II de Châlon comte d'Auxerre, Louis II comte de Sancerre, Amé comte de Genève, Pierre comte de Dreux, Édouard III comte de Ponthieu, Jean Iᵉʳ vicomte de Melun et sire de Tancarville, Henri IV comte de Vaudemont, Jean de Noyers comte de Joigny, Gaucher IV de Châtillon comte de Porcien, Jean vicomte de Beaumont, Jean comte de Montfort, Aymeri VIII vicomte de Narbonne, Roger Bernard comte de Périgord, Arnaud de la Vie sire de Villemur, Pierre Raymond Iᵉʳ comte de Comminges, le *vicomte de Murendon*[1], les comtes de Douglas et de Murray d'Écosse, Guillaume Ier marquis de Namur. L'armée du roi de France est répartie en trois batailles dont chacune comprend quinze mille hommes d'armes et vingt mille hommes de pied. P. 180 et 181, 472 et 473.

Deux opinions ont cours parmi les Français. Les uns sont d'avis qu'on livre bataille ; les autres sont d'un avis contraire : ils disent que le roi de France, outre le danger de trahison auquel il est exposé, a tout à perdre, s'il est vaincu, et n'a rien à gagner, s'il est vainqueur. Vers midi, un lièvre qui vient se jeter parmi les Français, occasionne un grand vacarme. Les chevaliers, qui de loin entendent ce bruit, s'imaginent que c'est la bataille qui commence ; ils mettent à la hâte bassinet en tête et glaive en main. Le comte de Hainaut fait alors quatorze nouveaux chevaliers qu'on appela toujours depuis *les chevaliers du lièvre*. Robert, roi de Sicile, très-versé dans l'astrologie, a prédit une défaite aux Français. Sans s'émouvoir de cette prédiction, Philippe de Valois est impatient d'en venir aux mains ; toutefois il fini par céder à l'opinion des chaperons fourrés dont l'influence domine dans son conseil, et la bataille n'a pas lieu. Quant au roi d'Angleterre et aux Anglais, ils sont tout disposés à continuer la campagne ; mais le duc de Brabant, qui est partisan de la retraite, parvient à ranger à son opinion le duc de Gueldre, le marquis de Juliers et les seigneurs allemands. Édouard III et ses alliés lèvent leur camp le soir même, passent la Helpe au pont d'Avesnes, la Sambre, traversent le Hainaut et gagnent le duché de Brabant. Le comte de Hainaut quitte aussi le roi de France dès le vendredi et reprend le chemin de son comté par Landrecies et le Quesnoy. Philippe de Valois, furieux d'avoir laissé partir les Anglais sans leur livrer bataille, part de Buironfosse le samedi au matin et retourne à Saint-Quentin où il donne congé à ses gens d'armes. Avant de revenir à Paris, il met des garnisons à Tournai, à Lille, à Douai et dans toutes les forteresses de la frontière ; il laisse à Tournai Godemar du Fay, à Mortagne sur Escaut Édouard de Beaujeu, avec le titre de souverains capitaines et gardiens de tout le pays des environs. P. 181 à 184, 473 à 479.

---

1. *Murendon* est peut-être pour Montredon (Tarn, arr. Castres), seigneurie qui appartenait aux vicomtes de Lautrec. Amauri ou Amalric, vicomte de Lautrec, seigneur de Montredon, mourut vers 1341.

CHAPITRE XXXI.

1340. ASSEMBLÉES DE BRUXELLES ET DE GAND A LA SUITE DESQUELLES ÉDOUARD III PREND LE TITRE DE ROI DE FRANCE, ET RETOUR DE CE PRINCE EN ANGLETERRE (§§ 88 à 90).

Revenu en Brabant après l'équipée de Buironfosse, le roi d'Angleterre éprouve plus que jamais le besoin de s'assurer l'alliance effective des Flamands. C'est pourquoi, il convoque à un parlement qui doit se tenir à Bruxelles dans l'hôtel de Coudenberg, résidence du duc de Brabant, les habitants de Gand, de Bruges, d'Ypres, de Courtrai, de Damme, de l'Écluse, du terroir du Franc et des autres bonnes villes de Flandre. Les Flamands, et à leur tête Jacques d'Arteveld, répondent avec empressement à l'appel d'Édouard III qui les invite à conclure avec lui une alliance offensive et défensive contre le roi de France, leur promettant en revanche de les faire rentrer en possession de Lille, de Douai et de Béthune. Les représentants des bonnes villes flamandes déclarent au roi d'Angleterre qu'ils sont tout prêts à le servir; ils ne mettent qu'une condition à leur concours, c'est qu'Édouard III prenne le titre et les armes de roi de France. P. 184 et 185, 479 et 480.

Le roi d'Angleterre voit plus d'un inconvénient à assumer un titre qui ne répond encore à aucune réalité; toutefois, il a tellement besoin de l'appui des Flamands qu'il se décide à accepter la condition qui lui est imposée. Il convoque à Gand un nouveau parlement où assistent, en compagnie de Jacques d'Arteveld et des représentants des bonnes villes de Flandre, les ducs de Brabant et de Gueldre, les marquis de Juliers, de Meissen et de Brandebourg, le comte de Berg, l'archevêque de Cologne, Jean de Hainaut, le sire de Fauquemont, Robert d'Artois et beaucoup d'autres seigneurs. Là, en présence de tous ses alliés, Édouard III prend les armes de France écartelées d'Angleterre et se fait reconnaître comme roi de France. P. 186, 480 et 481.

Il est aussi décidé à l'assemblée de Gand que l'été prochain on ira mettre le siége devant Tournai. Cette résolution comble de joie les Flamands qui ne doutent pas qu'après la prise de Tournai ils ne soient promptement remis en possession de Lille, de

Douai et de Béthune, villes qui doivent faire retour au comté de Flandre dont elles sont des dépendances légitimes. Les Flamands et les Brabançons voudraient en outre attirer dans la coalition le Hainaut dont le territoire offrirait une base d'opérations très-utile ; mais le comte Guillaume s'abstient de se rendre à ce parlement de Gand où il a été invité, et il dit pour s'excuser qu'il ne peut prendre parti contre le roi de France son oncle, tant que celui-ci ne lui en a pas donné le sujet. Sur ces entrefaites, la reine d'Angleterre vient habiter la ville de Gand et fixe sa résidence dans l'abbaye de Saint-Pierre. Édouard III se décide à retourner dans son royaume où il n a pas mis le pied depuis près de deux ans et où il est rappelé par des affaires pressantes et surtout par la guerre contre l'Écosse ; il laisse en Flandre Guillaume de Montagu, comte de Salisbury, et le comte de Suffolk, avec deux cents lances et cinq cents archers ; il confie la reine Philippe sa femme à l'affection des Gantois et s'embarque pour l'Angleterre à Anvers en compagnie des comtes de Derby, de Northampton, de Gloucester, de Warwick, de Pembroke, de Hereford, de Renaud de Cobham, du baron de Stafford, de l'évêque de Lincoln, de Gautier de Mauny et de Jean Chandos ; il arrive à Londres vers la Saint-André (30 novembre) 1339. P. 187 et 188, 481 à 483.

<h2 style="text-align:center">CHAPITRE XXXII.</h2>

1340. COURSES MARITIMES DES NORMANDS. — HOSTILITÉS DES FRANÇAIS CONTRE JEAN DE HAINAUT : INCURSIONS DANS LA SEIGNEURIE DE CHIMAY ; PRISE ET DESTRUCTION DU CHÂTEAU DE RELENGHES. — ESCARMOUCHE ENTRE LES FRANÇAIS DE LA GARNISON DE CAMBRAI ET LES ANGLAIS OU HAINUYERS DE THUN-L'ÉVÊQUE ; MORT DE GILLES DE MAUNY (§§ 91, 92).

Pendant tout l'hiver, une flotte d'environ quarante mille marins normands, génois, picards et bretons, commandée par Hue Quieret, Behuchet et Barbavera, infeste les côtes d'Angleterre. Calais, Wissant, Boulogne, le Crotoy, Saint-Valery-sur-Somme, Dieppe, Harfleur sont les ports où se tiennent surtout ces écumeurs ; c'est de là qu'ils s'élancent pour courir sus aux navires anglais, afin d'empêcher le roi d'Angleterre de repasser sur le continent; ils croisent en vue de Douvres, de Rye, de Winchelsea, s'avancent jusqu'à Weymouth, Dartmouth, Plymouth, ravagent et brûlent l'île de Wight. Un jour les coureurs normands capturent un grand et beau vaisseau appelé *le Christophe*, chargé de laines et d'autres marchandises qu'Édouard III expédie en Flandre, et ils l'amènent avec la cargaison à Calais, leur quartier général. Ce succès comble de joie les Français en même temps qu'il jette une consternation mêlée de terreur parmi les Anglais qui n'osent plus sortir de leurs havres et de leurs ports. P. 188 et 189, 483.

Philippe de Valois a une revanche à prendre contre Jean de Hainaut qui, non content d'avoir dirigé l'invasion anglaise, a ravagé en personne le Cambrésis et la Thiérache. Par l'ordre du roi de France, les chevaliers voisins de la Thiérache, pays qui a été dévasté et brûlé par les Anglais ou les Allemands, Jean de Coucy, sire de Bosmont et de Vervins, Hue vidame de Châlons, Jean de la Bove, Jean et [Gaucher][1] de Lor[2], Enguerrand sire de Coucy, Renaud sire de Pressigny, Robert sire de Clary, Mathieu sire de Locq[3], à la tête d'environ mille armures de fer, envahissent la terre de Chimay, seigneurie qui appartient à Jean de Hainaut. Ces gens d'armes, après avoir traversé les bois de Thiérache, la forêt de Chimay, arrivent au lever du soleil dans le sart[4] de Chimay et viennent surprendre les faubourgs de la ville de ce nom. Ces faubourgs, alors considérables, sont habités par beaucoup de gens riches et de grands éleveurs de bestiaux que l'on fait prisonniers dans leurs lits. Les Français recueillent un immense butin dans ces faubourgs et dans les environs; ils s'emparent de douze mille blanches bêtes, de mille porcs, de cinq cents vaches et bœufs, car c'est une marche abondamment fournie de bestiaux et d'élèves du bétail. Après s'être ainsi gorgés de butin, les envahisseurs mettent le feu aux faubourgs de Chimay et abattent les moulins qui à cette époque étaient situés en dehors de

---

1. Froissart donne à ce chevalier le prénom de Gérard; mais les montres de l'armée de Buironfosse mentionnent Gaucher, non Gérard de Lor.

2. Lor, Aisne, arr. Laon, c. Neufchâtel.

3. Locq, Aisne, arr. Laon, commune Anizy-le-Château.

4. La plaine de Chimay s'est longtemps appelée *le sart*, parce qu'elle s'est formée aux dépens de la forêt de ce nom, dont on a défriché de bonne heure une grande partie pour la mettre en culture.

la forteresse. Ils courent ensuite tout le pays des environs; ils brûlent Virelles[1], Lompret, Vaulx-lez-Chimay, Baileux, Bourlers, Forges, Poterie, Villers-la-Tour, Beaurieu, Saint-Remy-lez-Chimay, Sainte-Geneviève, Sales, Bailièvre, Wallers[2], *Ébrètres*, Momignies, Seloigne et tous les villages du sart de Chimay. Jean de Hainaut est transporté de fureur à la nouvelle du ravage de sa terre; il reçoit cette nouvelle à Mons auprès du comte son neveu auquel il fait partager son irritation; toutefois le comte de Hainaut engage son oncle à se tenir tranquille pour le moment. P. 189 et 190, 484 et 485.

Dans ce même hiver, les Français de la garnison de Cambrai vont un jour attaquer la petite forteresse de Relenghes[3] située à quelque distance de cette ville. Cette forteresse est occupée par une garnison de vingt-cinq ou trente compagnons sous les ordres d'un chevalier nommé Jean le Bâtard, fils naturel de Jean de Hainaut. Les assiégés, après avoir tenu tête un jour tout entier à leurs agresseurs, désespèrent de défendre plus longtemps Relenghes dont les fossés sont gelés et gagnent de nuit Bouchain et Valenciennes. Le lendemain, les Cambrésiens reviennent raser la forteresse; et les pierres provenant de la démolition sont transportées à Cambrai. P. 190, 486.

Gilles de Mauny dit Grignart, mis en garnison dans Thun-l'Évêque par son frère Gautier de Mauny qui après avoir conquis ce château en a reçu l'investiture du roi d'Angleterre, vicaire de l'Empire, fait presque tous les jours des courses contre les Français de la garnison de Cambrai et s'avance jusque sous les murs de cette ville. Un jour, dans une escarmouche qui se livre devant les barrières mêmes de Cambrai, à la porte Robert, un jeune et brave gentilhomme nommé Guillaume Marchand[4], chanoine de Cambrai et neveu de l'évêque, engage un combat singulier contre

---

1. Toutes les localités dont les noms suivent, à l'exception de Wallers, sont situées en Belgique, dans la province de Hainaut et le canton de Chimay. On a essayé sans succès d'identifier sûrement *Ébrètres*.

2. Wallers, Nord, arr. Avesnes, c. Trélon.

3. Relenghes, lieu dit de la commune d'Escaudœuvres, Nord, arr. et c. de Cambrai.

4. Guillaume le Marchand est ainsi mentionné sur la liste des gens d'armes qui servirent à Cambrai, par lettres du 28 octobre 1339, sous Humbert de Cholay, capitaine de ladite ville : « Guillaume le Marchant, chanoine de Cambray, pour 13 escuiers. » De Camps, portef. 83, p. 314.

Gilles de Mauny et tue son adversaire. Jean et Thierry de Mauny.
en garnison à Bouchain, sollicitent et obtiennent des Cambrésiens
la remise du corps de leur frère qui est enterré dans l'église des
Cordeliers ou de Saint-François à Valenciennes; puis Jean et
Thierry, qui ont à cœur de tirer vengeance de la mort de Gilles,
viennent prendre le commandement de la garnison de Thun-l'É-
vêque; et Édouard III leur adjoint un vaillant chevalier anglais
nommé Richard de Limousin. P. 191 à 193, 487 et 488.

CHAPITRE XXXIII.

1340. DÉCLARATION DE GUERRE ET OUVERTURE DES HOSTILITÉS ENTRE
LA FRANCE ET LE HAINAUT : SAC D'HASPRES PAR LES FRANÇAIS ET
D'AUBENTON PAR LES HAINUYERS; DÉPART DU COMTE DE HAINAUT
POUR L'ANGLETERRE (§§ 93 à 98).

Godemar du Fay tient garnison pour le roi de France à Tournay, Édouard de Beaujeu à Mortagne sur Escaut, Jean de la
Roche, sénéchal de Carcassonne, à Saint-Amand, Amé de Poitiers
à Douai, Étienne dit le Galois de la Baume, Humbert de Villars,
Jean de Lévis maréchal de Mirepoix, Thibaud de Moreuil, les
seigneurs de Villers et de Roussillon à Cambrai. Ces chevaliers
et leurs gens d'armes n'attendent qu'un signal pour guerroyer en
Hainaut afin de piller ce pays et d'y faire du butin. De son côté,
Guillaume d'Auxonne, évêque de Cambrai, qui se tient à Paris à
la cour de Philippe de Valois, se plaint sans cesse de l'hostilité du
comte de Hainaut, qui est de toutes les assemblées des Anglais,
et des incursions des Hainuyers qui courent, pillent et brûlent le
Cambrésis. Philippe est tellement indisposé contre son neveu
qu'il donne congé à la garnison de Cambrai et aux garnisons des
forteresses voisines d'envahir le Hainaut et de dévaster ce pays,
non pas il est vrai au nom du roi de France, mais sous le couvert
du duc de Normandie bailli du Cambrésis. Cinq ou six cents
hommes d'armes partent un samedi soir de Cambrai, du Cateau-
Cambrésis et de la Malmaison[1] sous les ordres de Thibaud de
Moreuil, de Renaud de Trie, de Dreux de Roye, du seigneur de

1. La Malmaison, lieu dit de la comm. d'Ors, Nord, arr. Cambrai,
c le Cateau.

Malincourt[1]; ils arrivent au milieu de la nuit à Haspres[2], ville riche mais dépourvue de fortifications et surprennent les habitants dans leurs lits. Ils font un immense butin et l'entassent sur des charrettes qu'ils ont amenées avec eux; puis ils mettent le feu à Haspres, et l'incendie dévore si complétement les maisons qu'il n'en reste que les murs. On conserve dans l'église d'Haspres les reliques de saint Achaire, saint terrible et qui est bien à redouter[2]; cette église est une prévôté gouvernée par les moines de Saint-Vaast d'Arras. Sans la prévoyance du prévôt qui avait eu soin de faire transporter à Valenciennes la fierte (châsse) du saint, le reliquaire et les plus riches ornements de l'eglise, tout aurait été perdu, car les ennemis pillent l'abbaye aussi bien que la ville dont ils abattent et brûlent les moulins. P. 193 à 195, 488 à 490.

Les habitants de Valenciennes ne tardent pas à être informés du sac d'Haspres; on court à la Salle et l'on réveille le comte de Hainaut pour lui annoncer cette nouvelle. Guillaume II se lève aussitôt, s'arme et fait armer ses gens. Gérard de Verchin, sénéchal de Hainaut, Henri d'Antoing, Henri d'Houffalize, Thierry de Valcourt, les seigneurs de Potelles, de Floyon, de Roisin, de Gommegnies, de Mastaing, de Vendegies, de Hartaing, de Sars, de Berlaimont, de Wargnies, de Boussu, de Vertaing s'empressent de répondre à l'appel du comte. Sans attendre que ces seigneurs l'aient rejoint, Guillaume II se rend sur la place du Marché et fait sonner la cloche du beffroi à toute volée. A ce signal, Jean de Haussy, alors prévôt de Valenciennes, vient à la tête d'un certain nombre de bourgeois de la ville se ranger sous la bannière du comte qui s'élance par la porte de Cambrai sur la route d'Haspres, impatient de rencontrer ses ennemis. Arrivé entre Maing[4] et Monchaux après avoir chevauché environ une heure, Guillaume II reçoit la nouvelle de la retraite des Français. Il revient alors sur ses pas, et chemin faisant il va rendre visite à sa mère à l'abbaye de Fontenelle[5]. Jeanne de Valois essaye en vain de calmer la colère de son fils en disant que le sac d'Haspres n'est

1. Nord, arr. Cambrai, c. Clary. Ce village servait d'apanage à un cadet de la maison de Walincourt.
2. Nord, arr. Valenciennes, c. Bouchain.
3. Les reliques de saint Achaire passaient pour guérir la folie.
4 Maing et Monchaux, Nord, arr. et c. Valenciennes.
5. Abbaye de femmes de l'ordre de Citeaux au diocèse de Cambrai, commune de Maing.

pas le fait du roi de France, mais de l'évêque et des habitants de Cambrai; le comte jure de tirer vengeance de cet acte d'hostilité. P. 195 et 196, 490 et 491.

Avant de prendre un parti, Guillaume II veut consulter ses hommes et convoque à une assemblée qui doit se tenir à Mons les barons, prélats, abbés, chevaliers et conseillers des bonnes villes du Hainaut. Il fait dans le même temps un voyage à Bruxelles et à Gand afin de s'assurer, dans la guerre qu'il veut entreprendre contre Philippe de Valois, le concours du duc de Brabant et des Flamands. Jacques d'Arteveld s'engage à mettre sur pied aux frais des villes de Flandre un corps d'armée auxiliaire de soixante mille combattants. La nouvelle du sac d'Haspres comble de joie Jean de Hainaut qui ne cherche qu'une occasion de se venger du ravage de sa terre de Chimay. Ce seigneur se rend à l'assemblée de Mons; et tandis que les seigneurs d'Enghien, de Barbançon et de Ligne sont d'avis qu'on commence par demander réparation au roi de France et des excuses, le seigneur de Beaumont insiste au contraire pour qu'on envoie immédiatement défier Philippe de Valois, et il réussit à faire triompher son opinion. Seul de tous les chevaliers du Hainaut, le sire de Naast[1] refuse de signer le défi, et pour le punir, le comte confisque les terres du vassal récalcitrant. Thibaud Gignos, abbé de Crespin[2], est chargé de porter ce défi en France. Philippe de Valois n'en fait que rire et dit que son neveu est un fou et un présomptueux. Gui de Châtillon, comte de Blois, vassal du comte de Hainaut, son cousin germain, pour les terres d'Avesnes et de Landrecies, renvoie son hommage au comte pour rester Français et suivre le parti de Philippe de Valois, ce à quoi l'obligeait sa qualité de pair de France. Guillaume II, en revanche, se saisit d'Avesnes, de Landrecies, du

1. Naast, Belgique, prov. Hainaut, arr. et c. Soignies. Ce seigneur est sans doute Godefroi de Naast, qui servit en 1339 sur les frontières de Hainaut et qui est ainsi mentionné dans une montre : « Godefroi de Nast bann. 1 bach. et 7 esc ; venu de Brugny en Champagne. » De Camps, 83, fᵒ 322 vᵒ. Dans les premiers mois de l'année 1340, Tristan d'Oisy, Pierre Maubuisson, le seigneur de Naast, Jean, vicomte de Melun, chambellan de France, Jean, sire de Walincourt et le seigneur de Ham renvoyèrent à Guillaume, comte de Hainaut, les hommages qu'ils tenaient de lui pour se mettre au service du roi de France contre ledit comte. *Invent. de la chambre des Comptes de Lille*, t. I, p. 137.

2. Abbaye de bénédictins au diocèse de Cambrai, comm. Crespin, Nord, arr. Valenciennes, c. Condé.

château de Sassegnies[1] et y met garnison. Le comte de Hainaut parvient à recruter, tant dans son comté qu'en Hasbaing, en Brabant et en Flandre, une armée de dix mille armures de fer ; Jean de Hainaut et Thierry III, sire de Fauquemont, fournissent pour leur part un contingent, le premier de trois cents, le second de deux cents lances. Jean de Looz, sire d'Agimont[2] et le seigneur de Mon-Jardin[3] sont aussi venus servir Guillaume II. De Mons où elle s'est réunie, cette armée prend le chemin de Merbes-lez-Château[4], passe la Sambre, traverse la Fagne[5] de Trélon, les bois de Chimay et vient un soir loger à Chimay et aux environs. L'intention du comte de Hainaut et de Jean de Hainaut son oncle est de s'emparer le lendemain par surprise d'Aubenton, et de ravager la Thiérache et toute la terre de Jean de Coucy, sire de Bosmont[6] et de Vervins, principal auteur de la dévastation de Chimay. P. 196 à 198, 491 à 494.

Aubenton[7] n'a d'autres fortifications que des palissades et de petits fossés ; mais sur la demande des habitants qui prévoyaient l'attaque de Jean de Hainaut et du comte son neveu, le grand bailli de Vermandois a mis dans cette place une garnison de trois cents armures de fer sous les ordres de Hue, vidame de Châlons, de Jean de la Bove, de Jean de Bosmont, sire de Vervins, et du seigneur de Grosley. Après avoir brûlé sur leur route à droite et à gauche Signy-l'Abbaye[8], Signy-le-Petit[9], Marcilly[10], Regniowez[11], Maubert-Fontaine[12], le comte de Hainaut et ses gens d'armes arrivent un vendredi matin devant Aubenton, grosse

1. Nord, arr. Avesnes, c. Berlaimont.
2. Belgique, prov. Namur, arr. Philippeville, c. Florennes.
3. Mon-Jardin, lieu dit de la comm. d'Aywaille, Belgique, prov. et arr. Liége, c. Louveigné.
4. Belgique, prov. Hainaut, arr. Thuin.
5. La Fagne de Trélon, lieu dit de la comm. de Trélon, Nord, arr. Avesnes. Ce lieu dit désigne un bois, reste de l'immense forêt qui couvrait autrefois le pays et en occupe encore aujourd'hui une grande partie. Le nom de Fagne, dont la racine est le latin *fagus*, a sans doute été donné à ce bois, parce que le hêtre y était l'essence dominante.
6. Bosmont, Aisne, arr. Laon, c. Marle.
7. Aisne, arr. Vervins, ch.-l. de c.
8. Ardennes, arr. Mézières. — 9. Ardennes, arr. Rocroi.
10. Marcilly, lieu dit de la comm. de Barzy-Courtemont, Aisne, arr. Vervins, c. Nouvion.
11. Ardennes, arr. et c. Rocroi. — 12. Ibid.

ville et riche où l'on fabrique beaucoup de drap. Les assiégeants
livrent un assaut dès le lendemain : ils forment trois corps de bataille. Le comte de Hainaut commande la première bataille, Jean
de Hainaut, sire de Beaumont, la seconde; et Thierry III, sire de
Fauquemont, est à la tête de la troisième, composée d'hommes
d'armes de son pays, d'Allemands et de Brabançons. Ce que
voyant, les assiégés se divisent aussi en trois corps pour tenir
tête à leurs adversaires. La bataille du comte de Hainaut donne
l'assaut à une porte qui est vaillamment défendue par Hue, vidame de Châlons, et trois de ses neveux que leur oncle fait là
chevaliers. Jean de Hainaut attaque avec un acharnement tout
particulier la porte située du côté de Chimay, parce que Jean de
Coucy, sire de Bosmont, et Jean de la Bove, qui gardent cette
porte, ont pris part au ravage de la terre de Chimay dont Jean
de Hainaut est le seigneur. Thierry III, sire de Fauquemont, avec
ses Allemands et ses Brabançons, tourne tous ses efforts contre
la troisième porte dont le seigneur de Lor lui dispute l'entrée.
Ceux du dedans jettent du haut des portes des planches, des pou-
tres, des vases pleins de chaux vive et font pleuvoir une grêle
de pierres et de cailloux sur les assaillants. Le siége dure cinq
jours, et les assiégeants livrent des assauts tous les jours; un
brave écuyer de Hainaut de la terre de Binche[1], nommé Beau-
doin de Beaufort, est grièvement blessé à l'un de ces assauts,
P. 198 à 201, 494 à 496.

Le samedi des Brandons[2] au matin (4 mars), Aubenton est pris
d'assaut malgré l'héroïque résistance de la garnison; et Jean de
Hainaut entre le premier dans la ville, précédé de sa bannière
que porte Thierry de Senselles. Hue vidame de Châlons et un
certain nombre de chevaliers et d'écuyers se ramassent alors sur
la place devant l'abbaye; et ils lèvent là leurs bannières et
leurs pennons, bien décidés à prolonger jusqu'au bout la résistance. Mais Jean de Bosmont, sire de Vervins, qui prévoit que
sa participation au ravage de la terre de Chimay l'empêchera
d'être pris à rançon par Jean de Hainaut, se sauve de toute la
vitesse de son cheval, et il est suivi dans sa retraite par Jean
de la Bove. A cette nouvelle, Jean de Hainaut s'élance avec ses
gens à la poursuite de son ennemi auquel il donne la chasse, sans

1. Belgique, prov. Hainaut. arr Thuin, à 17 k. de Mons.
2. Le premier dimanche de carême.

toutefois parvenir á le ratteindre, jusqu'aux portes du château de Vervins, ville située à deux lieues d'Aubenton. Pendant ce temps, Hue vidame de Châlons et ses trois neveux font des prodiges de valeur. Le vidame, après avoir vu deux de ses neveux périr à ses côtés, est blessé grièvement et fait prisonnier ainsi que le neveu qui lui reste et les seigneurs de Lor, de Vendeuil et de Saint-Martin. Le même sort est réservé aux gens d'armes de la garnison et à bien deux cents habitants d'Aubenton; puis on pille la ville dont les richesses, qui consistent surtout en laines et en drap, sont transportées à Chimay; enfin, on met le feu aux maisons, et l'incendie n'en épargne pas même une seule. Après la destruction d'Aubenton, Jean de Hainaut revient habiter Chimay. Thierry III sire de Fauquemont et Jean de Looz, sire d'Agimont, se dirigent vers Dinant[1]. Le comte Guillaume II, Gerard, sire d'Enghien et les autres chevaliers du Hainaut retournent à Mons. Au retour, tous ces gens d'armes pillent et brûlent Aubencheul-aux-Bois[2] et plus de quarante villages ou hameaux des environs. P. 201 à 204, 495 à 497.

Le comte de Hainaut entreprend plusieurs voyages; il visite à Cologne Louis de Bavière empereur d'Allemagne son beau-frère, à Bruxelles Jean III duc de Brabant son beau-père, à Gand sa sœur Philippe reine d'Angleterre et aussi Jacques d'Arteveld chef de la confedération des bonnes villes de Flandre. Le but de ces voyages est d'imprimer une nouvelle activité à la coalition dejà formée contre Philippe de Valois. Bientôt même Guillaume II se décide à passer en Angleterre afin de concerter avec Édouard III le plan d'une nouvelle campagne contre la France. Avant son départ, il tient à Mons une assemblée solennelle où il fait reconnaître Jean de Hainaut son oncle comme régent et gouverneur de Hainaut, Hollande et Zélande en son absence. Sur ces entrefaites, le bruit se répand que le duc de Normandie se prépare a envahir le Hainaut et doit venir assieger Valenciennes à la tête d'une puissante armée. A cette nouvelle, Jean de Hainaut confie la garde de Valenciennes à quatre chevaliers, Henri d'Antoing, les seigneurs de Wargny[3] et de Gommegnies[4] et Henri d'Houffalize. Il met à Maubeuge Thierry de Valcourt maréchal de Hai-

---

1. Belgique, prov. Namur.
2. Aisne, arr. Saint-Quentin, c. le Catelet.
3. Jean de Wargny. — 4. Gérard, sire de Gommegnies en 1340.

naut avec cent lances, au Quesnoy Thierry III sire de Fauque-
mont avec cent armures de fer, à Landrecies le seigneur de
Potelles, à Bouchain les trois Conrard, chevaliers allemands, à
Escaudœuvres Gérard de Sassegnies[1], à Avesnes le seigneur de
Montignies-Saint-Christophe[2], à Thun-l'Évêque Richard de Li-
mousin, chevalier anglais avec les deux frères Jean et Thierry de
Mauny, au château de Rieulay[3], les seigneurs de Raismes[4] et de
Goeulzin[5], à Condé-sur-l'Escaut[6] les seigneurs de Blicquy[7] et de
Bury[8], à Verchin[9] Gérard de Verchin sénéchal de Hainaut,
pour faire frontière contre les Cambrésiens. P. 204 et 205, 497
à 500.

1. Ce seigneur fut décapité en 1340 pour crime de haute trahison.
« Guerart de Sasseignies » servit dans le parti français sous Godemar
du Fay, du 18 octobre 1339 au 1er octobre 1340, avec trois écuyers.
Voyez De Camps, portef. 83, f° 309 v°.

2. Belgique, prov. Hainaut, arr. Thuin, c. Merbes-le-Château.

3. Nord, arr. Douai, c. Marchiennes.

4. Nord, arr. Valenciennes. c. Saint-Amand-les-Eaux.

5. Nord, arr. Douai, c. Arleux. — 6. Nord, arr. Valenciennes.

7. Belgique, prov. Hainaut, arr. Ath. c. Chièvres.

8. Belgique, prov. Hainaut, arr. Tournay, c. Péruwelz.

9. Verchin ou Verchain-Maugré, Nord, arr. et c. Valenciennes.

Ouvrages publiés par la Société de l'Histoire de France *depuis sa fondation en 1834.*

Ouvrages in-octavo à 9 francs le volume.

L'Ystoire de li Normant. 1 vol. *Épuisé.*
Grégoire de Tours. Histoire ecclésiastique des Francs. Texte et traduction. 4 vol. *Épuisés.*
— Même ouvrage. *Texte latin.* 2 v.
— Même ouvrage. *Traduction.* 2 vol. *Épuisés.*
Lettres de Mazarin a la reine. etc. 1 vol. *Épuisé.*
Mémoires de Pierre de Fénin. 1 v.
Villehardouin. 1 vol.
Orderic Vital. 5 vol.
Correspondance de l'Empereur Maximilien et de Marguerite, sa fille. 2 vol.
Histoire des Ducs de Normandie. 1 vol. *Épuisé.*
Œuvres d'Eginhard. Texte et traduction. 2 vol.
Mémoires de Philippe de Commynes. 3 vol. Tome I *épuisé.*
Lettres de Marguerite d'Angoulême, sœur de Francois I^r. 2 v.
Procès de Jeanne d'Arc. 5 vol.
Beaumanoir. Coutumes de Beauvoisis. 2 vol.
Mémoires et Lettres de Marguerite de Valois. 1 vol.
Chronique latine de Guillaume de Nangis. 2 vol.
Mémoires de Coligny-Savigny. 1 v.
Richer. Histoire des Francs. Texte et traduction. 2 vol.
Registres de l'Hôtel de Ville de Paris pendant la Fronde. 3 vol.
Le Nain de Tillemont. Vie de saint Louis. 6 vol.
Barbier. Journal du règne de Louis XI. 4 vol. *Les tomes I et II épuisés.*
Bibliographie des Mazarinades. 3 vol.
Comptes de l'argenterie des rois de France au XIVe s. 1 v. *Épuisé.*
Mémoires de Daniel de Cosnac. 2 vol. *Épuisés.*

Choix de Mazarinades. 2 vol.
Journal d'un Bourgeois de Paris sous François Ier. 1 vol. *Épuisé.*
Mémoires de Mathieu Molé. 4 v.
Histoire de Charles VII et de Louis XI, par Thomas Basin. 4 vol. Tome I *épuisé.*
Chroniques des comtes d'Anjou. 1 vol.
Grégoire de Tours. Œuvres diverses. Texte et traduction. 4 vol. Tome II *épuisé.*
Chroniques de Monstrelet. 6 vol. Tome I *épuisé.*
Chroniques de J. de Wavrin. 3 v.
Miracles de S. Benoît. 1 vol.
Journal et Mémoires du marquis d'Argenson. 9 v. Tome I *épuisé.*
Mémoires de Beauvais-Nangis. 1 vol.
Chronique de Mathieu d'Escouchy. 3 vol.
Commentaires et Lettres de Blaise de Monluc. T. I à III.
Œuvres de Brantôme. T. I à IV.
Comptes de l'hôtel des Rois de France aux XIVe et XVe s. 1 v.
Rouleaux des morts. 1 vol.
Œuvres de Suger. 1 vol.
Mémoires de Mme du Plessis-Mornay. Tome I.
Joinville. Histoire de S. Louis. 1 vol.
Chroniques des églises d'Anjou. 1 vol.
Chroniques de J. Froissart. T. I.

SOUS PRESSE :

Commentaires et Lettres de Blaise de Monluc. Tome IV.
Mémoires de Mme du Plessis-Mornay. Tome II.
Œuvres de Brantôme. Tome V.
Chroniques de J. Froissart. T. II.

BULLETINS ET ANNUAIRES.

Bulletin de la société, années 1834 et 1835, 4 vol. in-8°. — 18 fr.
Bulletin de la société, années 1836-1856. *Épuisé.*
Table du Bulletin, 1834-1856. In-8. — 3 fr.
Bulletin de la société, années 1857-1862. In-8°. — Chaque année, 3 fr.
Annuaires de la société, 1837-1863. In-18. — Chaque volume, de 1837 à 1844, 2 fr.; de 1848 à 1863, 3 fr. *Les années* 1845, 1846, 1847, 1853, 1861 *et* 1862 *épuisées.*
Annuaire-Bulletin, années 1863 à 1867. — Chaque année, 9 fr.

Imprimerie générale de Ch. Lahure, rue de Fleurus, 9, à Paris